2021年度浙江省哲学社会科学规划项目"现代汉语情态构式专题研究"（21NDQN217YB）

浙江师范大学出版基金资助（Publishing Foundation of Zhejiang Normal University）

浙江师范大学人文学院学科建设经费（中国语言文学）

现代汉语
情态构式
专题研究

姜其文　著

上海三联书店

序

　　有些事被认为是可能的,有些事则是必然的,有些事允许做,有些事有必要做,这便是情态。它是命题之外言者的主观态度。语言在表达这一范畴时,显得非常复杂。除了情态动词和情态副词,还有一些特定的固定结构或相对凝固的格式,也能表示情态语义。

　　情态范畴和构式语法都是近年来汉语语法学界研究的热点。《现代汉语情态构式专题研究》则是这方面研究的新成果。它以构式为核心概念来观察汉语的情态表达,有许多新的发现,深化了我们对情态概念、情态表达手段特别是情态表达多样性的认识。就现有文献来看,这应该是集中研究汉语情态的构式表达较早出现的专著。

　　情态特别是多义情态的语义解读受到句子内部结构和交际情境的制约。情态与其关联成分有时组成构式,在话语中具有特定表达和功能。构式语法和互动语言学的整体性和互动性研究思路,是探究情态多义性的有效路径。

　　姜其文博士的这部专著重视理论探讨和研究方法上的探索,

特别是对语言现象多有独到的分析,有很高的学术价值。该书提出汉语存在丰富多样的情态构式,并以专题与个案相结合的形式对其进行了深入的探讨。注重理论探讨和理论对语言事实的解释,是本书的突出特点。比如,作者认为,"是时候 VP 了"是个道义情态构式,它在句法上充当高层谓语,管辖整个命题。"是时候"经过焦点提取和句法提升,使得原本不相邻的"是"和"时候"紧邻融合为"是时候",进而浮现出道义情态。随着 VP 作为焦点得到凸显,"是时候"逐渐背景化,而道义情态义则由时间义演变而来,是语用蕴含的规约化激发了情态语义浮现。又如,书中提到,由前置情态词与后置情态词组合而成的框式构式在汉语中数量丰富,表义类型多样,像"还是 VP 为是"是其典型表现。作者认为,"为是"的语义经历了从肯定判断到祈使建议的演变,由于语体的制约,偏文言色彩的"为是"逐渐被偏口语的"为好"替换。所有这些,都体现了作者充分利用有效的概念工具对语言事实作出合理解释的努力。

对研究方法的探索,是本书的另一个特色。本书运用构式语法和互动语言学的有关理论,研究了汉语情态构式和相关的语义语用表达及其构式化与构式演变。共时与历时相结合的分析方法和以外语材料为佐证、普通话与方言相印证的类型学视角,也都体现了作者在研究方法上的追求。有心的读者可能会发现,这些研究方法上的探索,对于汉语语法的其他课题,也有一定的借鉴作用。

作为一本语言学专著,是否观察、描写和解释了有关的语言事实,应该是某一研究是否取得进展的最重要指标。本书对汉语情态、情态构式、构式在方言及外语之间的差异等方面观察细致、具体，分析缜密、深入，分析中有不少独到之处，有许多新的发现。本书通过总结发现，英语里存在较为丰富的前置型情态构式；而与之相比，汉语里则还有很多框架型情态构式，如"还是VP（的）好/为好/为是""非X不可"之类。部分框架构式还可进一步凝固，如"难道……不成"已凝固省缩为"难不成"。这些具体的研究成果，反映了作者敏锐的观察能力，体现了作者在探索、描写和解释语言事实上的努力。对有些语言事实深入观察了其细微差别，体现了作者对语言事实分析的细致与缜密，如对"最好"和"顶好"的区别分析。所有这些，都将会给读者留下深刻的印象。

总之，这是一部既有理论深度又有语言事实发现的情态研究专著，推进了汉语情态的研究，尤其是在情态构式的宏观建构、构式的组构类型和语义演变等方面取得了可喜的研究成果。

其文于2015—2018年在浙江大学人文学院（现文学院）攻读博士学位。求学期间，他刻苦攻读，勤于思考，打下了扎实的专业基础。他善于从语言学新的理论和方法中吸收养分，具有钻研精神。在博士论文的研究和写作过程中，他阅读了大量的中外文献。在浙江大学语言与认知研究中心的"语法、语义与认知"研究小组交流、报告了很多研究心得与成果，给老师和同学留下了深刻的印象。他的博士论文《现代汉语情态构式研究》得到了评审专家和答辩委员会的好评。看得出来，本书的很多内容是他博士论文的扩展，也是本书最精彩的部分。

情态和构式都是很复杂的语言学课题，对这些课题的探讨当然不会停止。本书还留下许多值得继续思考的问题，如构式是否具有范畴化特征、多义情态构式在对话交际中的语义如何关联其立场表达、情态与语气如何组构和互动等,值得进一步深入思考。随着对情态及情态构式研究的深入,期待作者对这些问题予以更有深度的回答。

姜其文博士把书稿寄给我,希望能为本书写序。阅读之余,谨记数语,聊表对本书出版的祝贺和对作者不断取得新成果的良好祝愿。

彭利贞

2024 年 1 月于浙江大学紫金港校区

目　录

序 / 1

1　绪论 / 1

　1.1　研究对象和研究意义 / 1

　1.2　理论背景和研究方法 / 2

　1.3　语料来源 / 4

2　情态构式研究综观 / 5

　2.1　情态构式 / 5

　　2.1.1　情态的定义及分类 / 5

　　2.1.2　构式 / 8

　　2.1.3　情态构式 / 9

　2.2　情态构式研究综述 / 10

　　2.2.1　英语情态构式研究 / 11

　　2.2.2　汉语情态构式研究 / 18

　　2.2.3　现有研究的不足 / 37

　　2.2.4　本书框架和研究价值 / 39

　2.3　情态构式汇总 / 43

2.3.1 英语的情态构式 / 43

2.3.2 汉语的情态构式 / 43

3 表祈使建议的框式情态构式 / 45

3.1 框式情态构式"是时候 VP 了" / 46

3.1.1 构式的内部组构及其同现搭配 / 48

3.1.2 语义类型及其划分标准 / 53

3.1.3 "是时候 VP 了"与其相近表达的区别 / 57

3.1.4 构式化历程及其形成动因和机制 / 60

3.2 框式情态构式"还是 VP 为是" / 68

3.2.1 句末语气词"为是"的性质与特点 / 69

3.2.2 句末语气词"为是"的演变 / 76

3.2.3 "还是 X 为是"及其相关构式 / 78

3.3 本章小结 / 79

4 表达违实性与反预期的道义评价构式 / 82

4.1 非自足构式"大 NP 的"与"人称代词＋一个 NP"比较研究 / 82

4.1.1 "大 NP 的"构式 / 84

4.1.2 "人称代词＋一个 NP"构式 / 88

4.1.3 "大 NP_{身份}的"与"人称代词＋一个 NP"的比较 / 94

4.1.4 语用关联关系 / 96

4.2 "说好 X 的"构式的违实性与反预期性 / 101

4.2.1 "说好 X 的"构式的内部组构 / 103

4.2.2 情态表达 / 107

4.2.3 违实性与反预期倾向 / 109

4.2.4 话语序列敏感位置与传信功能的表达 / 115

4.2.5 "说好 X 的"相关构式 / 117

4.3 本章小结 / 119

5 建议规劝类道义情态构式 / 120

5.1 建议规劝类道义情态构式"最好" / 121

5.1.1 情态类型及其语义等级 / 123

5.1.2 语用功能 / 133

5.1.3 语法化的路径与机制 / 139

5.2 建议规劝类道义情态构式"顶好" / 151

5.2.1 句法分布与搭配 / 151

5.2.2 情态表达及其语义等级 / 154

5.2.3 话语功能 / 161

5.2.4 语法化的路径 / 165

5.2.5 情态构式"顶好"与"最好"的比较 / 167

5.3 本章小结 / 169

6 否定规避类道义情态构式 / 171

6.1 否定规避类道义情态构式"用不着" / 171

6.1.1 性质的分化 / 172

6.1.2 情态意义 / 177

6.1.3 话语功能 / 181

6.1.4   构式化历程 / 182

6.1.5   "用不着"与其近义构式的异同 / 187

6.2   否定规避类道义情态构式"犯不着" / 188

6.2.1   句法分布与搭配 / 189

6.2.2   情态语义表达及其宾语语义类型 / 191

6.2.3   话语功能 / 198

6.2.4   构式化历程 / 202

6.2.5   "犯不着"与邻近构式的异同 / 203

6.3   本章小结 / 205

7   极性估测类认识情态构式 / 207

7.1   极性估测类认识情态构式"充其量" / 208

7.1.1   句法分布和共现搭配 / 209

7.1.2   情态语义表达 / 211

7.1.3   主观量表达 / 215

7.1.4   构式语法化 / 220

7.2   极性估测类认识情态构式"了不起" / 223

7.2.1   句法分布与搭配 / 224

7.2.2   情态义与主观性 / 225

7.2.3   语法化历程及其演变机制 / 232

7.3   本章小结 / 237

8   约量揣测类认识情态构式 / 238

8.1   约量揣测类认识情态构式"十有八九" / 239

8.1.1 "十有八九"的两种性质 / 241

8.1.2 构式语法化历程 / 248

8.1.3 "十有八九"与其近义构式的比较 / 253

8.2 约量揣测类认识情态构式"百分之百" / 254

8.2.1 性质的分化 / 256

8.2.2 构式化路径及其机制 / 263

8.2.3 "百分之百"的近义构式 / 268

8.3 本章小结 / 269

9 结语 / 271

参考文献 / 277

附录 《牛津情态与语气手册》评介 / 305

后记 / 314

1 绪 论

1.1 研究对象和研究意义

情态构式是指由多个组构成分构成,整体上表达说话人对句子表达的命题的真值与事件的现实性状态所表现出来的主观态度的形—义匹配体。本书的研究对象是在情态范畴中那些结构固定、语义融合并具有习语性特征的情态构式。重点考察汉语情态构式的语义表达和语义演变以及与情态构式相关的构式化、语法化和词汇化。

语言学中的情态概念来源于逻辑学的模态(modality)。但语言学的情态与逻辑哲学中的模态并不完全一致。语言学的情态是个语法语义范畴,其语义纷繁而复杂,表现手段多种多样,同一情态构式可以表达多种意义,同一情态意义也可以用多种情态构式来表达,是语言学中相当复杂的范畴。

自 20 世纪 60 年代以来,情态研究一直是语言学的热点之一。经过五十多年的发展,情态范畴研究的基本体系和基本框架已经确立。从情态范畴内部来看,情态分为典型情态与非典型情态。就情态的表达手段而言,情态词特别是情态动词的研究相对丰富,而情态构式研究则较为罕见。一般而言,情态范畴的情态词多表现为典型情态,而情态结构或情态结构式则多表现为非典型情态。情态构式往往被看作半情态(semi-modals)、准情态(quasi-modals)、边缘情态(marginal/periphery modals)、迂回情态(periphrastic modals)或情态等价成分(modal equivalents)。

因此,我们主要结合两大类情态类型,围绕六组专题性的个案来探究情态构式,希望以此加深对情态构式的系统性研究,改变以前对情态构式研究不足的现状,并对情态范畴有所补充,对构建系统、科学的情态系统有所帮助。

本研究具有以下几点意义:

(1)可以深化情态构式的系统研究,为情态构式建立科学的研究框架和研究体系,提供合理的研究范式,并对整个情态研究有所完善。

(2)立足汉语事实,通过个案分析与类别研究相结合,挖掘汉语情态构式的个性特点和普遍规律,使该研究既具有理论性和系统性,又兼具操作性和实证性。

(3)通过归纳和总结汉语情态构式历时演变的路径、机制和动因,可以总结其构式演变和语义演变规律。

(4)从语言教学的角度来看,可以让学生更好地掌握好汉语情态构式的多重语义,丰富其情态表达手段,有助于其对汉语情态系统的掌握和运用。

1.2　理论背景和研究方法

情态是个语义语法范畴。在语义上,情态表达说话人对命题的真值或事件的现实性状态的主观态度。在表现形式上,其词汇语法手段有情态形容词、情态名词、情态动词和情态副词,在部分语言中还存在情态词缀或情态附缀(参见 Haan 2005)。情态的表现手段除了词(形容词、动词、副词等)和词缀以外,还包括情态构式。我们主要探讨结构固化、语义融合,整体表达情态义的情态构式。根据性质,情态构式分为动词性情态构式和副词性情态构式。一般而言,在情态构式内,任何内部成分都不具有独立表达情态的功能,而是整体结构表达情态义。根据情态的语义分类,情态构式既可以是单义情态,也可以是多义情态。在情态构式中,还存在典型情态构式和非典型情态构式,或专职性情态构式与兼职性情态构式。

本书立足类型学视角,运用功能语言学和认知语言学理论,特别是构式语法、语法化和词汇化等理论集中探讨现代汉语情态构式。主要研究方法有:

(1)描写与解释相结合。描写是语言研究的基础。本书首先概括情态构式的总体面貌和基本特征,并对其总体范围与基本类别进行总结和归纳。事实描写的深度和广度制约着理论的解释力度。在描写充分的基础上,也力求作到解释充分。情态构式的演变,主要运用历时构式语法和语法化,归纳和总结汉语情态构式的基本发展路径、演化机制和动因。并且对其来源脉络和形成过程加以探讨,阐述清楚其句法组构性和语义演变方向,探究情态构式的来源与演变共性。

(2)静态与动态相结合。从静态层面归纳情态构式在句法、语义、语用等平面的性质与特征。与此同时,语言始终在不断发展变化。很多情态构式是在人们的交际对话中形成的,其情态语义在对话中得以浮现。因此,需要在动态变化中考察情态构式的来源和形成过程。

(3)共时与历时相结合。在共时上,概括情态构式在现代汉语中的总体面貌,总结其表达类型、语义表现以及语用语篇功能。在历时上,运用构式化、语法化和词汇化等理论总结汉语情态构式的发展路径。

(4)个性与共性相结合。每类情态构式的内部组构、句法分布、语义表现和语用功能各有不同,个性表现突出。通过进行个案分析,可以归纳每类情态构式的共性,进而构建较为科学的汉语情态构式系统。

1.3 语料来源

我们的研究立足于充分占有各种语料的基础上。本书的语料主要来源于北大 CCL 语料库、北京语言大学 BCC 语料库、国家语委语料库在线、人民网、新浪博客、百度新闻、瀚堂近代报刊数据库、中国基本古籍库和汉籍全文检索系统(第二版)等。语料以书面语为主,少部分为口语。未标明出处的为自拟例句。

2 情态构式研究综观

2.1 情态构式

2.1.1 情态的定义及分类

2.1.1.1 情态的定义

有关情态的定义,学界众说纷纭,本书概述其经典定义。

Lyons(1977:452,787－849)认为情态是"说话人对句子所表达的命题或命题所描写的情境的观点或态度"。

Palmer(1986:16)认为情态"是说话人的主观态度与观点在语法上的表现"。

Halliday(1994:88－96)把情态看作人的元认知功能的一部分,情态是与命题相分离的,表示人们对命题或事件认识的估测和不确定性。

Bybee和Fleischman(1995)指出,情态是语言表达的语义类型,其功能是在语义值上最中性的句子命题中加上补充和额外的意义。

彭利贞(2005/2007a:23)认为,"所谓情态,就是说话人对命题的真值或事件的现实性状态表达的主观态度"。

情态是个语义语法范畴。作为语义范畴,情态是用来表达说话人对命题的真值或事件的现实性状态的主观态度。而作为语法范畴,情态主要通过情态助动词、情态副词和情态构式等语法手段来表达的语法范畴。

2.1.1.2 情态的分类

关于情态的分类,各家对情态的划分角度和划分标准有所不同,划分小类各有差异。Lyons(1977)把情态划分为真值情态、认识情态和道义情态。Quirk 等(1985)把情态分为内在情态和外在情态。Palmer(1986)把情态分为认识情态、示证情态、道义情态和动力情态。Bybee 和 Fleischman(1995)把情态分为认识情态、施事取向情态和说话人取向情态。

吕叔湘(1942)、王力(1943)、廖秋忠(1989)、汤廷池(1992)、李明(2001)、谢佳玲(2002)、鲁川(2003)、崔希亮(2003)、郭昭军(2003)、宋永圭(2004)、鲁晓琨(2004)、彭利贞(2007)、徐晶凝(2008)、朱冠明(2008)、蔡维天(2010)、余光武(2010)、范晓蕾(2014)、李明(2016)和郭昭军(2019)等对汉语的情态范畴也有详细的界定和阐述,对汉语情态作了较为深入的探讨。在前人研究的基础上,彭利贞(2007:41)认为情态就是"说话人对句子表达的命题的真值或事件的现实性状态所表现出的主观态度"。

关于情态的意义,主要有两种观点:一是持多义观,即认为情态是多义的,它属于句法语义范畴,动力情态、道义情态和认识情态之间是平行的语义关系,没有主次之分。各情态类型在句法上具有各自不同的表现,其搭配和同现成分各有不同。研究情态的大多数学者都持这一观点。二是持单义语境观。该观点认为,情态属于语义语用范畴,它们有一个核心意义,其他意义是由于语境不同而产生的语境义和派生义。情态的核心义不依赖语境,在认知中属于默认语义。持该观点的有余光武(2017)等。本书认为,情态处于句法和语义界面的接口。情态的多义性与其所处的句法环境和共现搭配成分相和谐。不同语义的解读可以从句法分布和同现搭配成分上寻求形式上的验证。情态所处的语境也相对有限,并不能随意变化,因而情态属于语法语义范畴。某一类情态义之所以被默认为核心义,是由于它高频出现。频率的高低并不是判断语义的标准,而只是基础。因而我们认为情态的语义是多义的。

按照情态的多义观,情态构式根据语义类型可以分为动力情态、道义情态和认识情态。其中,动力情态和道义情态可归为根情态。对情态小类的定义我们主要采用谢佳玲(2002)和彭利贞(2007a)的观点。

动力情态是指"表达说话者对一个事件成真的可能性或必要性的观点或态度,它与能力或意愿的意义相关"。(谢佳玲2002:49)

道义情态是指"表达说话人对事件成真的可能性与必然性的观点或态度,它与许可、必要、承诺等相关"。(彭利贞2007a:44)

认识情态是指"表达说话人对命题为真的可能性与必然性的看法或态度,或者说,它表达说话人对一个情境出现的可能性的判断。它涉及认识上的可能性和必然性"。(彭利贞2007a:42)

2.1.2　构式

有关构式的经典定义来自 Goldberg(1995)。早期她对构式的定义是,"C 是一个构式当且仅当 C 是一个形式—意义的配对〈Fi，Si〉,且 C 的形式(Fi)或意义(Si)的某些方面不能从 C 的构成成分或其他先前已有的构式中得到完全预测"。(Goldberg 1995:4,吴海波译 2007)也就是说早期的构式具有不可推导性和不可预测性,这是狭义构式。狭义构式包括凝固型构式和半凝固型构式。后来,她把具有推导性的结构也看作构式。"即使某一语言形式可以被完全预测,只要它们高频使用,也是以构式的形式得以储存的"(Goldberg 2006:5)。这是广义构式,具有可推导性和预测性。本研究的构式指广义构式。构式内部具有层级性和承继性。按照语义的透明度和形式的可推导性,广义构式包括凝固型构式、半凝固型构式、短语型构式和复句型构式。(张璐 2018)

而"构式化"则是指"具有新的形式—意义配对的构式在整体上有序列的发生变化,是新形式和新意义对的符号或构式的创新,是由旧形式—意义对演变为新形式—意义对"。(Traugott & Trousdale 2013:22)有关构式化和构式演变的成果较为丰富(Croft 2001，Hilpert 2013，Traugott & Trousdale 2013;龙国富 2013,杨永龙 2016,彭睿 2016、2019、2020 等)。语言学的"互动"有两种含义:一是指不同学科或界面的互动;二是指口语交际互动。互动语言学主张将语法视为互动资源并在交际互动中被塑造,强调将语法研究置于社会互动之中(Selting & Couper-Kuhlen 2001，Thompson 等 2015,方梅等 2018)。互动语言学与构式语法结合产生了互动构式语法。该理论认为,构式具有序列特定性和位置敏感性,其意义受到交际互动的制约和影响(Wide 2009,Imo 2015,施春宏 2016、2017)。

2.1.3 情态构式

情态构式是个复杂系统,构式组构成分之间具有相互依存关系,无法完全还原为情态与其他成分的简单组合。以往研究大多根据其同现连用成分对情态语义进行判定,没有考察成分间的相互依存和制约关系,常常出现归纳不完全的情形。在互动构式语法理论的指导下,可以探究情态在整体构式和交际对话中的互动表现。

英语侧重研究邻接情态构式,比如"had better"(Van der Auwera 等 2010,2013)和"be to"(Goldberg & Auwera 2012 等),相关研究比较深入(Westney 1995,Krug 2000,Smith 2003 等)。情态构式探究典型情态在构式中的表现(Slimp 2010)。2014 年国际英语语言学学会(ISLE3)举办了"构式中的情态语义"工作坊,争论的焦点是:1)构式语法对情态研究的适用度有多大;2)是否存在情态构式;3)构式语法与情态事实是否能相互验证。相关内容刊载于 *Constructions and Frames* 2016 年第 1 期。其中 Cappelle & Depraetere(2016)与 Hilpert(2016)等认为,构式整体对情态语义解读有压制和过滤作用,时体和动词等成分对其也有影响。这些研究对英语邻接情态构式作了深入的分析与阐释,值得借鉴。

情态构式是指由多个组构成分构成、整体上表达说话人对句子表达的命题的真值与事件的现实性状态所表现出来的主观态度的形—义匹配体。从其性质来看,情态构式包括动词性情态构式和副词性情态构式。从内部构成来看,情态构式分为邻接情态构式和框式情态构式。前者是由相邻成分组构而成,如"必须的";后者是由互不相邻成分组成的框架,如"非 X 不可"。从典型度来看,情态构式分为典型情态构式与非典型情态构式。情态构式包括图式性构式,例如"X 好";也包括实体性构式,如"百分之百"等。从内部构成来看,情态构式分为邻接情态构式和框式情态构式。前者是由相邻成分组构而成,比如"必须的";后者是由互不相邻成分组成的框架,比如"应该 X 了"。

情态构式常常发生词汇化,部分情态构式发生了句法省缩或融合,由构式省缩为词,具有强烈的词汇化倾向。这在英语等形态较为丰富的欧洲语言中表现尤为突出(比如 want to = wanna, going to = gonna, have to = hatfa, got to = gotta)。汉语由于自身缺乏形态变化,因而只能根据其内部关系和整体句法分布加以判别是否发生了词汇化。

2.2 情态构式研究综述

在情态系统中,有关情态动词和情态副词的研究非常丰富。相对而言,对于情态构式的研究还比较少。随着情态范畴研究的日益深入,作为情态体系的重要组成部分,情态构式近年来已经成为情态范畴研究的热点。限于学识和自身知识水平,我们主要对英语和汉语的情态构式研究进行综述。

2.2.1 英语情态构式研究

2.2.1.1 英语情态构式的范围

英语学界对情态构式的研究,总体表现为:研究的历史长、内容广泛、取得的成果丰富。英语学界最早对情态构式的研究是基于原型范畴理论而展开。他们按照情态范畴的典型度来划分情态。由于情态构式在表义上的非典型性,因而英语学界常常把情态构式划归到非典型情态中。下表是 Quirk 等(1985:48 - 137)列出的情态动词——主要动词斜坡,其中涉及对情态的分类。

情态动词——主要动词斜坡(Quirk 等 1985:137)

(a) 核心情态词	can, could, may, might, shall should, will/'ll, would/'d, shall
(b) 边缘情态词	dare, need, ought to, used to
(c) 情态习语	had better, would rather/sooner, be to, have got to, etc.
(d) 半情态助动词	have to, be about to, be able to, be bound to, be going to, be obliged to, be supposed to, be willing to, etc.
(e) 链接动词	appear to, happen to, seem to, get+-ed participle, keep+-ing participle etc.
(f) 主要动词	hope+ to-infinitive

从上表可以看出,在核心情态动词到主要动词之间,存在边缘情态词(marginal modals)、情态习语(modal idioms)、半情态助动词(semi-auxiliaries)、链接动词(catenative verbs)等成分,并构成语法化斜坡。情态动词单独表示情态义,链接动词不具有情态义,它们都不属于情态构式。本书的研究对象涵盖上表的边缘情态词、情态习语和半情态助动词。英语动词性情态构式包括边缘情态构式、情态习语和半情态助动词。

　　从上表来看,以上三类情态构式存在典型与非典型之分。按照原型范畴理论,从边缘情态词—情态习语—半情态助动词是情态构式的等级斜坡。边缘情态属于典型的情态构式,情态习语和半情态助动词属于非典型的情态构式。情态专职程度也有不同。边缘情态构式专职表达情态,其情态义由整个构式表达。情态习语整体具有情态意义,多数是专职表达情态。而半情态助动词的情态构式整体表达情态义,是兼职表达情态。如:be going to 除了表达"会/要"义的认识情态,还可以表达"打算"义和"将来"的时间义。

　　由于情态构式排除了典型情态动词,因此情态构式并不表达典型情态,而是往往被认定为情态等价成分(modal equivalents)(Lakoff 1972:239)、准情态(quasi-modals)(Chapin 1973)、迂回情态(periphrastic modals)(Westney 1995)、半情态(semi-modals)(Edward 1999 等)或边缘情态(marginal/periphery modals)(Van der Auwera 等 2013)。以上各类情态成分在语义上都可以归到非典型情态中,常常以习语构式形式出现。

　　Lakoff(1972:239)关注到部分结构式可以表达与典型情态词基本相同的情态义,这些结构式被称为情态等价成分(modal equivalents)。例如:

modal	must	may	will	should
modal equivalents	have to	be allowed to	is to	be supposed to

　　Chapin(1973)提出了准情态的概念。所谓准情态是与典型情态相对应的成分。在情态范畴里,它们不属于典型情态,但是又表达一定的情态意义,因此属于准情态范畴。准情态成分主要

包括 need to，have to，be able to 等。Westney(1995)所说的迂回情态也是以结构式的形式曲折地表达情态意义，包括 be going to，have got to 等。

半情态和边缘情态同准情态和迂回情态在外延上同样具有很大的共性。因此，无论是半情态、准情态，还是边缘情态、迂回情态，抑或是情态等价成分，都属于非典型情态。与典型的情态成分相比，在内部结构、句法语义表现、语法化程度以及语音形式上都有所差异。它们常常以结构式形式出现，其内部的任何成分单独拆分出来都不表示情态义。由于以上几类非典型情态成分都是以习语构式形式出现，都作为典型情态词的对应成分或替代成分，因而统一称为情态构式(modal constructions)。

2.2.1.2　情态构式的划分标准

要确定哪些成分属于情态构式，就必须提出恰当的划分标准，使情态构式与典型情态成分相区别。Westney(1995：11)针对英语迂回情态与典型情态的分类提出了三个标准：

（1）语法化：在语法上，与典型情态词具有诸多的句法语义共性，但是语法化程度相对较低，处于非典型范畴地位。

（2）习语化：表现为超越成分意义之和的整体构式意义。

（3）语义上：要与典型情态动词的情态语义相等或相近。

这三个标准分别从语法化程度、构式化程度以及语义角度出发，对迂回情态作了区分和界定。由于迂回情态也属于情态构式，因此 Westney(1995：11)所提出的分类标准也基本适合作为鉴别情态构式的标准。第三个标准主要是针对动词性情态成分提出的。如果要包括副词性情态构式，那么标准（3）应该是语义上要与典型情态动词或典型情态副词的情态语义相同或相近。

2.2.1.3　英语情态构式

在传统语法和原型范畴理论中,英语的情态构式一般看作非典型情态结构。这类情态构式由于主要表达非典型情态义,因而常常被称为情态等价成分、准情态、迂回情态或半情态。

Chapin(1973)讨论了英语情态构式的连用顺序规律。一般而言,英语的情态动词不能连用,但是情态构式可以连用共现。情态构式对否定词具有选择性,否定词可以句法提升。在连用时情态构式不能重复,不具有递归性(recursion)。如果是内嵌句,情态构式可以连用共现。

Westney(1995)把情态构式称为"迂回情态"。他主要考察了 had better, have got to, have to, be bound to, be going to, be sup-posed to, have(got) to, need(to), ought to, be able to 等迂回情态的功能和意义。迂回情态在句法上受到时体制约,搭配比较受限,语法化程度较低。在情态语义上,情态构式包括动力情态构式(be able to)、道义情态构式(had better)和认识情态构式(be going to)。部分构式可以表达多种情态,比如 be bound to 可以表示[必然]义认识情态,还可以表示[必要]义道义情态。多义情态构式的语义解读受到人称和时体等范畴的影响。

Biberet 等(1999:483 - 502)考察了英语情态构式 got to, ought to, used to 和 had better 的意义与语体分布。除了 used to 是动力情态构式,其他都属于道义情态构式。他们认为,半情态结构除了单用,还可以与典型情态助动词连用,构成情态+半情态结构,如:will have to, would need to 等;半情态结构也可以连用,如:be going to have to 等。

Krug(2000)以浮现语法(emergent grammar)为理论框架,考察了情态义在构式化过程中的浮现机制。主要考察了 have got to/gotta、have to/hafta,want to/wanna,以及 need to,ought to,dare to,be going to 等的历时发展演变和共时句法语义表现。在情态构式发展的路径与机制方面,他认为情态构式的高频(类频率和例频率)使用和句法位置的变化、语义的泛化等促使情态构式逐渐固化和定型化。在共时上,他认为情态构式在美式英语、英式英语和澳式英语的地域分布上具有各自特点。其总体发展趋势是,在美式英语中发展最快,在澳式英语中居中,而在英式英语中发展最慢。它们的语体(书面语和口语)表现也各有不同。语义泛化和语音侵蚀、脱落会导致结构发生省缩,越来越凝固化,具有词汇化倾向,如:Wanna, gonna 和 gotta。词汇化的发生必须具有语义制约。如 want to 词汇化为 wanna, going to 词汇化为 gonna 的必要条件就是必须表达情态义。

Mitchell(2003:129 - 149)考察了 had better 和 might as well 这两个建议类情态构式,它们都是从比较义发展而来。在句法上,都符合 Palmer(1974:18)和 Huddleston(1980)提出的四个标准:否定、倒装、承前省略和强调。语义上都表达建议规劝义。在语义演变中,had better 表示差比义,相对优势选项容易成为说话人的优先选择,进而把这种优先选择与听话人共享,使听话人接受这种选择。通过一定的语用推理,对听话人来说,这是说话人对听话人提出的建议或规劝,表示强建议。而 might as well 表达平比关系,表示弱建议。Had better 和 might as well 都经历了语音弱化、语义泛化和句法简化。比较项从呈现到隐含是其发展为情态构式的重要条件。

Smith(2003:241-266)考察了 have to,(have)got to,need to 等具有强义务或必要义的道义情态构式在英语书面语的发展历程。他认为,need to 在英语书面语中发展迅速,而 have to 则接近口语。(Have)got to 主要表现为非正式性和委婉化。他的研究印证了 Leech(2003:223-240)提出的情态构式具有口语化的发展趋势。Leech(2003:223-240),Leech 等(2009:91-117)发现在英语中情态构式正在大规模增多。情态构式与典型情态动词处于共存和竞争阶段,新兴的情态构式正在逐渐代替或排挤典型的情态动词。情态构式在口语中比书面语发展更快。英语情态构式正经历三个过程:美式化、语法化和口语化。针对英语学界多数人认为情态构式在迅速发展,用频(类频率和例频率)普遍增高的判断,Traugott(2008:107-139)认为,只有一部分情态构式发展比较迅速,其余仍然处于缓慢变化之中,其发展呈现出区域不平衡特点。由于自身限制较多(比如时态限制),情态构式不像典型情态动词那样可以自由使用,还不能取代典型情态动词的核心地位。

Van der Auwera 等(2010)考察了英语中的道义情态构式 had best,(had)better,would rather,would sooner,would(just)as soon as 等。这类道义情态构式都来源于比较义,分别表示极比义、差比义和平比义。这类情态构式常常表达说话人的期待、建议或规劝。Denison 和 Cort(2010:349-383)认为,(had)better 倾向于跟第一、第二人称共现。除了表示道义情态,它还具有认识情态解读。Van der Auwera 等(2013)从对比和历时视角考察了比较类道义情态构式在情态意义和语用功能上的异同。他们认为，better 等可以表达道义情态和祈愿情态，表示希望和建议义。

Peter Collins(2009a)考察了多义情态构式 ought to 等。他认为，ought to 表达盖然义，相当于 should(应该)，表达道义的必要或认识的必然。他以美洲(包括加拿大和美国)英语、澳洲(包括澳大利亚和新西兰)英语和英式(不列颠和爱尔兰)英语为主要变体，考察了情态构式的各个英语变体(英式、美式、澳式)的分布及其在各语体(主要是口语和书面语)的差异，并考察了情态构式的多义性及其语义等级。他们认为，美式英语发展最快，英式英语最保守，而澳式英语居中。其中，就口语和书面语的差异而言，美式英语最大，澳式英语居中，英式英语最小。情态构式在口语中的类频率和例频率越高，它的发展也就越快越新颖；反之，在英式英语中，情态构式在书面语的类频率和例频率很高，发展很慢，最保守；澳式英语居中。Mair 和 Leech(2006)也持同样的观点。Collins(2009b)还对英国、美国、澳大利亚、新西兰这些主要英语地区以及菲律宾、新加坡、中国香港、印度、肯尼亚等地区的英语情态构式从语体等角度进行了详细的梳理和比较。Botsman 等(2015)对英语和荷兰语的情态构式进行了比较。他们认为，荷语的 mogen van，moeten van，niet hoeven van 等情态构式只出现在特定句法环境中。

国内英语学界也关注到了情态构式。李玉华(1988)根据 Quirk 等(1973)对非典型情态结构式的归纳，分别归纳了各类情态构式的内部结构类型和各自表达的情态意义。袁伽倪和林娜

(1992)、庄建灵(1992)、徐云珠(1995)、孟庆楠(2019，2022)等基于原型范畴理论，认为英语中的情态构式在情态范畴中属于非典型成分。于建平(2011)、杨亚冬(2016)、李亚杰(2016)等运用计算语言学的相关理论方法试图对多义情态构式实现情态语义的有效分化。

以上学者多数是从原型范畴观和传统语法理论来研究情态构式的。Goldberg and Auwera(2012)运用构式语法理论，阐释了英语情态构式"is to"的组构成分、构式意义、内部承继关系以及构式整体对于情态语义解读的影响。她们认为，"is to"的情态义是由整个结构式表达的，它兼具道义与认识情态，并且可以生成"be bound to""be supposed to"等下位构式。她们认为 is(be) to 符合构式的习语化和语法化特征，内部也具有系统的构式层级和承继性。其形式和意义是一对完整的匹配体。这也是首次应用构式语法理论来观照英语的情态构式。

2.2.2　汉语情态构式研究

汉语的情态研究成果非常丰硕。总的来看，现有研究主要集中在情态动词(谢佳玲 2002，郭昭军 2003，鲁晓琨 2004，彭利贞 2005/2007，朱冠明 2008，蔡维天 2010，连金发 2014，李明 2016 等)和情态副词(张谊生 2000，崔诚恩 2002，齐沪扬 2003，史金生 2003，齐春红 2006，谷峰 2009 等)上。近年来，随着情态范畴研究的日益深入，情态构式的研究也日益增多。"情态动词之外的别的情态表达手段，如可能式补语和现代汉语中的其他情态表达格式也是很值得探讨的。"(彭利贞 2007a：451)作为情态系统不可或缺的组成部分,情态构式的研究应该深入挖掘,进行系统研究。

汉语的情态构式研究成果总体上看还比较少,与英语相比还处于起步阶段。谢佳玲(2002)的情态系统不仅包含了情态动词和情态副词,还包括情态构式等与情态相关的表达式。这些情态表达式多数属于情态构式。它们既有动词性的,也有副词性的。李宗江、王慧兰(2009:320-383,398-454)挖掘了很多汉语的情态构式,为汉语情态构式的研究提供了很多值得探索的实例。范伟(2010,2019)对现代汉语情态的各种表达手段作了较为全面的总结,其中包括不少情态构式的类型和实例。按照情态语义类型来划分,情态构式分为动力、道义和认识情态构式。在汉语中,动力情态构式很少,下面主要综述道义情态构式、认识情态构式以及多义情态构式的研究现状。

情态与时体具有相互锚定的作用。时体标记对情态具有锚定语义的作用。彭利贞等(2007a,2007b,2007c,2010)对情态与时体、语气等范畴的互动关系探讨得较为深入。他认为,当情态动词"应该"与现实体标记"了$_1$"、经历体标记"过"、静态持续体标记"着$_1$"、进行体标记"正在"等体标记同现时,"应该"表达认识情态;当与起始体标记"起来"、继续体标记"下去"、动态持续体标记"着$_2$"、语气词"了$_2$"和补语标记"了$_3$"等同现时,"应该"表达道义情态。"应该 X 了/着"是个多义情态构式,"应该"与"了""着"可以成为分化彼此意义的锚定成分和解释因素。认识情态与表达现实事件的体标记共现,道义情态与表达非现实事件的体标记共现。当语法意义确定时,体标记对多义情态的语义具有过滤和限制作用。反之,单义情态对体标记也具有锚定功能,它们对多功能体标记具有功能分化和过滤作用。

情态构式的语义与句类具有天然的互育关系。祈使句主要传递说话人的祈愿和请求等言语行为,为道义情态的表达提供了句类环境;陈述句则为认识情态的表达提供句类环境。可以印证的是,在祈使句中,情态成分可以语境省略,只是语气强度有所不同。如:当出现在祈使句中时,"应该吃饭了""吃饭了""应该吃饭""吃饭"都可以表达道义情态。而当它们出现在陈述句中时,只有"应该吃饭了"才能表达认识情态。

古川裕(2006a)认为句类对多义情态动词"要"的语义解读具有一定影响。当出现在祈使句中时,"要"表示道义情态;当出现于疑问句时,"要"表示意愿情态。祈使句表达说话人的意愿,而疑问句表达主语的意愿。说话人的意愿对于主语来说是外在的。言者指向与主语指向是不同情态在语义上的重要差别。当"要"表达意愿情态时,语义指向主语,当它表达道义情态时,则是指向说话人。通过对"要"的意义归纳和总结,古川裕(2006b)还认为,"要"是个多义多功能词。一般动词"要"属于前情态,而表示动力情态、道义情态和认识情态的"要"属于情态范畴,连词"要"属于后情态。它经历了从前情态—情态—后情态的语义演变(Van der Auwera & Plungian 1998)。从前情态(主要是实词)到情态是情态义的获得;从动力情态到认识情态是情态内部的演变,主要涉及语法化、主观化和构式化,从情态到后情态(主要是虚词)则是情态再演变的结果。情态动词"要"的再演变有两种途径:一是自身演变为假设连词"要";二是作为构成要素与其他成分一起演变为假设连词，比如"要是""只要"。从情态动词到假设连词的共同语义基础都是非现实性。主观化和非现实语义共同推动了"要"的语义演变。古川裕对"要"的阐述很有启发意义。郭昭军、尹美子（2008）认为，多义情态动词"要"的语义解读受到主语生命度、宾语动词、同现副词、同现情态动词和语体等成分的制约。高亮（2017）从语义层级和句法成分的互动视角对意愿情态的语义等级进行了探讨，总结和归纳了句式、时间状语和体标记等影响因素。高亮（2020）进一步认为，情态动词"要"的语义解读受到其他句法成分的影响，是在与其他句法要素的互动中发展而来的。他给出了如下关系图：

　　该图根据句子结构（句子＝命题＋命题外成分）来划分，论元结构属于命题内成分，时体、情态和语气属于命题外成分。他认为祈使语气和禁止语气与道义情态相匹配，而疑问语气与认识情态相关联。情态与语气是相邻范畴，二者之间的互动性更强。这些解释性成分与情态词的同现反映了情态的语义层级与句法互动之间的关系。解释性成分的句法层级越高，与情态范畴关系就越近，情态受到的影响越大，互动性也越强。实际上，与情态相关的还有否定、人称和句类等影响因素。广义的语气包括语气词和句子语气。句子语气就是句类。赵春利、石定栩（2011）对语气、情态和句类之间的关系和纠葛进行了详细梳理。他们认为，英语中的 mood 包含了 verb mood 和 sentence mood。汉语不存在与英语相对应的 verb mood（式），而汉语的句类相当于英语的 sentence mood。汉语的句末语气词则相当于英语的 sentence final particle，赵春利（2019）称之为句末助词。在汉语中句类与语气词并不一一对应，只是交叉关系。从语言共性和语言类型来看，汉语的语气词与情态词同属句法成分，而句类则是整个句子的语气功能。陈国华（2013）和吴剑锋（2016）认为，语气是以语法手段表达的句法范畴，而句类是表达句子交际功能的语用范畴。句类与语气词不同，它们对多义情态解读的影响也不一样。

齐沪扬（2002）对情态与语气的同现互动关系作了深入的考察。他从大语气观出发，认为情态也属于语气。朱斌（2017）以"（不）会""（不）可能""（不）要""（不）应该"等为例，系统考察了它们在各个句类中情态与语气成分的关联模式，归纳和总结了它们的关联机制。从跨语言视角来看，句类表达的语气与语气词所蕴含的语气不同，它们对情态的敏感性和适配性也有所差异。他认为，情态和语气之间的同现配合规律受到句类的制约，在不同的句类中表现各有不同。以多义情态动词为核心，它们与语气副词和语气词的同现搭配呈现出的语义有些是规则性的，有些则是倾向性的。该研究对本书构建情态构式很有借鉴意义。刘佳（2019）也认为，部分情态词的语义解读会受到句末语气词的影响。张云秋（2020）从早期儿童语言习得的视角对多义情态的解读及其影响因素做了阐述，证明了情态构式的存在及其对语义解读的影响。她认为，多义情态的语义复杂多变是内因，儿童对影响多义情态解读的时体、语气和情状等成分的习得不均衡是外因。这表明,儿童对情态的习得受到自身认知能力和句法同现成分的影响,需要各因素协同互动才能提高儿童对复杂多义情态的习得能力。

以上研究从句法的同现限制关系视角来观照情态的多义性,归纳了多义情态的语义解读类型及其影响因素。但仅仅从语义视角来考察还不够全面,还需结合句法和语用来探讨。在句法上,句法层级越高,与情态范畴越相邻,对情态的影响越大,互动性越强。在语用上,这些多义情态构式多表达祈使建议或锚定评价功能。比如"还是 X 的好/为好"从评价比较义发展出建议情态。它提出建议而不是直接表达祈使命令,语义上具有交互主观性。如"别看"与"还是别看为好"相比,添加了情态构式以后表达更加委婉,听话人也更容易接受。

汉语情态构式的组构类型形式多样,表义丰富。邻接情态构式的类型有不少。如"V 不定""V 不好""V 不准""X 不了""V 不来"等。框式情态构式的内部组构类型主要分为:"否定+X+不+情态动词",如"非 X 不可";"情态动词+X+非典型语气词",如"(应)该/得+X+为是/为好/才好/才是";"情态副词+X+语气词",如"最好/还是/不如/不妨+X+好/的好/为好/为是";"情态动词+X+典型语气词",如"会/要/能/应该+X+的/了"。

情态构式的前件和后件表现有所不同。前件多数能单独表达情态,而后件大多必须跟前件组成框式构式才能表达完整、确定的情态义。后件情态词还处于形成阶段,因而它们对前件具有较强的句法粘附性,还没有完全脱离原有的句法框架。与英语相比,汉语存在大量的后置情态词,比如"好""为好""为是""才是"

"才好""的好"等。前置情态词和后置情态词可以组成情态构式。前件或后件情态义的演变与获得离不开原有的框式构式。从历时上看,部分情态词的语义演变是在构式中发生的,情态构式为构式内部组构成分的演变提供了句法环境。江蓝生(2005)认为"VP的好"的语义经历了从"判断是非"到"劝导取舍"的演变过程。"VP的好"经常与"还是"组成情态构式"还是VP的好"。她还提到"还是VP好/为是"等结构。李宗江(2010)认为,在"还是/不如VP的好/为好"构式中,"的好/为好"逐渐获得独立的情态义。与之类似的还有"才是"(左双菊2015a,2015b)、"才好"(邵长超2016)等。

"是时候VP了"是近几十年才产生的新兴道义情态构式。石定栩等(2000,2003)、晁代金(2008a,2008b)关注到"是时候"作为构式整体的句法语义表现。彭利贞(2014)进一步认为"是时候"先后经历了从命题内成分、独立命题、到高层谓语的演变。随着VP的逐渐焦点化,"是时候"句法地位逐渐降低,语义上越来越虚化。"是时候"前移的直接动因是表达情态。唐正大(2018)从从句补足语小句的视角对"是时候VP了"的生成进行了考察。刘云(2018)和朱冠明(2020)从来源的角度认为,"是时候VP了"的产生主要受到英语It is time to VP的重要影响。"是时候"在句法上常常与"了"共现。"是时候VP了"的演变主要经历了构式化和语法化。随着语义焦点的后移,"是时候"逐渐前景化,"VP"成为整个句子的独立焦点,这种道义情态义也就完全由"是时候"负载了。随着"是时候"句法位置的逐渐降位,"VP"的语义也由现实性转变为非现实性。"是时候VP了"的语义表达逐渐由客观转变为主观。"是时候"由非情态义浮现出情态义,相当于"应该",多用来表达祈使建议。

就情态构式的语义表达而言,部分情态构式具有较强的违实性和反预期性。雍茜(2017)认为,情态成分和过去时共现时会出现反转推理,表达反事实义。林若望(2016)认为,当"应该 φ 的"表达道义情态时,它是个违实结构。当它指向过去时间时,具有违实性。朱庆祥(2019)认为当"应该 φ 的"表达恒常性和需履行义时,与叙实性无关。陈振宇、姜毅宁(2019)认为,自反预期和强调(他反预期)才是控制事实性解读的关键。除了"应该 X 的"以外,"情态词+X+语气词"还可以生成更多的情态构式。比如"会 X 的""要 X 了""应该 X 了""能 X 的"等。汉语也存在与多义情态构式相关的歧义现象。这些歧义现象属于形义错配,导致同一情态构式产生多种语义解读。比如"应该 X 了""应该 X 的""应该 X 着""非 X 不可"和"要 X 了",它们都可以表达至少两种不同的语义。同现互动关系包括倚变互动关系和协同互动关系。这些具有歧义的情态构式内部组构成分之间处于倚变互动关系。

已有的研究主要关注情态词与各成分在句法语义上的同现限制关系,较少关注情态成分进入固定结构的影响。当情态作为组构成分参与结构的组成时,该情态词的语义解读也会受到该结构或结构内其他成分的影响,在语义上表现出一定的特点。比如:可以说"应该的、必须的、可以的、一定的、肯定的、会的"等,而"应该了、一定了、要了、该的、该了"等不能直接组合成固定结构,只能构成构式"应该 X 了""一定 X 了""要 X 了""该 X 的"

"该 X 了"等。

就"情态词＋语气词"结构而言，"情态词＋的"较容易组合成固定结构，而"情态词＋了"则较少组构在一起，其他类别的"情态词＋语气词"更是几乎没有。哪些能组成情态构式，哪些可以组成固定结构，迄今为止学界还没有归纳和总结过。即使两类形式并存，固定结构与构式在情态表达上也有一定的差异。比如"应该的"中的"应该"只能表达道义情态，而"应该 X 的"中的"应该"既可以表达道义情态，也可以表达认识情态。例如：

（1）A：谢谢李老师这么关心我家孩子的学习。

　　　B：应该的，应该的。

（2）昨天你应该来上课的。

（3）小李待会儿应该来的，他已经在路上了。

组成固定结构的"（不）情态动词＋说"有"不用说""应该说""可以说""别说""甭说""不要说"等（董秀芳 2002）。其中的"说"对多义情态的解读也有一定的影响，比如，在"应该说""可以说"中"应该""可以"都倾向于表达道义情态（陆萍、贺阳 2015）。本研究认为，表示"认为"义的"说"可以看作分化多义情态"应该""可以"的影响因素，它一般与道义情态同现组配，这一规律也符合"不用说""甭说""别说""不要说"等。情态词可以与哪些成分组构成固定结构，有待进一步深入探究。

语义和谐、语用关联和语用推理

关于语义和谐，陆俭明（2010：185 - 201）提出了语义和谐律，并指出语义和谐主要表现在三个层面：整体构式与组构成分的语义和谐、构式内组构成分之间的语义和谐、构式内成分与构式外成分的语义和谐。赵志强(2016)认为,语义和谐主要包括语义自足和语义协调。语义自足与成分的隐现有关,语义协调与成分之间的同现搭配相关。语义和谐作为一种原则,可以解释很多句法语义现象。陈振宇、姜毅宁(2019)结合语义和谐律,以与情态相关的合理性语句"应该 X 的"等为例,提出了检验句子事实性和反预期性表达的手段。陈振宇、李双剑(2020)进一步总结了语义和谐关系的不同类型,总结了关联词等语篇衔接的相关验证方法。但这些验证手段还不够细化,检验语义和谐与否的实际操作性还有待加强。正如陆俭明(2010:199)所言,关于语义和谐研究还存在不少问题,语义和谐的机制和原则以及有效检测手段等都有待进一步去探究。

语用关联主要分为情理关联、事理关联和逻辑关联。李先银、洪秋梅(2017)以"大 X 的"为例,探讨了时间—行为之间的情理关联,并注意到事理关联和情理关联之间的差异。项开喜(2018)认为,人类兼有自然属性和社会属性,人的自然属性属于事理关联,人的社会属性属于情理关联。时间与人的自然属性和社会属性都有关联,因而需要对时间与人之间的关联关系进行再区分。逻辑关联与事物之间的逻辑关系相关。语用关联的对象复杂多样,需视具体情形来确定关联类型。

2.2.2.1 道义情态构式

道义情态构式是指表达说话人对事件成真的可能性与必然性的观点或态度的形—义匹配体。按照情态表达的方式,道义情态构式可以分为间接性道义情态和直接道义情态。我们先总结间接道义情态构式。采用比较级或最高级形式来表达道义情态的结构式被 van der Auwera 和 De Wit(2010:127)称为"比较情态"(comparative modals)。这是从语义来源来界定的,因为它们的情态义来源于比较义。本研究从语用的角度认为,它们都表达建议规劝,因而称之为建议规劝类道义情态构式。在汉语中,这类情态构式最常见的就是"X 好"构式。表示道义情态的"X 好"多数位于句尾,比如"的好""为好""更好""才好"等;少数可以处于句中或句首,比如"最好""顶好"。这两类"X 好"构式最初都位于句尾,后来才发生了移位和分化。"最好""顶好"与处于句尾的"X 好"不同之处在于:"最好""顶好"由于句法提升而前移至句中或句首,而其他类的"X 好"则处于句尾。"最好""顶好"发展为情态构式,而处于句尾的"X 好"多数向后置情态词演化。有些可以构成情态框架,例如"还是 VP 的好/为好"。乐耀(2010)把"最好"看作表达建议的主观标记词,主要用于明示说话人的主观建议、认识或意愿,体现言者的主观性和交互主观性。戚国辉、杨成虎(2010)认为,"最好"的主观化主要表现为由命题功能转向言谈功能,由表达客观命题转为表达主观情态,由形容词短语词汇化为语气副词。"最好"的语法化历程伴随着主观化。罗主宾、唐贤清(2015)也认为,"最好"既表现了言者自我的主观性,还表现了言者关注听话人感受的交互主观性。江蓝生(2005)考察了跨层结构"的好"可以表示建议情态,它也是从比较义演变而来。李宗江(2010)还探讨了与"的好"类似的"为好"的演变过程。朱丽师(2018)认为处于句尾的"X 好"向语气词演化是核心小句整合的结果。

就构式的语义演变路径和机制而言,方梅(2013)认为表达言者意愿的"还是"指向说话人,它表达说话人的选择、意愿和认识,是说话人的祈愿情态。表达祈愿情态的"还是"一般只用于非现实情态中。"还是"选择项先后经历了从呈现、省略到隐含的过程。表达言者的意愿是个主观性过程,而表达听者的建议则是交互主观性过程。董秀芳(2016)认为,"不如""还是"等一批表示建议的副词经过了从比较选择到建议的语义演变路径。这种演变的机制是由于构式中部分成分因语境明确而隐含,造成其他部分凸显,导致构式意义的变化。可见,它们在语义演变的路径与机制上具有共性。

与正面表示建议规劝的道义情态构式不同的是,有组情态构式专门表示负面劝诫,表示"不需要、不必要",即对道义情态进行否定。这组情态构式可以分为"犯不着"类和"用不着"类。二者既有共性,又有各自的特点。"犯不着"表示"不值得",表达主观评价;而"用不着"表示客观上的"不需要",偏向客观否定。"犯不着"是通过克服一定的阻碍而达到目的,强调行为努力的价值是否值得;"用不着"侧重凸显客观情理上是否需要。

在汉语中,道义情态构式还有不少,如"是时候VP了"。晁代金(2008a,2008b)首先关注到"是时候"作为结构式的句法语义表现。彭利贞(2014)进一步探究了情态构式"是时候"的前移现象。他认为"是时候"是个表达道义情态的构式。"是时候"先后经历了从独立命题、命题内成分到高层谓语的演变。随着VP的逐渐焦点化,"是时候"句法地位逐渐降低,语义上越来越虚化。"是时候"前移的直接动因是表达情态。随着"是时候"内部的日益紧密和句法提升,"了"逐渐发生弱化和脱落。"是时候"的演变主要经历的是构式化和语法化。随着语义焦点的后移,"是时候"逐渐前景化,VP成为整个句子的独立焦点,这种道义情态义也就完全由"是时候"负载了。"是时候"在时间上指向的是现在,而事件发生的时间则是指向将来。随着"是时候"句法位置的逐渐降位,"VP"所代表的事件或命题也逐渐从表示现实性演变为表示非现实性(主要表达祈愿情态),"是时候"的语义表达逐渐由客观转变为主观。由松散的组合框架变为相邻的凝固结构式,证明它所经历的就是构式化历程;由非情态义浮现出情态义,其道义情态的产生就是情态浮现。其语法化机制就是重新分析。它还常常与表达道义的情态动词"该"同现,这表明其道义情态并未完全形成,还不稳固。

2.2.2.2 认识情态构式

认识情态构式是指表达说话人对命题为真的可能性与必然性的看法或态度的形—义匹配体。汉语的认识情态构式比较丰富。在认识情态构式中,有类表达极性估测的情态构式,其共同特点是对事件或命题的极性预测,以凸显说话人的强烈意愿。极性估测有极大型估测和极小型估测。极大型估测是指对事件或命题作最大或最多(或最上限)可能情状的估测,如:大不了、了不起、了不得、撑死(了)、说死、抵死、最多、顶多、至多、顶天、到顶、不过等。极小型估测是指对事件或命题做最小或最少(或最下限)可能情状的估测,如:最少、起码、至少、顶少、不止、少说等。魏昆建(2017)对这些估测情态构式进行了归纳。

从数量到情态是情态语义演变的重要路径之一。数量包括确量和约量。数量义与情态义都表示概率。数量是表达名词的范围,情态是表达行为事件发生的几率。董正存(2017)以"多半"为例,探讨了数量义向情态义演变的路径和机制。由数量向情态演变而来的,还有:大概、大约、大致、大半、大抵、八成、百分之百、百分百、十有八九、十之八九等。

能性述补结构"V 不 C"也衍生出很多情态构式。鹿钦佞(2008)认为"搞(弄/闹)不好"都属于"V 不 C"结构的实例。在共时平面上,它们存在动补式否定意义和推测意义。这类结构演变的重要句法环境是假设条件句。它们由最初的"没有 V 好"回溯发展出"可能 V 不好"义,由结果向可能义演变,从表示不好的结果转变为专门的推测义。胡斌彬(2016)也持同样的看法。他认为其语法化是由于在假设复句的假设小句中,动词论元和假设标记省略引起假设小句的地位弱化。随着动词的语义泛化和虚化,由现实语境中的结果义演变为非现实语境中的推测义。除了"搞""弄""闹"等泛义动词,部分言说动词与"不好"组成的"V 不好"结构也可以表达这种认识情态义,如"说不好""讲不好"等。韩启振(2011)认为,"说不准"的构式化表现为结构的凝固化、句法位置的提升和语义焦点的后移。其演化的句法环境是"(S)说不准+疑问形式时间状语+宾语小句主干(将来事件)"。此外,与"V 不 C"相对应的"VC 了"也具有类似功能,如"弄/闹好了"(李宗江、王慧兰 2009:431-434),但实例较少。

2.2.2.3 多义情态构式

多义情态构式多数来源于能性述补结构。李剑影(2007)对能性述补结构"V 得/不 C""V 得/不了""V 得""V 不得"等的情态语义进行了比较细致的分析。"A 不了"也是能性述补结构。

就"A 不了"来说,柯理思(2005)认为当"A 不了"格式中的形容词具有非能力义时,整个构式可以表达认识情态。彭利贞、关楠(2014)进一步认为,"V(谓词)不了"格式是个多义情态构式,它具有[—能力]动力情态和[—可能]认识情态两种解读。当 V 为形容词或静态动词、非自主动词,并且表达消极事件,V 表达的事件具有非意愿特征,所在句子的主语有"无生"特征时,该构式倾向于表达认识情态。当它具有意愿特征时,该格式倾向于表达动力情态。意愿与非意愿是分化该构式情态解读的重要因素。意愿与非意愿与主语的生命度息息相关。因为只有生命体才能表达主观意愿,非生命体无法表达主观意愿。

与邻接情态构式不同的是,汉语中还存在框式情态构式。如"非 X 不 Y"构式。邵敬敏(1988)和张谊生(1992)认为,汉语中的"非 X 不 Y"构式主要可以分为"非 X 不可""非 X 不行""非 X 不成"以及"非 X"等格式。徐复岭(1981)、杨玉玲(2002)等认为"非 X 不可"格式可以表示三种语义:施事者的强烈愿望、道义情态上的必要和认识情态上的必然。洪波和董正存(2004)考察了其中的个案"非 X 不可"。他们认为,该格式最初是双重否定结构,整个构式由双重否定表达肯定强调。"非 X 不可"由表示事理必要性的推论衍生出表示对事理必然性的判断,也就是说整个格式的意义由道义情态演变为认识情态。该格式的语法化主要是凝固化、有界化和 X 项的谓词化。随着"非 X 不可"构式演变为认识情态,其中的"非"由表示否定演变为表示必须义的道义情态和肯定义的认识情态。王灿龙(2008)认为,情态构式"非 X 不可"中"不可"的隐现是有规律的,只有当"非"具有认识情态义时

"不可"才可以省略。唐贤清和李振中(2012)、李振中(2012)也认为整个构式义的变化引起了"非"的性质的变化。"不可"表示否定的道义情态义。情态义最初是由"不可"来负载的。彭利贞(2020)认为,[意愿]与[—意愿]是影响"非 X 不可"构式语义解读的重要因素。"非"表达说话人的强意愿。当它具有[—意愿]特征时,该情态构式获得认识情态解读。

"非 X 不可"的内部表示必要条件关系,整个结构以双重否定形式表示肯定性的道义情态义"允许"。后来,整个构式从允许义发展出肯定性的认识情态义。随着"非 X 不可"整个结构的日益定型化,情态义由整个"非 X 不可"构式来承担,"非"也负载了原来由"不可"所表达的情态义。由于构式的高频使用,"不可"逐渐发生弱化或脱落,情态义完全由"非"来负载,最终发生了构式的省缩,演变为"非 X"构式。因此,"非"发展出"一定/肯定"的认识情态义主要是受到整个结构式意义类型转变的影响。"非"还常常与表示认识情态的"得"或"要"等组合成"非得""非要"结构。"非 X 不可"的情态意义最初由"不可"来负载,经过构式化以后,情态语义由整个构式来承担,导致情态类型发生了转变,由根情态转变为认识情态,这种由构式语法化引起的情态意义类型的转变现象很值得关注。

汉语动力情态构式是指表达说话者对事件成真的可能性或必要性的观点与态度的形—义匹配体。汉语动力情态主要有"爱莫能助""不会""不敢"等。

2.2.2.4 与情态构式相关的两组概念

在汉语情态构式研究中,有两组概念需要厘清:结构省缩与结构融合、高层谓语与高层状语。

（1）结构省缩与结构融合

结构省缩是指，"结构式因某个组成部分的省略会造成原结构式形式的缩减（reduce）和紧缩（condensation）"（董正存 2016b）。也就是说，结构省缩包括结构的缩减、紧缩和结构成分的脱落。

结构省缩一般是指，在结构式或结构框架中由于特定句法环境高频出现致使结构式的某一成分发生缩减或脱落，剩余成分逐渐负载整个结构式的语法功能和意义，这一过程或操作叫作省缩。在结构省缩过程中，省缩形式在省缩前后的意义或功能会发生变化。发生省缩的可以是邻接构式，如"打死也 VP"省缩为"打死 VP"（董正存 2016a）。省缩前的"打死"是个表示"无论如何"义的情状副词，省缩后"打死"变为表示"一定/肯定"义的情态副词，表达高量级认识情态。框式构式也可以发生省缩，如"非 X 不可"省缩为"非 X"（洪波、董正存 2004）。省缩前的"非"表示否定义，省缩后的"非"表示"一定或肯定"义的情态副词。

而融合（compression/fusion）指的是结构式由于音位上的相互挤压，音位发生了侵蚀和融合，导致它们在形式上逐渐发生词汇化，但构式内部的任何成分都没有脱落或消失，只是相互融合在一起。融合主要发生于邻接构式中。如：英语的"want to"融合为"wanna"；汉语的"不要"融合为"别"，"需要"融合为"消"等。由于汉语情态动词有些为零声母，比如："用"（yòng），汉语中的"否定词＋情态动词"语音融合常常采用反切法来进行（即反切上字的声母和反切下字的韵母进行合音），比如汉语中的"bú yòng（不用）"融合为"béng（甮）"，这符合语音融合的经济原则。语音融合的同时，词形也会变化。词形要么合并起来，组合在一起构成

新词(不用—甭),要么借用另外一个词的词形(不要—别)。汉语
方言的情态构式融合现象还有:

不用—甭(北京话)　　勿会—袂(闽语)

勿要—覅(吴语)　　　不要—嫑(西南官话)

共同点:都使结构式的形式(包括语音形式)发生了简化。

不同点:省缩主要是指结构式内部某个成分的缩减或脱落,
主要发生于词汇语法层面,它会导致结构式的意义或功能发生改
变。融合主要是指由于音位的挤压和侵蚀,导致结构内部成分之
间的边界消失,使得结构式具有演变为独立的词的可能,具有词
汇化或语法化的倾向。融合主要发生在形态音位(或音节词形)
层面。融合不会导致结构功能或意义的改变(融合过程结束后的
演变不在此列)。

对于曲折型语言来说,融合主要体现在形态音位上。比如英
语的 ought to 融合为 oughta。对于孤立型语言来说,融合主要体
现在音节词形上。比如汉语的"甭",在音节上由"bú yòng"融合
为"béng",在词形上由"不用"融合为"甭"。

当然,省缩与融合可以一起发生。即某些结构式在词汇语法
形式上发生省缩,同时在音位或音节上发生融合。be going to 省
缩为 be gonna 时,不仅发生了形态音位的融合,同时意义也变得
更加专门化,专表将来时或情态意义,而不再表示具体的"打算"
义。从广义上来说,省缩可以包含融合。

(2)高层状语与高层谓语

情态动词可以看作高层谓语,而情态副词则可以看作高层状
语。高层谓语在形式句法中实现为中心语 VP,而情态副词实现

为附加语 IP。道义情态和动力情态总体上属于高层谓语,而认识情态和情态副词属于高层状语。现代汉语中的[情态动词＋动词]到底是状中关系还是动宾关系,一直以来都有争议,张谊生(2017)对此作了较为全面的总结和细致的区分。以情态动词和情态副词为例,高层谓语和高层状语一般都用来评价命题或事件,但是它们的句法地位不一样。高层谓语在形式句法上体现为中心语,而高层状语在形式句法上则表现为附加语。中心语与附加语的区别,反映了高层谓语和高层状语在句法地位上的重要差异。提升动词是认识类情态动词与以说话人为情态来源的道义情态动词;而控制动词是动力情态动词和以主语为情态来源的道义情态动词。汤廷池(2010)认为,情态副词是附加语,可以出现于小句句中或句首;而情态动词则是中心语,主要出现在谓语。蔡维天(2010)认为,情态词的分布层级是:知识(认识)副词＞知识(认识)助动词＞义务(道义)副词＞义务(道义)助动词＞能愿助动词。

相同点:高层状语和高层谓语都用来评价命题或事件,是命题外成分。

不同点:高层谓语经过提升等句法操作后,它在句法上始终是谓语,是中心语;而高层状语经过提升等句法操作后,它在句法上始终是附加语。副词占据附加语位置,情态动词占据中心语位置。蔡维天(2010)认为,认识情态词处于大句子层次,而义务、能愿情态词则分别处于曲折形态成分与动词成分上。

高层谓语与一般谓语的区别:高层谓语关联整个事件或命题,而一般谓语关联其宾语。

高层状语与一般状语的区别：高层状语与事件或命题相关，而一般状语则与表示行为或状态的一般谓语相关。

虽然都可以充当高层成分，但是状语的提升与谓语的提升在句法功能上并不一致。部分谓语经过提升以后，也有可能发生语法化，转变为高层状语。例如"最好"由底层的谓语经过提升以后语法化为情态副词，作高层状语，不再是个谓词性成分了。

综上所述，关于情态构式的研究，正如 Krug（2000：256）所言，情态构式是很值得继续深入挖掘的领域。它们的句法分布、语义表现和语用功能，语体差异和地域分布，情态构式的连用及其规律以及历史的句法和语义演变规律等都很值得探究。

2.2.3 现有研究的不足

与英语相比，汉语不仅存在邻接情态构式，还有丰富的框式情态构式。汉语道义和认识情态构式多于动力情态构式。但还存在以下不足：

（1）汉语情态构式体系有待构建，更多类别有待挖掘。它们的内涵和外延以及组构类型尚未总结，整体框架有待建立。其范围和类别还不完善，只有谢佳玲（2002）和范伟（2019）等进行了归纳。以往研究只聚焦少数典型个案，更多类型有待发掘。

（2）构式内外的互动关系缺乏全面深入的考察。其互动关系包括依变互动和协同互动。依变互动研究有彭利贞（2007a，2007b，2010）对"应该 X 了/着"的考察。"应该 X 着"可以分化为"应该$_{道义情态}$ ＋ 着$_{动态持续}$"和"应该$_{认识情态}$ ＋ 着$_{静态持续}$"两种意义。它们的组构类型和歧义分化手段有待归纳。协同互动研究有王伟(2000)对"能"的分析,古川裕(2006a,2006b)、郭昭军、尹美子(2008)和高亮(2020)对"要"的考察等。此外,句类与句式对情态也有影响。比如"要"在祈使句和疑问句的不同解读(古川裕2006b)以及它在"把"字句等句式的意义解读(高亮2017)。朱斌(2017)和刘佳(2019)都认为,情态和语气的协同互动受到句类的制约。以上研究侧重情态解读因素的归纳,缺乏从构式视角考察句法与语义语用的互动,更多类型的句类句式与情态的互动关系有待总结。

（3）其互动功能缺乏深入探讨。情态构式的语义解读与评价语/应答语的序列类型和序列位置密切相关,它们具有一定的分布偏好和特定表达。比如在对话中,当"应该 X 的"表达道义情态时,一般处于话轮始发句;当它表达认识情态时,一般位于答句充当应答语。情态构式也可以表达说话人的主观立场或评价。以往研究忽视了它们在交际对话中的互动表现,其互动功能有待深入研究。

（4）相关的语义语用匹配关系缺乏系统刻画。构式中的语用关联(李先银、洪秋梅2017,项开喜2018)和语用推理(林若望2016,雍茜2017,朱庆祥2019,陈振宇、姜毅宁2019)与相应的情态类型匹配时,必须遵循语义和谐律(陆俭明2010:185-201),由此可以归纳检验句子语义和谐的语篇手段(陈振宇、姜毅宁2019,陈振宇、李双剑2020),但它们的关系欠缺形式化和系统刻画。

（5）构式化和构式演变研究有待拓展和深化。构式的前件或后件的情态义受到构式整体的制约。关于前件的情态化,主要有"非 X 不可"中的"非"（洪波、董正存 2004，王灿龙 2008，唐贤清、李振中 2012，彭利贞 2020 等）和"是时候 X 了"中的"是时候"（石定栩等 2000、2003，晁代金 2008，彭利贞 2014，唐正大 2018，刘云 2018，朱冠明 2020）等。关于后件的情态化，主要有"的好"（江蓝生 2005）、"为好"（李宗江 2010）、"才是"（左双菊 2015a，2015b）和"才好"（邵长超 2016）等。但相关的个案演变研究还需拓展；其构式化与构式演变的机制和动因及其构式化语境有待归纳。

2.2.4　本书框架和研究价值

本书运用构式语法和互动语言学，主要研究汉语情态构式和相关的语义语用表达及其构式化与构式演变。由于情态构式是个开放性的类，本书拟对情态构式进行专题式的研究。因而本书把专题研究与个案分析相结合，通过对几个较有特色的情态构式专题的案例分析，来加深情态构式研究的深度和广度。由于动力情态构式比较少，因而本书主要选取了道义情态构式和认识情态构式。

围绕汉语情态构式这一核心，本书的总体框架包括三个部分。

（I）宏观探讨

（1）构建汉语情态构式体系

① 界定汉语情态构式的内涵并划分其外延

② 阐明互动构式语法的理论内涵及其形成脉络

首先，归纳汉语情态构式的性质与特点，提出划分标准，廓清其范围和类别。根据典型度和情态语义量级对这些构式进行排序,并建立汉语情态构式总表。其次,从书面语与口语、理论自洽与理论结合等视角阐述构式语法与互动语言学理论结合的意义,总结互动构式语法的发展脉络。

(2) 全面归纳其组构类型。其组构类型大致分为:"情态动词+X+典型语气词",比如"会/要/能/应该+X+的/了";"情态动词+X+非典型语气词",比如"(应)该+X+为是/为好/才好/才是";"否定+X+不+情态动词",比如"非 X 不可/成/行";其他类别,比如"大/说好+X+的"等。

(II) 道义情态构式

(1) 表祈使建议的框式情态构式

① 框式情态构式"是时候 VP 了"

② 构式省缩与表祈使建议的"还是 VP 为是"

"是时候 VP 了"是个表达道义情态的新兴框式构式。该构式由前项"是时候"和后项"了"组构而成,在语义上表示"(应)该做某事了"。在句法上,它主要充当高层谓语。

"为是"表示"认为某个情况或意见是对的或合适的,用以表达说话人的意愿或建议"。"为是"由肯定判断到表达建议,是在"还是 VP 为是"构式中产生的。由于构式前件"还是"的脱落导致构式发生了省缩,其情态义由"为是"负载,使其语义由肯定判断演变为祈使建议。

(2) 表达违实性与反预期的道义评价构式

① 非自足构式"大 NP 的"与"人称代词+一个 NP"比较研究

② "说好 X 的"构式的违实性与反预期性

"大 NP 的"和"人称代词＋一个 NP"进行比较。它们都是用于现场交际的非自足构式，常出现于反预期语境中，用以充当背景信息。在关联类型上，"大 NP_{时间}的"主要反映情理关联和事理关联。"大 NP_{身份}的"和"人称代词＋一个 NP"构式主要反映情理关联。

"说好 X 的"，它是个表达传信的框式构式，由间接引语标记"说好"、引述内容 X 和确信标记"的"组构而成。在语义上它可以表达认识情态和道义情态。当它表达道义情态时，具有较为明显的违实性和反预期表达倾向。

（3）建议规劝类道义情态构式

① 建议规劝类道义情态构式"最好"

② 建议规劝类道义情态构式"顶好"

"最好"是由最高级程度副词"最"和形容词"好"组合而成的。在情态语义上表达盖然义。"最好"在语用上主要表达建议或规劝。

"顶好"与"最好"相比，它们在内部结构关系、情态语义表达和语用功能上一致，但是二者在语体特征、方言地域分布和语法化程度上有所不同，"顶好"更偏向于南方方言。

（4）否定规避类道义情态构式

① 否定规避类道义情态构式"用不着"

② 否定规避类道义情态构式"犯不着"

"犯不着"和"用不着"主要充当高层谓语，用以评价事件或命题。在语义上，它们表达道义情态的"不必要、没必要"义，即表达道义情态上的否定规避。相比而言，"犯不着"较为主观，而"用不着"则较为客观。

（III）认识情态构式

（1）极性估测类情态构式

① 极性估测类情态构式"充其量"

② 极性估测类情态构式"了不起"

"充其量"和"了不起"都是极性估测情态构式，它们都是表示对上限某种情状的估测，这种估测义主要表达认识情态。它们的情态义由构式省缩而获得。

（2）数量揣测类认识情态构式

① 数量揣测类情态构式"十有八九"

② 数量揣测类情态构式"百分之百"

"十有八九"可以表示比例范围义，也可以表示盖然义认识情态。"百分之百"与"十有八九"类似，但是在情态等级上，"百分之百"要高于"十有八九"。

本研究的价值在于：

（1）弥补以往研究的薄弱环节，补充和完善汉语情态体系。以往构建的汉语情态系统，缺乏对情态构式的系统研究，因而本研究可以弥补汉语情态系统的薄弱环节。从宏观上总结它们的性质和特征、归纳其范围与类别以及组构类型，可以完善现有汉语情态体系。

（2）促进互动构式语法理论与情态构式的互相验证和有机结合。从互动构式语法视角可以探究交际对话中构式的分布和位置对情态浮现的影响，证明情态构式具有序列特定性和位置敏感性。通过对情态构式的互动研究，可以验证和补充完善互动构式语法理论,并对其他语言的情态构式研究提供借鉴和参考。

2.3 情态构式汇总

2.3.1 英语的情态构式

had best 'd best had better 'd better would rather
'd rather gonna seem to desire to had rather
should rather would sooner should sooner have to
got to gotta want to wanna need to be to ought to
appear to be supposed to be bound to have got to
be able to would(just) as soon as may(just) as well
might(just) as well be about to be going to
be expected to be likelihood to be due to be willing to
be obliged to be meant to be apt to be allowed to
be sure to be certain to be likely to

2.3.2 汉语的情态构式

道义情态构式

只得 只好 只能 总该 非得 最好 顶好 还是
犯得着 犯不着 犯不上 犯得上 用得着 用不着 不
得不 V 得/不来

非 X 不可 非 X 不行 非 X 不成 非 X 不 Y 无 X 不 Y
非 X 才 Y

是时候 VP 了 还是 VP 为是/为好/的好 应该 X 的/了
说好 X 的

认识情态构式

不至于	不见得	不尽然	不一定	保不齐	保不定
保不准	保不住	备不住	指不定	差不多	差不离
差点儿	少不了	没准儿	说不准	说不定	未见得
免不了	闹不好	搞不好	弄不好	说不好	敢不是
莫不是	该不是	该不会	终不成	难不成	充其量
了不起	大不了	十有八九	十之八九	八九不离十	
百分之百					

3 表祈使建议的框式情态构式

　　本章主要探究表达祈使建议的框式情态构式。第 3 章第 1
节探讨"是时候 VP 了",它是个表达道义情态的新兴构式。该构
式由前项"是时候"和后项"了"组构而成。句法上充当高层谓语,
表示"(应)该做某事了"。当其主语是施事时,多位于"是时候"
之前;当其主语是受事或话题时,可以移位到"是时候"之后。在
语义表达上,"是时候 VP 了"有两类意义:一是表达时间,表示
"到了做某事的时间";二是表达道义情态,表示"应该做某事"。
"是时候 VP 了"表达时间—行为的情理关联。跨层组合是"是时
候"产生的句法条件,情态浮现是其语义演变的机制,情态的表达
是其演变动因。"是时候 VP 了"作为表达道义情态的新兴构式,
它扩充了道义情态构式的表达类型。
　　第 3 章第 2 节探究"还是 VP 为是"。"为是"表示"认为某个
情况或意见是对的或合适的,用以表达说话人的意愿或建议"。
"为是"由肯定判断到表达建议,是在"还是 VP 为是"构式中产生
的。由于构式前件"还是"的脱落引发构式省缩,其情态义由"为

是"负载,使其语义由肯定判断演变为祈使建议。与其相近的构式还有"还是 X 为好/的好"。"为好""的好"的情态义也是由于构式省缩,进而导致"为好/的好"衍生出情态义。

3.1　框式情态构式"是时候 VP 了"

在现代汉语中,我们常常见到这样的例子:

(1) a. 现在<u>是</u>考虑这个问题的<u>时候了</u>。

　　 b. 现在考虑这个问题,<u>是时候了</u>。

　　 c. 现在<u>是时候</u>考虑这个问题<u>了</u>。

以上三种形式"是 VP 的时候了""VP(的)是时候了""是时候 VP 了"都具有"到了某做事的时间"义。例(1a)和(1b)只能表示时间,而例(1c)可以表达道义情态。我们运用以下两种测试手段来对其加以分化:1)添加否定词"不";2)被"到(……)时间"替换。例如:

(2) a. 现在<u>不是</u>考虑这个问题的<u>时候</u>。

　　 b. 现在考虑这个问题,<u>不是时候</u>。

　　 c. *现在<u>不是时候</u>考虑这个问题。

(3) a. 现在<u>到</u>考虑这个问题的<u>时间了</u>。

　　 b. 现在考虑这个问题,<u>到时间了</u>。

　　 c. *现在<u>到时间</u>考虑这个问题了。

能添加"不"和被"到(……)时间"替换的是时间;反之则是道义情态。从例(2)和例(3)可以看出,我们运用排除法,只有"是时候 VP 了"不符合以上两项标准,因而它表达道义情态。

汉语学界对其性质、来源与语义演变也作了深入探究。从性

质来看,大多数学者都认为"是时候 VP 了"主要表达道义情态
(彭利贞 2014)。从来源和演变视角来说,主要有外源说和内生
说两种观点。外源说认为,"是时候 VP 了"是外源性构式,受到
印欧语尤其是英语"It is time to VP"构式的语序影响而产生。结
构复制使得"是时候"紧邻凝合为一个构式。持"外源说"的主要
有石定栩等(2000,2003)和朱冠明(2020)等。内生说认为,"是
时候 VP 了"的产生虽然受到英语等印欧语的接触影响,但构式
从时间义发展为道义情态义是语义演变的自然发展,构式的内部
重组受到情态的促动和新信息焦点 VP 后移的影响。前移的"是
时候"经历了从独立命题、命题内成分到高层谓语的演变过程。
持"内生说"的主要有晁代金(2008a,2008b)、彭利贞(2014)、唐
正大(2017)和刘云(2018)等。

我们认为,有关"是时候 VP 了"的研究还有以下问题没有解
决:1)"是时候 VP 了"的性质是什么,如何从构式视角和情态视
角对其加以界定;2)"了"在什么情况下可以省略,翻译影响还是
语境或语体制约;3)如何区分该构式的时间义和情态义,还没有
合理的标准;4)其与相近形式"是 VP 的时候了""VP(的)是时候
了"的区别并未总结和归纳;5)构式是如何形成的,它在组构形式
和语义演变上的路径、机制和动因等方面都有待进一步深入探究。

针对以上问题,在前人时贤研究的基础上,本研究从四个方
面来阐述"是时候 VP 了":1)从情态构式视角对"是时候 VP 了"
进行定性;2)归纳其语义类型,并提出划分时间义和情态义的标
准;3)总结其与相邻形式"是 VP 的时候了""VP(的)是时候了"的
区别;4)归纳其构式化历程,并总结其形成动因和机制。

3.1.1　构式的内部组构及其同现搭配

3.1.1.1　组构成分

框式情态构式"是时候……了"由前项"是时候"和后项"了"组构而成。"是时候"是个凝固结构,内部一般不可扩展,也不可替换。比如:一般不说"是(休息的)时候"或"是时间"。"了"是句末语气词,表示新情况或新事态的出现,一般不能省略。唐正大(2017)认为,"是时候 VP 了"具有构式性表现:1)具有不可变化的框式结构;2)不可类推;3)表义特定。本研究也持相同的看法,把"是时候……了"看作表达道义情态的框式构式。

3.1.1.2　句法分布

在句法上,"是时候……了"主要作高层谓语。例如:

(4)"考证热"<u>是时候</u>降温<u>了</u>。(《南方日报》2021-04-21)

(5)刷脸才能进小区,<u>是时候</u>给个说法<u>了</u>。(《科技日报》2021-03-05)

"是时候……了"的谓词性宾语以单个 VP 为主,部分情况下还可以带两个及以上的 VP。"了"处于句尾,位于所有的 VP 之后。例如:

(6)<u>是时候</u>给自己立个座右铭<u>了</u>。(中青在线 2017-02-10)

(7)<u>是时候</u>抛弃各种"X 二代"的标签,正视每一个人的独特性<u>了</u>。(《中国青年报》2016-08-11)

(8)面对逆全球化思潮,面对全球治理机制的碎片化,面对不断拉大的贫富差距,<u>是时候</u>用互联互通消除人心的隔阂,用和平合作减少对抗冲突,用互利共赢替代零和博弈<u>了</u>。(《人民日报》2017-05-17)

（9）对于准备出国的留学生及学生家长，<u>是时候</u>主动学习留学国家的法律规则，提升自身的法律法规意识，减少触犯法律的概率，保证自身权利受到侵害时能拿起法律武器保护自己<u>了</u>。（《中国教育报》2015-12-30）（引自刘云 2018）

在语料中也有"是时候……啦/喽"。其中的"啦""喽"分别是"了啊""了哦"的合音。例如：

（10）秋季气候干燥，很容易上火，<u>是时候</u>吃点柚子<u>啦</u>。（《健康时报》2017-08-31）

（11）冰箱冷冻不给力？哈，<u>是时候</u>换个冷柜<u>喽</u>！（《家用电器》2020-02-01）

"了"的省略隐含现象多出现于直译体。英语的 It is time to VP 直译成汉语的"是时候 VP"，它主要由国外新闻媒体转述而来，带有较强的直译倾向。也有部分是受到标题所限，把"了"删略了。例如：

（12）美国总统国家安全事务助理麦克马斯特 16 日说，在解决朝鲜半岛问题上，美国保留"所有选择"。但他同时强调，目前<u>是时候</u>动用一切除武力以外的方式和平解决这一问题。（《新华社》2017-04-17）

（13）英国央行首席经济学家霍尔丹表示，现在<u>是时候</u>开始收紧政策，以避免未来出现通胀泛滥的风险。（财联社 2021-05-13）

（14）贝克汉姆怒斥 FIFA 腐败：国际足联<u>是时候</u>作出改变。（《京华时报》2015-06-05）

例（12）（13）的说话人原话内容都是英语。该翻译新闻是从英语 It is time to VP 直译而来的。由于该结构在英语中没有相应的句末语气词,因而直译成汉语时也就删略了"了"。例(13)与例(12)类同。我们在《人民日报(海外版)》发现多例"了"省略的现象,它们基本都是把外语直译为汉语。例(14)的正文是"(贝克汉姆说)如今,国际足联是时候作出改变了"。而当把该句作为文章标题时,由于传统媒体标题追求简洁明了,受到标题语法制约,其中的"了"也就删除了。"了"的删略有其特殊原因,或由于直译痕迹较重,或由于标题形式所限。句末语气词"了"的强势存在和同现正是汉语语法特点的反映。

刘云(2018)认为,法语和西班牙语等语言的"是时候"的语序与英语一致。中国香港和新加坡等地由于深受英语影响,其汉语表达带有较强的直译痕迹。例如:

(15)大联盟发言人周融说,"占中"无视法治、撕裂社会,仍继续影响香港市民日常生活,香港人忍够了,是时候站出来表达意愿。(《人民日报》2014-10-26)

(16)It's time to start a new journey!(是时候开始一个新的旅程!)(《人民日报(海外版)》2016-05-30)

3.1.1.3　句法同现

"是时候……了"的主语多为普通名词。当主语是人称代词时,以第一和第二人称形式居多,且常常省略或隐含。例如:

(17)面对美国各界的反思与拷问,那些一心谋私的美国政客是时候反省了!(《人民日报(海外版)》2020-11-17)

(18)为了个体的发展和国家的未来,年轻人是时候和"丧文化"说再见了!(光明网 2019-02-15)

(19)我们是时候解决"挨骂"问题了。(新华博客 2015-01-30)

（20）你们是时候回家了！（《环球时报》2020-11-14）

（21）是时候教孩子敬畏自然了。（《中国教育报》2020-02-17）

"是时候 VP 了"的主语或话题有其独特个性。"是时候……了"的主语多位于"是时候"之前。其主语不仅可以是施事主语，还可以是受事主语。例如：

（22a）国产手机是时候向高端挺进了。（《南方日报》2012-08-09）

（22b）*是时候国产手机向高端挺进了。

（23a）体检机构是时候"扫黑打假"了。（《北京日报》2018-12-05）

（23b）*是时候体检机构"扫黑打假"了。

（23c）?是时候"扫黑打假"体检机构了。

例（22a）的主语"国产手机"是施事主语，充当动词"挺进"的动作发出者；例（23b）的主语则是受事主语"体检机构"充当动词"扫黑打假"的动作承受者。当句首是话题时，则可以移位到"是时候"之后。例如：

（24a）泥沙俱下的外教市场是时候清理了。（《中国青年报》2019-06-13）

（24b）*是时候泥沙俱下的外教市场清理了。

（24c）是时候清理泥沙俱下的外教市场了。

例（24a）"泥沙俱下的外教市场"充当句首话题，它可以移位到高层谓语"是时候"之后，如例（24c）所示。

就 VP 的类型而言，王倩蕾（2014）总结了谓语核心的类型，包括趋向动词、心理动词、使令动词和表必要义的能愿动词。其

动词核心一般是自主动词,极少是非自主动词。例如:

(25a)我是时候离开了。

(25b)*我是时候感冒了。

(26)过去的努力都付诸东流,我们的理想是时候破灭了。

当主语是施事时,其谓语核心必须是自主动词;当主语或话题是受事时,其谓语核心才允准非自主动词。

"是时候VP了"可以与现在或将来时间同现,但不与过去时间同现。例如:

(27)现在/明天是时候上课了。(现在/将来—非现实)

(28)*昨天是时候跑步了。(过去—现实)

例(27)的"上课""开学"都是说话人的祈使建议,是还未实施的行为,不是已然现实。即"是时候VP了"排斥过去时间,而允准现在或将来时间。即该构式具有非现实性(唐正大2017)。它对未然事件和或然命题有效;对已然事件或实然命题无效。

"是时候VP了"常与道义情态动词"该"或副词"也"等同现。例如:

(29)复工近在眼前,是时候该有电影定档了。(腾讯新闻2020-05-14)

(30)特斯拉,也是时候在中国走下"神坛"了。(搜狐网2021-04-21)

综上所述,"是时候VP了"充当高层谓语,带谓词性宾语。其宾语可以是单个VP,也可以是两个及以上的VP。"了"一般与"是时候"强势同现,其省略是受到英语直译或标题形式的制约。当其主语是施事时,多位于"是时候"之前,其谓语核心多为自主动词;当其主语是受事或话题时,可以移位到"是时候"之后,其谓语核心允准非自主动词。在时间上,"是时候 VP 了"排斥过去时间,而允准现在或将来时间。

3.1.2 语义类型及其划分标准

3.1.2.1 语义类型

在语义表达上,"是时候 VP 了"有两类意义:一是表达时间义,表示"到了做某事的时间";二是表达道义情态义,表示"应该做某事"。表达时间义的"是时候 VP 了"与"是 VP 的时候了""VP 是时候了"的语义一致,彼此基本可以互换。VP 的形式越简单,越倾向运用"是 VP 的时候了";VP 形式越复杂多样,越倾向运用"是时候 VP 了"。三者相比而言,"是时候 VP 了"对谓语 VP 的各个类型容纳度最高,也最具能产性。"是时候"属于表达偏义倾向的"是 NP"结构。一般的"是 NP"表示判断,但"是时候"并不是对时间内涵的判断或说明,而是陈述其适宜性(felicity),表示"实施某个行为的时间是适宜或合适的"。这类结构能产性非常有限,主要有"是时候""是地方"等。相比而言,"是时候"的频率和接受度高于"是地方"。表达道义情态的"是时候"表示"到了做某事的时间适宜或应当做某事"。时间义可以衍生出情态义,而处所义则不可。例如:

(31)你来的<u>是时候</u>,我正好有事找你。

(32)我们来的确实<u>是地方</u>,这里的景色漂亮极了。

表达道义情态的"是时候 VP 了"相当于"(应)该 VP 了"。例如:

(33)我<u>是时候</u>回家<u>了</u>。=我(应)该回家了。

(34)你<u>是时候</u>离开<u>了</u>。=你(应)该离开了。

"是时候 VP 了"表示［必要］义道义情态，常用于表达肯定性祈使建议，较少表达否定性劝阻。道义情态反映了行为与时间的事理关联和情理关联。"是时候"表示"是合适或适宜的时间"。时间与人的社会属性和事物的自然属性都有关联。但"是时候 VP 了"只与人的社会行为相关，表达时间—行为的情理关联，即根据情理人们应该实施相应行为。而与时间和事物的自然属性无关，不表达时间—行为的事理关联。它表达主观必要性，而不是基于客观条件或环境的客观必要性。因为时间与行为的适宜性与否只能由人来判定。例如：

（35）下班了，我<u>是时候</u>回家<u>了</u>。

（36）自行车<u>是时候</u>修一修<u>了</u>。

（37）*傍晚时分，太阳<u>是时候</u>落山<u>了</u>。

（38）*枯水季节，河流<u>是时候</u>干涸<u>了</u>。

例（35）（36）是表示根据人们的认识，"下班回家""修一修自行车"具有主观必要性。这种主观必要性依据时间与人类行为建立的社会性规约来判定，而不依据时间与事物的客观规律来判断，因而例（37）（38）都不成立。表达情态的"是时候……了"只反映时间与行为的情理关联，而不是事理关联。此外，"是时候……了"表达时间与行为的适宜性由说话人决定。"是时候……了"指向说话人。例如：

（39）小李<u>是时候</u>来<u>了</u>。

（40）我<u>是时候</u>远走高飞<u>了</u>。

例（39）的说话人"我"与主语"小李"不一致，它可以表示"我认为，小李是时候来了"。例（40）的说话人和主语都是"我"，它可以表示"我认为,我是时候远走高飞了"。也就是说,无论说话人与主语是否一致,"是时候……了"在语义上都指向说话人,反映了说话人的主观视角和认识。例如:

(41) 亚洲,<u>是时候</u>树立"文明自信"<u>了</u>!(《新华每日电讯》2019-05-14)

(42) 中国<u>是时候</u>引领这个时代<u>了</u>。(新浪财经 2019-06-25)

(43) 互联网企业<u>是时候</u>回归初心<u>了</u>。(《环球时报》2021-01-06)

(44) 景区儿童票<u>是时候</u>"只看年龄"<u>了</u>。(《新京报》2019-10-07)

例(41)—(44)的"是时候 VP 了"的主语分别是"亚洲""中国""互联网企业""景区儿童票",它们都不是"是时候 VP 了"的情理来源。因为该构式在语义上指向说话人。也就是说,说话人才是其情理来源。它们都可以在句首添加反映说话人视角的标记"我认为"。

预期是说话人预先设想的可能情况。反预期就是指与说话人预想的情况不一致或相反。"是时候 VP 了"只能反预期,不能反事实。陈振宇、姜毅宁(2020)认为,肯定形式"应该 X 的"表达反预期;"不应该 X 的"表达反事实。由于"是时候 VP 了"没有外部否定,因而它只表达反预期,即表示"(本来)该 VP 了,但没 VP"。例如:

(45) 你爸也<u>是时候</u>回家<u>了</u>,可他到现在还没回。(反预期)

(46) 老李<u>是时候</u>下班<u>了</u>。

(47) *你<u>是时候</u>回来<u>了</u>。(不能反事实)

(48) 小王<u>是时候</u>毕业<u>了</u>。

3.1.2.2 划分标准

按照语义类型,本研究运用一些标准来区分时间义和情态义。当表达时间义时,"是时候 VP 了"与其相近的"是 VP 的时候了"

"VP是时候了"一致。这里的"是时候"可以用"到时间"替换,"是时候"也可以添加定语进行扩展。当表达道义情态义时,"是时候"不能用"到时间"替换。"是时候"既不能扩展,内部也不能替换。一旦替换,要么不合语法,要么改变原来的意义,情态义丢失。

测试手段 1:能受"不"修饰。例如:

(49a) 现在还不是时候放弃。(时间义)

(49b) *现在还不是时候放弃。(道义情态义)

测试手段 2:能被"到(……)时间"替换。例如:

(50a) 是上课时候了。(时间义)

(50b) 到上课时间了。(时间义)

(50c) 是时候上课了。(道义情态)

(50d) *到上课时间了。(道义情态)

(50e) 该上课了。(道义情态)

根据上述测试方法,我们归纳出二者的区分标准如下:

"是时候 VP 了"的意义及其划分标准

测试手段 ＼ 表达意义	时间义	道义情态义
能受"不"修饰	＋	－
能被"到(……)时间"替换	＋	－

当"是时候 VP 了"能受"不"修饰或能被"到(……)时间"替换、内部能扩展时表达时间义;当其不能受"不"修饰且不能被"到(……)时间"替换、内部不能扩展时表达情态义。"是时候"能被否定、能插入成分或被替换,或者"了"隐含的情形,可以判定为是受到英语(或其他印欧语)直译的直接影响。而吸收汉语特

点的"是时候 VP 了"一般都是完整形式,它不能被否定、不能插入成分或被替换,"了"也必须出现。

3.1.3 "是时候 VP 了"与其相近表达的区别

"是时候 VP 了"与其近义形式"是 VP 的时候了""VP,是时候了"在内部组构、句法关系、语义表达以及句式句类等方面存在差异。

在内部组构上,"是 VP 的时候了"的系词"是"与其宾语中心语"时候"并不相邻,二者在结构上是动宾关系。"是 VP 的时候"的 VP 既可以是光杆动词,还可以是复杂短语或小句成分。例如:

(51)<u>是</u>过来<u>的时候了</u>。

(52)<u>是</u>撸起袖子加油干,继续向前迈进<u>的时候了</u>。

"VP 是时候了"结构的"是时候"是个跨层组合,充当小句的底层谓语。当 VP 是单音节的光杆动词时,常常是"V 的是时候";当 VP 是多音节动词或动词性短语时,一般是"VP 是时候了"。例如:

(53)来<u>的是时候</u>,我正好有事找你。

(54)过来<u>是时候了</u>,我们准备出发了。

例(53)的"来的是时候"表示已经来了,它不能与将然体标记"了"同现;而例(54)的"过来是时候了"指向将来,可以与将然体标记同现。

VP 越复杂,越需要停顿。在部分情况下,VP 位于"是时候了"之后,构成"是时候了,VP"结构。当"是时候了"作为整体时,无论 VP 前置还是后置,都是表示时间义。例如:

(55)重振香港工业雄风<u>是时候了</u>。(《港澳经济》1996-04-15)

(56)让农业回归自然,<u>是时候了</u>。(《科技日报》2014-11-13)

（57）<u>是时候了</u>，我们不能忘记为什么出发。（《中国教育报》2012-04-10）

而"是时候VP了"构式的"是时候"是个凝固构式，不能被否定，也不能进行成分扩展和替换，充当句子的高层谓语。例如：

（58）<u>是时候</u>抛开"流量为王"谈谈何为"戏比天大"<u>了</u>。（《文汇报》2017-09-21）

（59）如今连行业大佬都开始自揭家丑，可见弊病存在之普遍。这也说明，<u>是时候</u>给体检机构做做"体检"，"扫黑打假"<u>了</u>。（《北京日报》2018-12-05）

在语义上，"是VP的时候了""VP是时候了"都表示时间义，其中"VP是时候了"有一定的情态义。"是时候VP了"可表达较强的［必要］义道义情态。

在"是VP的时候了"中，"是时候"是命题内成分。焦点信息内嵌越深越不凸显。"VP是时候了"的焦点VP比较凸显。VP在句中或句首，都限制了VP的复杂化。"是时候VP了"的VP经过整合，"是时候"提升为高层谓语，日益背景化，而VP成为独立焦点。汉语句子具有右向分支扩展的特点，焦点信息从句中提取出来，首先前置，然后发生后移。VP后置使其脱离了原来的句法制约，形式和语义日益复杂化，容纳性强，能产性高，在表达形式上占据优势。例如：

（60）A：现在是什么时候了？

　　　B：现在是吃晚饭的时候。（焦点：时候）

（61）吃晚饭，<u>是时候了</u>。／<u>是时候了</u>，吃晚饭。（焦点：吃晚饭；时间到）

（62）<u>是时候</u>吃晚饭<u>了</u>。（焦点：吃晚饭）

就 VP 而言,"是 VP 的时候了"和"VP 是时候了"的动词无特定限制,而"是时候 VP 了"的 VP 大多是可控或自主动词,只有少部分是非自主动词。VP 的时间表现也各有不同。"是 VP 的时候了"和"VP 是时候了"在时间上没有限制,而"是时候 VP 了"只能与现在或将来同现,不能与过去时间同现。例如:

（63a）现在不是放弃的时候。

（63b）?现在很是放弃的时候。

（63c）现在放弃不/很是时候。

（63d）＊现在不/很是时候放弃。

（64a）明天到上课的时间了。

（64b）明天上课到时间了。

（64c）明天到时间上课了。（意义发生了改变）

综上所述,"是 VP 的时候了""VP 是时候了""是时候 VP 了"三个构式的差异,我们总结如下:

	是 VP 的时候了	VP 是时候了	是时候 VP 了
组构变化	结构分离	跨层组合	凝固构式
句法变化	动宾式结构	底层谓语	高层谓语
语义变化	时间义	时间义/情态义	情态义
焦点位置变化	焦点居中	焦点居首	焦点居尾
句式句类变化	陈述句	陈述句/祈使句	肯定性祈使句
语用表达变化	陈述时间	时间—行为的适宜	祈使建议
VP 的语义特征	无特定限制	无特定限制	可控/自主
VP 的时间表现	将来/现在/过去	将来/现在	将来/现在
VP 的现实性	现实/非现实	现实/非现实	非现实

3.1.4　构式化历程及其形成动因和机制

3.1.4.1　构式化历程

"是时候 VP 了"是表达道义情态的新兴构式,它的演变经历了构式化的过程。"构式化"是指"具有新的形式—意义对的构式在整体上有序列地发生变化,是新形式和新意义对的符号或构式的创新,是由旧形式—意义对演变为新形式—意义对"。(Traugott & Trousdale 2013:22)随着"是时候"逐渐前移和背景化,并发生句法降位,语义焦点 VP 后移,成为整个句子的独立焦点。VP 的语义也由现实性演变为非现实性,由客观变为主观。由松散的组合结构变为凝固的构式,由时间义浮现出情态义。

关于"是时候 VP 了"的情态义从何而来,学界有两种观点:一是认为它是汉语内部的语义演变,只是受到了英语(印欧语)的一定影响,持这种看法的有彭利贞(2014)和刘云(2018);还有观点认为它是从英语中直接复制而来,持这种看法的有朱冠明(2020)等。我们认为,"是时候 VP 了"的结构确实是受到英语"It is time to VP"的影响而产生的,但"It is time to VP"在英语中只表达时间义,不表达情态义,因为英语的"time"可以添加形容词"right/high"等加以扩展。因而那些深受英语影响的新加坡和中国香港等地的"是时候 VP"表达时间义。而中国内地只是受到其间接影响。

"是"与"时候"从同现到融合经历了较长的演变过程。彭利贞(2014)和刘云(2018)等对"是时候"的演变有较为详细的阐述。其最早形式是"是……(的)时候"。例如:

(65) 柳烟浓,花露重,合是醉时候。(《全宋词》)(引自彭利

贞 2014）

（66）一霎儿晴，一霎儿雨，正是催花时<u>候</u>。（《全宋词》）（引
自彭利贞 2014）

例（65）（66）的"是"是系动词，其宾语不是"时候"，而是整个
名词性定中结构。"时候"分别充当 VP"醉""催花"的宾语中心
语。也就是说，它们在句法上既不相邻，也没有直接层次关系。

当 VP 由于话题化提前或焦点化后移时，"是"与"时候"在句
法上相邻，二者构成述宾关系。例如：

（67）这早晚<u>是时候了</u>，待我披开头发，倒坐门限上，把马杓
儿敲三敲，叫三声石留住待。（元杂剧《桃花女破法嫁周公》）

（68）现在唱的这《双官诰》，唱完了，再唱这两出，也就<u>是时</u>
<u>候了</u>。（清 曹雪芹《红楼梦》）（引自彭利贞 2014）

"是时候"起初邻接时，还是个松散的述宾短语，内部可以进
行扩展。"是"也可以受到"正""不"等副词的修饰。例如：

（69）正说着，只听窗外麝月、莺儿的声音，说："我们来的<u>正</u>
<u>是时候</u>。"（清 顾太清《红楼梦影》第十八回）

（70）三大人说："我的哥呀！ 现在<u>不是时候了</u>！ 新抚台一接
印，护院回了任，我们也跟着回任，还不趁捞得一个是一个？"（清
李宝嘉《官场现形记》第四回）

早期的"是时候"仍然表示时间义，相当于"到（……）时间"。
VP 从命题内成分通过前置或后移，使得它突破了原有表达限制，
VP 的形式和表达日益复杂多样。早期的"是时候了"表示"到时
间了"，一般以"是时候了，S/VP"或"S/VP，是时候了"等复句形
式呈现。相对而言，早期以"S/VP，是时候了"居多，后期"是时候

了,S/VP"才逐渐增加。VP 再次插入到整个结构中,变成"是时候 VP 了"。"是时候"凝固成表达情态的成分,"了"处于句尾。

表示时间义的"是时候",相当于"到(……)时间"。彭利贞(2014)认为,"是时候"先后经历了从命题内成分、独立命题到高层谓语的演变。VP 从命题内移位到命题外,使得它突破了原有的表达限制,以"是时候了,VP"或"VP,是时候了"等复句形式呈现。由于受到英语"It is time to VP"结构等印欧语语序的影响,在汉语原有结构"是 VP 的时候了""是时候了,VP"和"VP,是时候了"的基础上,通过语序复制,产生了"是时候 VP 了"。

"是时候 VP 了"的主语类别发生了扩展,集中表现在:主语的形式从隐含到呈现;其生命度从有生向无生扩展;其指称内容从事物向事件扩展①。

a. 从隐含到呈现:

(71)是时候实行存款保险制度了(《中国保险报》2012-08-07)

(72)非法排污者是时候清醒并收手了(荆楚网 2015-11-15)

例(71)的主语隐含;而例(72)的主语呈现。主语隐含的情形主要有:a.处于复句或包孕句中,主句主语与小句主语一致;b.构式充当标题;c.语境制约。而主语呈现时一般是受事主语或话题。这与主语类型从施事主语向受事主语或话题扩展紧密相关。

b. 从有生到无生:

(73)昨天,他再次明确表示:"其实原因很简单,我就是突然

---

① 朱冠明(2020)给出的最早用例是"我想我也是时候走了。我还有更重要的事情要做。(《榕树下每周精选》第 20 期,2000 年 6 月)"。这里的"是时候走了"未必表示道义情态,而很可能表示时间。可以印证的是,其否定句是"不是时候走"。

之间觉得<u>是时候</u>在我的第三个 22 年走走自己的路<u>了</u>。"(《福州晚报》2013-03-27)

（74）中国电影<u>是时候</u>建立起自己的评价体系<u>了</u>。(《人民日报》2017-11-22)

例（73）的隐含主语"我"指代有生命的人。例（74）的主语是"中国电影"，它是无生命的事物。其主语从有生命的人向无生命的事物扩展。

c. 从事物到事件：

（75）国产手机<u>是时候</u>向高端挺进<u>了</u>。(《南方日报》2012-08-09)

（76）<u>楼市限购</u>是时候松绑<u>了</u>吗？(《南方日报》2014-06-26)

例（75）的主语"国产手机"是事物；而例（76）的主语"楼市限购"指代事件。其主语从具体的事物向抽象的事件扩展。

其谓语动词也发生了扩展，从可控动词或自主动词向非可控或非自主动词扩展。例如：

（77）<u>是时候</u>让爸爸们出场<u>了</u>。(《中国青年报》2013-11-12)

（78）<u>是时候</u>唤醒"睡大觉"的科研成果<u>了</u>。(《中国教育报》2015-03-26)

（79）杭盖乐队：<u>是时候</u>出发<u>了</u>。(《京华时报》2015-03-29)

例（77）的"让"是使令动词；例（78）的"唤醒"是及物动词；例（79）的"出发"是不及物动词。它们都属于自主动词。后来扩展到非自主和非可控动词。例如：

（80）名牌药神话<u>是时候</u>破灭<u>了</u>。(《新世纪周刊》2008-12-09)

（81）2018 年比特币猜想：泡沫<u>是时候</u>破灭<u>了</u>？(腾讯视频2017-12-29)

谓语核心也由动词性成分向形容词性成分扩展。例如：

（82）<u>是时候</u>为中国的"高铁品牌"骄傲<u>了</u>。（环球网 2013-11-28）

（83）十二月到了，那颗不安定的心也<u>是时候</u>平静<u>了</u>吧，好好计划接下来的日子。（微博）

"是时候"组构在一起是个跨层组合。首先焦点 VP 由句中提取出来前移至句首，形成跨层组合"是时候"；然后焦点 VP 后移，框式构式"是时候 VP 了"形成。"是时候 VP 了"构式化的关键环节是跨层结构"是时候"的形成。"是时候"组块同现需要经历组构成分合并成跨层组合以及句法提升这两个操作。即：

步骤 1：　是　　　VP　　　时候　　　　了　　　　演变机制
　　　　系动词　　定语　　宾语中心语　　语气词

（提取焦点 VP 至句首）　　　　　　　　　（跨层组合）
步骤 2：　VP，　　是　　　时候　　　　　了
　　　　小句　　系动词　　宾语　　　　语气词

（"是时候了"提升至句首）　　　　　　　（焦点后移）
步骤 3：　是　　　时候　　　了，　　　　VP
　　　　系动词　　宾语　　语气词　　　　小句

（"是时候"凝固成整体）　　　　　　　　（创新分析）
步骤 4：是时候　　　VP　　　　了
　　　　道义情态　　谓语　　语气词

系词"是"是动词,"时候"充当"是"的宾语中心语,二者没有相邻关系。当焦点成分"VP(的)"从从句中提取出来以后,它就脱离了原来从句的束缚,"是"与"时候"跨层组合在一起了。但跨层组合"是时候"起初还是个松散的短语,内部可以扩展和替换。例如:

(84a) 交卷,是时候了。

(84b) 交卷,是合适的时候了。

(84c) 交卷,到时间了。

通过扩展和替换可知,"是时候"内部较为松散,还不是个稳固的结构,但它是跨层词"是时候"形成的直接前提和基础。由于VP表达形式日益复杂化和多样化,焦点VP发生后移,导致底层谓语"是时候"提升为高层谓语,"是时候"整体与"了"发生了分离。这里的"是时候"已经是个高度凝固的结构,具有词汇化倾向。也就是说,跨层词"是时候"先后经历了两个环节,其跨层组合形式的产生先于其语义演变。

3.1.4.2 情态浮现与创新分析

系词"是"表示判断,"时候"表示时间。"是时候"的原义是"是合适或适宜的时间(做某事)"。它的情态义并不是由时间义直接衍生而来。"VP是时候了"中的"是时候"时间义凸显,而道义情态还很微弱。当它通过句法提升,充当高层谓语时,它的情态义就浮现出来了。但这种浮现不是自然浮现,而是通过复制英语"it is time to VP"结构而产生的。英语"it is time to VP"本来也是个常规结构,系动词"is(be)"与"time"之间可以添加形容词等修饰语,比如"it is right/high time to VP"等。它也有否定式"it is not time to VP"。也就是说,英语里的"it is time to VP"在意义上与汉语的"是 VP 的时候了"和"VP(的)是时候了"一致,它们的互译更符合各自的语序特点。由于汉语复制了英语的语序,于是产生了"是时候 VP 了"结构。充当高层谓语的"是时候"逐渐脱离了原来的时间义,衍生出了道义情态义。"是时候"真正浮现出情态义是在高层谓语位置上。

"是时候"形成以后,它逐渐脱离了原来的时间义,由时间义衍生出了道义情态。"是时候"的本义是表示"正在或将要到了适合做某事的时间"。说话人告诉听话人适宜做某事,其言外之意就是"(应)该做某事了"。由此,该构式浮现出道义情态义。"是时候"道义情态的浮现与其结构的日益凝固化和在句法上提升为高层谓语紧密相关。可以验证的是,一旦表达情态的"是时候"发生了移位或内部添加了其他成分,则其情态义就消失了。因此,情态浮现是"是时候"获得情态义的重要机制。由时间的适宜性到情理的适宜性,由近将来时义发展为道义情态义是其语义演变的重要路径。其情态浮现的机制是创新分析,即由时间义演变为情态义,使得"是时候"获得了情态义。"是时候"由表示"到做某事的时间",创新分析为表达[必要]义的道义情态。

在语用表达上,"是 VP 的时候了"是客观陈述时间,它一般用于陈述句,表示"到了(做某事的)时间了"。"VP(的),是时候了"既可以强调"到时间了",同时也暗含了"(应)该做某事了",它是表达时间与相应行为之间的适宜性,即从时间的适宜性到情理的适宜性。彭利贞(2014)认为,"事件是否合适,除从整体判定外,也可以从事件的要素来评判,如从事件的时间、地点、人物的是否合适来判定整个事件是否合适"。当说话人告诉听话人"这个时间（做某事）是适合的"，那么对听话人而言，其会话意义就是"应该做某事了"。时间总是与人们的行为息息相关。说话人提醒听话人"到时间了"是言内之意，经过招请推理，听话人解读其言外之意是"听话人应该实施与该时间相适宜的行为"。从言内之意到言外之意，从言有所述到言有所为（唐正大 2017），从陈述判断到祈使建议，是其在语用表达上的变化。其所在句类也由陈述句逐步向肯定性祈使句转变。"是时候 VP 了"表情态意义和表言语行为功能是由于语用义的固化，会话隐含义固化为语法意义。

3.1.4.3　语义复制与结构重组

在"是时候 VP 了"产生之前，汉语已经存在"是 VP 的时候了"和"VP（的）是时候了"这两个结构。但这两个结构的"是（……）时候"或者处于分离状态，或者位于句尾，或者与"了"连用，"是时候"没有单独处于句首的情形。并且它们都只表达时间义。这表明，单独位于句首的"是时候"并不来源于汉语内部，而是来源于英语语法结构"It is time to VP"。它只是借用了汉语"是（……）时候"的材料形式。在"It is time to VP"形成之初，它也是表达时间义的。英语的"It is time to VP"可以表达时间义，但不能表达道义情态义。由于英语结构的语序本身处于句首，因而"是时候"表达道义情态时，必须处于句首。而"是（……）时候"无论是相互分离，还是处于句尾，它们只能表达时间义，不能表达情态义。这也证明了语法的意义与其所处句法位置息息相关。表达道义情态的"是时候"从原有的形式和意义中蜕变出来，浮现出了道义情态义，并且牢牢占据了句首位置。其结构语序是从英语复制而来，但其构成材料是汉语自身具有的。也就是说,刚开始的"是时候VP"表示时间,可以有否定形式。语序通过语法复制机制导致系词"是"与"时候"先后经过成分组合和句法前置而处于高层谓语位置。汉语使用者模仿英语的语序,以直译的形式对"VP(的)是时候了"的语序进行"重排"(吴福祥2014),使得句子的语序发生了重组,"是时候VP"仿照"It is time to VP",也被提升到了句首。汉语的常规语序是"是 VP 的时候了"和"VP 的是时候了",由于汉语复制了英语的"It is time to VP"结构,汉语也模仿英语的语序产生了"是时候 VP 了"构式。这是由于语言深度接触造成的。

综上所述,跨层演变是"是时候"产生的句法条件,情态浮现是其浮现和获得道义情态义的语义基础,焦点凸显和情态的表达是其演变动因,语义复制和结构重组是其形成的机制。

3.2   框式情态构式"还是 VP 为是"

在汉语中,表示祈使建议主要有三种表达:一是情态副词和情态动词及其连用形式;二是句末语气词;三是由第一类和第二类成分组构而成的框式构式。相对于核心成分,这些标记的语序也有三类:前置式、后置式和框架式。英语以前置式居多,而后置式和框架式极少。而汉语的后置式和框架式很多,很值得系统探究。学界关于前置式的研究成果很多,而后置式和框架式的研究则比较薄弱。主要表现在:一是后置式和框架式成分数量相对较少;二是后置式和框架式的相关研究成果不多。由于后置式与框架式相辅相成,因而后置式研究的欠缺也导致框架式研究的不足。

　　在汉语中,除了"呢""啊"等典型语气词外,还存在一些非典型语气词。它们往往由其他成分演变而来,比如"就是""好""便是""罢了""而已"等。而其中表示祈使建议的语气词,包括"好""为好"(江蓝生 2005,李宗江 2010)、"才是"(左双菊 2015a,2015b)、"才好"(邵长超 2016)、"便是"(王建军 2008)等,这些句末语气词常常后置于核心成分。

　　在这类表达祈使建议的句末语气词中,有个我们经常使用但习而不察的"为(wéi)是"。江蓝生(2005)、白维国(2015)、姜其文(2021)对它的性质和特征作了初步阐述,但没有对其进行全面分析,也未对其历史演变进行深入探究,值得深入探讨。

　　在汉语史上,根据读音和性质的不同,"为是"共有四种性质。"为(wéi)是"有两类:"为是$_1$"是表示"抑或、还是"的选择连词;"为是$_2$"是表达"认为某个情况或意见是合适的,用以表达说话人的意愿或建议"的句末语气词。"为(wèi)是"也有两类:"为是$_3$"是表示"因为是"的原因连词;"为是$_4$"是表示"为了、为的是"的目的连词。本节重点考察句末语气词"为是$_2$"以及情态构式"还是 X 为是"及其变体。

3.2.1　句末语气词"为是"的性质与特点

3.2.1.1　句法分布与搭配

作为句末语气词,"为是"主要分布于句子或分句的末尾。例如:

　　(85)老太太的千秋要紧,放了他们<u>为是</u>。(曹雪芹《红楼梦》第七十一回)

（86）二位爷喝完了酒，赶紧起路，总是少说话<u>为是</u>，不必往下多问。（清《康熙侠义传》第一百七十一回）

当"为是"后置时，"为是"可以与"还是""不如""该"等情态成分组成表达建议的框式构式。例如：

（87）五弟做事太任性了！这还了得！<u>还是</u>我等赶了他去<u>为是</u>。（清《三侠五义》第五十一回）

（88）前八首都是史鉴上有据的，后二首却无考，我们也不大懂得，<u>不如</u>另作两首<u>为是</u>。（清 曹雪芹《红楼梦》第五十一回）

（89）眼见得是什么人在此通内了，我们<u>该</u>传与李院公查出，等候太尉来家，禀知<u>为是</u>。（明 凌濛初《二刻拍案惊奇》卷三十四）

"为是"在例（87）（88）（89）中分别与"还是""不如""该"等组成表达框架。"为是"有时还有"的"在前。例如：

（90）袭人等听说，便知他说的是探春。大家都忙说："可是这话，竟是我们这里应了起来的<u>为是</u>。"（曹雪芹《红楼梦》第六十一回）

（91）你们看清楚了没有？不要还有人躲在黑影里，我们出去被他宰了，白白的送了命，那可不是玩的！我看<u>还是</u>不出去的<u>为是</u>。（李宝嘉《官场现形记》第五十五回）

（92）与其将来闹出什么笑话，坏了你们贵上名声，<u>不如</u>现在听他反悔的<u>为是</u>。（清《九尾龟》第四十七回）

在例（90）—（92）中，"为是"无论是单用，还是与"还是""不如"等共现组合，它的前面都可以有"的"。关于以上3例中"的"的性质，李立成（1999）、刘敏芝（2004）、江蓝生（2005）等都认为这里的"的"是自指标记。

"为是"的这种后置型分布与前置型的情态动词或情态副词

正好相对应,构成后置型、前置型和框架型三类分布。框架型分布依赖于后置型分布的产生。

3.2.1.2 语义表达

句末语气词"为是"表示"认为某个意见或建议是正确或合适的",用来表达说话人的意愿或建议。例如:

(93)他既不来,你去到他那边走走为是。(清 李百川《绿野仙踪》第八十四回)

(94)依我说,你丢去他为是。(清 李百川《绿野仙踪》第九十六回)

在例(93)(94)中,句末的"为是"在语义上相当于"为好",它们并不表示判断而是表达建议,在句法上都可以删除。一旦删除了"为是",句子的命题意义基本不改变,但句子的语气没有以前和缓,主观情态意义也不凸显。这里的句末包括单句句末和复句的分句句末。关于句末语气词"为是",在周定一主编的《红楼梦语言词典》(1995:890)和白维国主编的《近代汉语词典(第三卷)》(2015:2218)的解释都是"用在句末,对前面的设想或意见表示肯定"。白编《近代汉语词典》的引例如下:

(95)兵部照拟,"比附迤北、腹里额数礼例①,具于肆两包银户内选差,开坐各该人数,从长定夺为是"。(元《通制条格》卷一七)

(96)先生差矣! 此乃妖孽之事。为大臣的,必须奏闻灭除为是。(明 汤显祖《牡丹亭》五三出)

(97)俗语又说,"君子防不然",不如这会子防避的为是。

---

① 根据黄时鉴点校的《通制条格》(1986:220)和方龄贵《通制条格校注》(2001:511),例(3)的"礼例"应为"体例"。

（清　曹雪芹《红楼梦》三四回）

例(95)(96)的"为是"表示"对前面的设想或意见表示肯定"，它们不能删除。而例(97)的"为是"表示"认为某个意见是合适的"，其处于框式结构中。这里的"的"是自指标记（朱德熙1983，李立成1999，刘敏芝2004，江蓝生2005），用于标记话题，不参与整个框式结构的构成和意义表达。例如：

(98) 老太太的千秋要紧，放了他们为是。（清 曹雪芹《红楼梦》第七十一回）

(99) 袭人等听说，便知他说的是探春。大家都忙说："可是这话，竟是我们这里应了起来的为是。"（清 曹雪芹《红楼梦》第六十一回）

例(98)(99)都出自曹雪芹的《红楼梦》。无论"的"出现与否，都不影响"为是₂"的意义表达。江蓝生(2005)也指出"VP的为是"结构中的"的"可以删略。她认为，由于表示评价的"好"对表达判断的"是"的替换，"还是VP的为是"也逐渐被"还是VP的为好"替换。清代以后，句末语气词"为是₂"已经基本不出现在口语中，而"还是VP为好/的好"直至今日还保留在口语中。因此，我们把它的意义归纳为"认为某个建议或意见是合适的，用以表达说话人的意愿或建议"。把"为是₂"解释为"对前面的设想或意见表示肯定"，其实是对处于陈述句句末的"为是"的解释。陈述句句末的"为是"侧重表示主观判断和肯定，而祈使句句末的"为是₂"是表达建议。成词的"为是₂"重在凸显说话人对命题的主观情态。我们认为，它应该表示"认为某个建议或意见是合适的，用以表达说话人的意愿或建议"。"为是₂"所表达的建议或意见一般

而言都是非现实的,而表示肯定或判断不一定是非现实的。例如:

(100) 我们且不要惊动夫人,先到家禀知了相公,差人及早缉捕为是。(明 凌濛初《二刻拍案惊奇》卷五)

(101) 这个话哥还问他怎的?哥带来的银子,料理下葬为是。(清 吴敬梓《儒林外史》第四十五回)

"为是"与"为好""好"等都是表达祈使建议的句末语气词。"为是"主要出现于陈述句中,表达弱祈使建议义。并且基本都是肯定句,较少是否定句。因为表达建议是向听话人提供正面、积极的肯定行为,而不是提供负面、消极的否定行为。例如:

(102) 三叔,是非场儿里少说的为是。半夜三更的,谁知道是谁害的?(冷佛《春阿氏》)

(103) 明人不吃眼前亏,巡警得绕着道儿走过去,不管的为是。(老舍《我这一辈子》)

我们在语料库中只发现为数极少的"为是"表达否定劝阻的例子。而前置型的"最好""应该"等既可以表达肯定性的建议,也可以表示否定性的劝阻。前置型的劝阻频率要远远高于后置型的劝阻。

在语义上它主要表达道义情态(彭利贞 2007:44),少数情况下表达祈愿情态(方梅 2013)。其道义情态是指表达说话人对听话人的建议或规劝。例如:

(104) 魏大哥,我劝你明儿别这么赵老爷、赵老爷的叫,咱们哥俩这样交情,一处当差,从今你我弟兄相称为是。(清《续儿女英雄传》第五十一回)

(105) 今日各为其主,只恐举手不容情,劝老师早早回去为

是。(清《说唐全传》第三十六回)

"为是₂"在例(104)中是表示建议,在例(105)中是表示规劝。它的祈愿情态是指表达说话人的意愿或希望。例如:

(106)我<u>还是</u>远远的走开<u>为是</u>。倘若给什么熟人看见了,说我初得差使就到上海这般胡闹,那还了得!(清 蘧园《负曝闲谈》第七回)

(107)我自出京以来,至今始得安稳,赶紧到淮安上任<u>为是</u>。(清《施公案》第二三五回)

在通常情况下,"为是₂"还可以与道义情态动词或道义情态副词一起组成情态框式结构,表达说话人的建议或意愿。例如:

(108)我们<u>该</u>截留住他,别让他离开<u>为是</u>。(蔡东藩《民国演义》第一三七回)

(109)自今以后,我<u>还是</u>疏远他父女一点<u>为是</u>,不然我一番好意,倒成了别有所图了。(张恨水《啼笑因缘》)

因而我们认为"为是₂"是个句末语气词,它表示"认为某个建议或意见是合适的"。"为是"从肯定判断到祈使建议,它的语义是在"还是 VP 为是"构式中产生的。由于构式常常省略"还是",导致其道义情态由"为是"负载。其语义演变的机制就是构式省缩。

情态构式的前件和后件表现有所不同。前件多数能单独表达情态,而后件大多必须跟前件一起组成框式结构才能表达完整、确定的情态意义。位于后件的很多语气词还处于正在形成阶段,它们对前件具有较强的句法粘附性,还没有完全脱离原有的框架。因而与英语相比,汉语存在大量表达情态的语气词,比如"好""为好""为是""才是""才好""的好"等。前置情态词和后置语气词可以组成情态构式。前件或后件情态义的演变与获得离不开原有的框式构式。从历时上看,部分情态词的语义演变正是在构式中发生的,情态构式为构式内部组构成分的演变提供了句法环境。

3.2.1.3　语体特征

"为是"多出现于明清时期的拟话本和章回小说对话中。这表明,在明清时期"为是"具有较强的口语特征。而到了民国以后,随着白话文运动的兴起,"为是"的口语特征明显减弱,只在书面语中有一定保存,并一直沿用至今。"为是"这种语体特征的转变,一是受到近义同类成分"为好"的竞争和挤压,二是受到白话文运动的影响。"为"是个系动语素;表示"正确或肯定"的"是"在口语中也是个语素。"为是"表示"是对的或合适的"。其古白话特征和意义的存古已经不适应白话文运动后的现代汉语口语。在白话文运动后,基本不再单用。在白话文运动后的遗存大多是以与"还是""不如"等情态词组成的框架形式出现。

"为是"从明清到民国的演变可以看出这种发展趋势。我们以"为是"出现频率较高的几部明清时期作品和老舍作品为例。根据北京大学 CCL 语料库,我们对《三言二拍》《红楼梦》《绿野仙踪》以及《老舍作品集》的统计如下:

时　代	明	清		民　国
作品 语体	《三言二拍》	《红楼梦》	《绿野仙踪》	《老舍作品集》
对话体	9	15	22	1
叙述体	2	1	3	5
总　计	11	16	25	6

句末语气词"为是"在明代的《三言二拍》中共出现 11 例。其中 9 例出现于对话体,2 例出现在叙述体。清代的《红楼梦》一共出现 16 例。其中 15 例出现于口语对话体,只有 1 例出现于叙述体。在《绿野仙踪》里一共出现 25 例,其中 22 例出现于口语对话体,3 例出现于叙述体。而在民国时期的老舍作品中,句末语气词"为是"共出现 6 例。其中 5 例出现在叙述体,只有 1 例出现在口语对话体。以明清时期和民国时期相对比而言,"为是"的演变呈现出以下趋势:一是对话体用频大大减少;二是叙述体用频有所增加;三是总体频率在减少。"为是"在明清时期多出现于对话体,表明它具有较强的口语属性。而到了民国时期(指白话文运动后)其口语性则大大减弱,其总体用频也大大降低。

在清末民初至白话文运动前的话本小说中,"为是"的出现频率也比较高。而老舍作品都是白话文运动后写作出版的。这表明,"为是"由于保留了一定的文言特征,因而在白话文运动后,它在民国时期的口语中逐渐消亡了。

3.2.2 句末语气词"为是"的演变

3.2.2.1 肯定判断→祈使建议

处于句末位置并且成词的"为是"源自短语"为是",表示"(为)对",表达肯定判断,常常处于陈述句中。例如:

(110)童子归白其师,师笑曰:"阿难老昏矣,当<u>以</u>我语<u>为</u><u>是</u>……"(宋 慧洪《临济宗旨》)

(111)"罔"只是脱空作伪,做人不诚实,<u>以非为是</u>,以黑为白。(宋 黎靖德《朱子语类》第三十二卷)

　　例(110)(111)的"为是"表达主观评判,不能删除。它是句末语气词"为是"的早期来源,但二者并不相同。

　　句末语气词"为(wéi)是$_2$"出现于元代,清代中期发展成熟,到了1949年以后大规模消亡。它来源于"是对的或合适的"义的系动词短语"为是"。例如:

　　(112)把孟子性善之说<u>为是</u>,又有不善之人;方要把荀子性恶之说<u>为是</u>,又自有好人,故说道善恶混。(南宋 黎靖德《朱子语类》卷一百零一)

　　(113)若是,不必逊,则终未免有怨悔;若有怨悔,则让便未得<u>为是</u>。(南宋　黎靖德《朱子语类》卷三十四)

　　元明时期,句末语气词"为是"用例一直不多,直到清代中期出现频率才迅速增多。例如:

　　(114)在学者工夫,固是"必有事焉而勿忘",然亦须识得"何思何虑"底气象,一并看<u>为是</u>。(明 王阳明《传习录》)

　　(115)只教你这人性急,有话缓商<u>为是</u>,你怕他跑了么?(清李百川《绿野仙踪》第二十二回)

　　清代中期以后,由于"好"对"是"的强力竞争和替换,口语性较强的"为好"占据了主导地位,文言性质较浓的句末语气词"为是"迅速消亡了,到了清末民国时期只见极少用例。例如:

　　(116)黄绣球说:"我的字断不能写,还请代写<u>为是</u>。"(梁启超《黄绣球》第八回)

　　(117)兄弟老实不客气的讲,王先生,这路话以后请少说<u>为是</u>。(老舍《铁牛和病鸭》)

　　句末语气词"为是"成熟于清代中后期,在小说的对话中出现频率较高,多用来表达说话人对听话人的建议或规劝,具有较强的口语性和互动性。其在清代白话小说中使用频率最高。到了民国时期,其用频下降得很快,可能是受到其他同类成分替换导致。

"为(wéi)是"的总体演变趋势

时　　代	宋代	明代	清中期	清中后期	民国时期	1949年后
性质＼作品	《朱子语类》	《水浒传》	《绿野仙踪》	《儿女英雄传》	《骆驼祥子》	《王朔作品集》
句末语气词	0	0	27	6	1	0

"为是"经历的语义演变历程是:判断评价—建议规劝。"为是"起于宋元时期,成熟于清代中后期,到民国以后,由于自身具有较为浓厚的文言属性,逐渐受到"为好"等口语性较强的近义语气词的强力竞争和替换,其总体频率下降很多,1949年以后极少使用。

3.2.3 "还是X为是"及其相关构式

"还是X为是"有很多近义构式,其共同特点都是表达祈使建议。与其相关的构式主要有两类:(应)该＋X＋为是/为好/才好/才是;最好/还是/不如/不妨＋X＋好/的好/为好/为是。

第一类"(应)该＋X＋为好/才好/为是/才是"是情态动词"(应)该"与语气词组构成的框式情态构式。例如:

(118)要判断后市行情的走向,首先必须搞清楚本轮调整的性质,如果是熊市初期,那么不管什么股票,都<u>应该</u>清仓<u>为好</u>。

（《都市快讯》2003-04-26）

（119）梅老点头示意我去把客厅开着的门掩上，其实，这热天，完全<u>应该</u>通风<u>才好</u>……（李国文《没意思的故事》）

（120）况且他是三朝老臣，论理亦<u>应该</u>亲往<u>为是</u>。（《上古秘史》）

（121）其实这种苦劳空具形式，没有多大意义，实际工作中<u>应该</u>避免<u>才是</u>。（《人民日报》2016-07-11）

第二类"还是/不如/不妨＋X＋好/的好/为好/为是"是情态副词与语气词组构而成的框式情态构式。例如：

（122）老汉衣不遮体，食不充饥，如何还能够开茶楼呢？你<u>还是</u>让我死了<u>好</u>。（《七侠五义》第二十八回）

（123）这个试验是极易的。不过未免有伤忠厚，<u>还是</u>不试<u>的好</u>。（《孽海花》第九回）

（124）哪里，哪里，想必张公公已看出端倪，<u>还是</u>不说破<u>为好</u>。（《武宗逸史》）

与英语等印欧语相比，汉语的这类框式情态构式独具特点，在组构上具有后置性和框式性；在语义上表义委婉，具有交互主观性。

3.3　本章小结

本章考察了框式情态构式的两个个案"是时候……了"和"还是VP为是"。

第1节的"是时候……了"是个表达道义情态的新兴框式构式。该构式由前项"是时候"和后项"了"组构而成，在语义上表示

"(应)该……了"。在句法上,它主要充当高层谓语,带谓词性宾语。其宾语可以是单个 VP,也可以是多个 VP。就其句法同现表现而言,当其主语是施事时,主语必须位于"是时候"之前,其谓语核心必须是自主动词;当其主语是受事或话题时,可以移位到"是时候"之后,其谓语核心允准非自主动词。在时间上,"是时候 VP 了"排斥过去时间,而允准现在或将来时间,即该构式具有非现实性。

在语义表达上,"是时候 VP 了"有两类意义:一是表达时间义,表示"到了做某事的时间";二是表达道义情态义,表示"应该做某事"。"是时候 VP 了"表达了时间—行为的情理关联。我们运用两个测试手段来对其时间义和情态义进行区分:能受"不"修饰;能被"到(……)时间"替换。都不符合这两类手段的是情态义。"是时候 VP 了"与其相近表达形式"是 VP 的时候了""VP(的),是时候了"在内部组构、句法关系、语义表达以及句式句类等方面都存在差异。其构式化跨层演变是"是时候"产生的句法条件,情态浮现是其浮现和获得道义情态义的语义基础,焦点凸显和情态的表达是其演变动因,语言接触的语义复制和结构重组是其形成的机制。

表达道义情态的"是时候 VP 了"构式是新世纪以来才发展成熟的,随着国内互联网的兴起它才逐渐为年轻人所接受。老派和新派接受度各有不同,反映了"是时候 VP 了"构式还在发展成熟过程中,并未完全定型。汉语道义情态构式并不多,"是时候 VP 了"作为表达道义情态的新构式,它扩充了道义情态构式的表达类型。由于该构式产生的时间不长,社会接受度不高,有部分学者对其规范与否产生了争议,如杜道流(2014)和张怡春(2019)等认为该构式说不通,不符合规范;康阿敏、陈昌来(2020)则认为该构式可以说。作为一个正在发展成熟的汉语欧化构式,"是时候 VP 了"规范与否应根据其使用频率和接受度来判断。该构式用频的日益增多、表达的日益复杂化表明它逐渐为人们所接受。也就是说,它符合汉语语法规范,其演变后果对汉语而言是积极的。

第 2 节的"为是"是表达"认为某个情况或意见是对的或合适的,用以表达说话人的意愿或建议"的句末语气词。"为是"情态义的产生机制是构式省缩。在"还是 VP 为是"构式中,由于"还是"的脱落,"为是"负载了构式的整体情态义。

4 表达违实性与反预期的道义评价构式

道义评价构式是指在语义上表达道义情态、在语篇上用以锚定言者评价的构式。这类构式在句法上通常不自足,在语义上多以表达道义情态为主。通过反预期触发语,引发构式出现于反常规情境,用以对其在情境的适宜性或话语的承诺性进行反向解读。本章考察的个案"大 NP 的"和"人称代词＋一个 NP""说好 X 的"是其中的典型案例。

4.1 非自足构式"大 NP 的"与"人称代词＋一个 NP"比较研究

在汉语口语中,我们常常见到这样的例子:

(1)大教授的,课都上不好。

(2)你一个教授,课都上不好。

同样是对身份名词"教授"进行凸显,例(1)采用"大 NP 的"构式,例(2)运用"人称代词＋一个 NP"构式。它们都属于非自足构式(陈一 2007,李广瑜、陈一 2016,陈一、程书秋 2016),不能单独成句,需要与焦点分句一起构成句法语义完整和焦点凸显的句子。它们的使用"旨在突出、强化相关命题内容的理据性,从而更为鲜明地增强整个语言表达的说服力和可信度"(王灿龙 2019)。

　　作为两个近义构式,其共同点在语义语用表达上,而二者的差异主要体现在 NP 的类别、构式内部的组构关系以及语用关联的类型上。"大 NP 的,S"构式的语义是:当处于某个时节或具有某类身份时,人们应该实施与之相配的行为事件 X 或不应该实施与之不匹配的行为事件 Y。"大 NP 的"分为"大 NP_{时间}的"和"大 NP_{身份}的"两类。"一个 NP"是"旨在对体词所指人物或事物的身份、属性、特征等进行说明"(王灿龙 2019)。而"人称代词＋一个 NP,S"构式的语义是:作为某类身份或属性特征的人,人们应该实施与相匹配的行为事件 X 或不应该实施不匹配的行为事件 Y。"大 NP_{身份}的"和"人称代词＋一个 NP"在语义上相当于"作为 NP,S"(曹秀玲 2018)。名词凸显的内涵属性受到后续句的影响,二者在语篇上具有照应关系。名词的内涵属性为锚定评价提供了理据。这些理据都是客观的、已然的事实,而不是主观的、未然的非现实。其作用是揭示或承认理据的客观真实性和强调行为的必要性,以协调听说双方之间的可能冲突。它们不仅可以表达道义规范性,还具有对能力表现的评价作用。也就是说,既可以对动力情态的能力表现进行评价;也可以对道义情态的必要性进行锚定。

　　以往的研究多是对构式本身进行探究,主要挖掘内部的组构类型及其语篇衔接功能,只有少部分关注到它们在口语交际中的特点(刘探宙 2014,李先银、洪秋梅 2017,王灿龙 2019 等)。构式内在的属性和特点与其语篇功能有所不同,具有分布序列的特定性和句法位置的敏感性。这两个构式属于评议诱发型构式(唐雪凝 2013),处于评价语位置和其他句法位置时表现并不一致。迄今为止,学界并未从非自足构式视角阐述其各自表现,也没有对二者的异同进行全面比较。因而从非自足构式视角出发可以挖掘二者各自的表现和特点。

4.1.1 "大 NP 的"构式

有关"大 NP 的"构式研究主要有分立视角和整体视角。分立视角多是考察"大"的性质、NP 的类别以及"的"的隐现。宋玉柱(1994)认为"大"是区别词,意在强调时间的重要性和特殊性。陈青松(2004a,2004b)、杨松柠(2009)和顾倩(2013)等都认为"大"是个表示认知凸显的标记词,以凸显该名词的某些典型性质和特征。"大 NP"的自足性越弱,越需要添加"的"。项开喜(1998)扩大了 NP 的类别,除了时间词以外,还可以是指人的身份名词。吴长安(2007)认为"大……的"不仅能容纳典型的时间词,还可以是表示季节、气候、距离和职务等。其类型以光杆名词为主,其次是"下雨天"和"冷天"等名词性短语。极少数"放假""过年"等谓词性成分等进入"大……的"结构以后也具有指称时间的意义。总体来看,NP 可以归为两类:一是与时间相关的时间词,包括时间、节日、时令和气候等;二是指人的身份名词,包括年龄、性别、身份、地位和职业职务等。各家多把"大 NP"与"大 NP 的"看作一致,其实二者在句法分布和语义表达上有所差别。"大 NP"的位置灵活,而"大 NP 的"则基本位于句首或句尾。"大 NP"中间可以添加"的"或其他修饰语进行扩展。而"大NP的"不能扩展。比如"大教授"可以扩展成"一个大教授","大教授的"则无法扩展为"一个大教授的"。"大NP"可以直接作状语、宾语和定语,而"大NP的"则只能做句首状语或独立分句。"大NP"与"大NP的"只在部分句法位置上可以互换。例如:

(3a) 大局长的,还自己开车啊?

(3b) 大局长,还自己开车啊?

(4a) 我就说嘛,大热天的,去学什么画!(琼瑶《烟锁重楼》)

(4b) 我就说嘛,大热天,去学什么画!

"大NP的"独立做分句并具有评价功能时,可以与"大NP"互换,如例(3)和例(4)所示。其充当宾语和定语时不能互换。当NP是身份名词时,"大NP"与"大NP的"存在明显差异。当处于状语位置时,"大NP身份的"与"大NP身份"可以互换;处于宾语位置时,一般不能互换;而处于定语这样内嵌很深的句法位置时则完全不能互换。也就是说,"大NP的"的表现具有位置敏感性。在搭配范围上,"大NP"与"大NP的"相比,前者的"NP"范围很宽,而后者多为时间名词和指人的身份名词(还有"大老远的")。"的"的作用有二:一是加强"大NP"的句法独立性;二是对语篇前后的关联关系加以确认和强调。

从整体视角来看,"大+时间词(的)"对其后续句具有道义规范性和评价作用(桂靖2014)。它提供了语用预设,反映了说话人的主观情态(余光武等2011),在整体上是个表达反预期的格式(徐邦俊2012,刘华伟2020)。构式的锚定评价性与名词的语义基础息息相关。这些名词都具有序列性和认知凸显性。"大"

标记认知序列中的显著成员,其添加使得内涵性定语"大"由隐含在名词内部到呈现于名词外部(胡敕瑞 2005:5)。

实际上,"大 NP 的"是个经过互相选择组构而成的构式。"大"具有认知凸显性,"的"表示强调或确认,整个构式"大 NP 的"对 NP 的类别和频率具有较高的选择性。出现频率的高低反映了认知凸显度的不同。只有在认知上比较凸显的名词才能进入该构式。强调与反预期是说话人表达的一体两面。在顺向推断推理中,"的"的添加只是对旧信息加以强调。而在回溯推理中,"的"的添加表明出现了反常情况,需要刻意加以强调或说明,以传递违实义或反预期义。"大 NP 的"构式内部比较紧密,因而其变体很少。例如:

（5）a. 晚上还在加班啊?

　　b. 大晚上还在加班啊?

　　c. *晚上的还在加班啊?

　　d. 大晚上的,还在加班啊?

　　e. 你大晚上的还在加班啊?

　　f. 大晚上的,你还在加班啊?

　　g. 这大晚上的,还在加班啊?

　　h. 你这大晚上的,还在加班啊?

　　i. 这大晚上的,你还在加班啊?

我们分别从语法和语义两方面来论述 a—i 序列。在上述序列中,序列 a 的"晚上"、序列 b 的"大晚上"无法独立作分句,序列 c"晚上的"不符合语法结构规则。序列 d 的"大晚上的"与序列 b 的"大晚上"相比,由于添加了强调语气词"的",所以其语义强度更高。序列 e—i 在"大 NP时间 的"基础上添加了人称代词或指示代词,并且人称代词还可以发生位移。序列 d—i 可以单独作分句。从语义强度来看,序列 d 比序列 a 和 b 强。序列 d 与序列 e—i 的语义强度相同,但 d 的表达形式在序列 d—i 中最简洁。也就是说,序列 d 与其他序列相比,在形式和表达上最适中。因而"大晚上的"这类"大 NP$_{时间}$的"构式在序列的所有表达形式中出现频率最多,其语义表达的规约化程度最高。按照语气强度等级,其反预期序列是:大 NP$_{时间}$的 > 大 NP$_{时间}$ > NP$_{时间}$。背景成分"大 NP$_{时间}$的"在多数情况下处于前分句,少部分情况下处于后分句。

运用同样测试方法,我们把"大 NP$_{身份}$的"的序列排列如下:

(6) a. 教授还没钱啊?

　　b. 大教授还没钱啊?

　　c. *教授的还没钱啊?

　　d. 大教授的,还没钱啊?

　　e. 你大教授的,还没钱啊?

　　f. 大教授的,你还没钱啊?

从以上序列我们可以看出,序列 d"大 NP 的"是最适合的表达形式。从论元关系来看,"大 NP$_{时间}$的"的时间词属于外部论元,时间与行为事件是外层与内层匹配关系,并且时间是一维的,匹配关系相对松散,范围较广。而"大 NP$_{身份}$的"的身份名词属于内部论元,身份与行为事件属于内层匹配关系,并且身份名词是三维的,匹配关系比较紧密,因而其范围较窄,出现频率(类频率和例频率)较低。

"大 NP 的"的交际功能体现在话轮序列位置上,一般处于发起话轮或应答话轮的句首。处于发起话轮时多表达锚定评价;处于应答话轮时多表达解释反驳。"大 NP 的"锚定评价方式有两类：一是对正面的规范行为或常态事件进行正向强调；二是对负面的不规范行为或非常态事件进行负面评价。从信息价值来看，前者是对旧信息的确认，信息价值低；后者则是引出新信息，信息价值高（陈振宇、姜毅宁 2019）。相对而言，非常规情形的出现频率要远高于常规情形。正向评议以表达强调的陈述句形式来表现，负向评议常以否定句和疑问句形式呈现。

4.1.2 "人称代词＋一个 NP"构式

在讨论"人称代词＋一个 NP"构式之前，我们首先区分其歧义表达。例如：

(7) <u>他一个学生</u>手里没有钱。

  a. <u>他（的）一个学生</u>手里没有钱。（名词性偏正结构）

  b. <u>他（是）一个学生</u>，手里没有钱。（降级说明结构）

当"人称代词＋一个 NP"结构有歧义时，可以添加结构助词"的"的是名词性偏正结构；可以添加系词"是"，并且句中有停顿的是降级说明结构。前者表明 NP 具有个体性，指代某一个学生；后者表明 NP 具有类指性，指代具有学生这类身份的人。其中的 NP 一般是关系名词或身份名词。关系名词进入该结构时容易产生歧义，在认知上优先获得偏正结构解读；而表示身份地位的身份名词进入该结构时一般需要结合语境才有歧义，在认知上优先获得降级说明结构解读（房玉清 2008，唐雪凝 2013，刘春光 2014）。NP 的指别度越高，结构越具有说明关系。也就是说，这类在"人称代词＋一个 NP"构式中容易引发歧义的 NP 往往是关系名词(杨红 2018)。比如"老师"与"学生"具有师生关系,属于关系名词。像"警察"这类身份名词与其他名词没有相对固定的对应关系,只表示特定身份或职业。"他一个老师/学生"有歧义,可以产生偏正关系和解释说明关系,而"他一个警察"只有解释说明关系,没有偏正关系。按照例(7)的方法,我们对"老师"和"警察"进行分化。例如:

(8) 他一个老师工作应该很认真。

a. 他(的)一个老师工作应该很认真。("他"指"学生",偏正结构)

b. 他(是)一个老师,工作应该很认真。("他"指"老师",降级说明)

(9) 他一个警察工作应该很认真。

a. *他(的)一个警察工作应该很认真。

b. 他(是)一个警察,工作应该很认真。("他"指"警察",降级说明)

能进入"人称代词＋一个 NP"结构的关系名词多是亲属词或身份名词。相近的歧义结构还有"人称代词＋这个 NP"(张伯江 2010,刘春光 2014,李文浩 2020)。

学界主要对"他一个警察"这类没有歧义的"人称代词＋一个 NP"构式如何定性有争议。关于"人称代词＋一个 NP"的性质,有两种观点:一是看作同位结构,其内部是同位关系(马鸣春 1992,刘街生 2004,唐雪凝 2013,李劲荣 2013,白鸽 2014,李文浩 2016,李广渝、陈一 2016,王羽熙 2017,金晶 2020,马辰庭、王义娜 2021 等);二是认为是同位同指组合(姚小鹏 2005,朱英贵

2009,陈景元 2012,刘探宙、张伯江 2014)或降级说明结构(王灿龙 2019),认为它们句法不自足,语境依赖性强,结构不稳固,主要表达说明关系,是个临时性的语言线性序列或句子层面的动态在线组合(刘探宙、张伯江 2014,刘探宙 2016,王灿龙 2019)。同位是指其句法结构关系,同指或复指是指其语义关系。同位结构是句法层面的结构组合;而降级说明结构是个句子层面的组合。也就是说,学界的分歧在于该结构的性质是静态同位结构还是动态同指组合,是属于句法层面还是句子层面。张谊生(2013)对句法语序和句子语序的差异作了细致的说明和划分。从该构式的类推性、递归性和参与更高层面的句法组合性来看,都不符合典型同位结构的特点,因而它是句子层面的动态同指组合。其中的"一个"一般不能删除,它既指明了人称代词的个体性,又凸显了名词的内涵属性特征,兼具特指与类指表达的双重意义。此外,由于人称代词在口语中经常复指前面的名词,表达也相对简洁,因而与"一个 NP"经常高频出现,导致"人称代词+一个 NP"日益构式化,内部更加紧密,表达更规约化。

就构式的自身表达来说,"人称代词+一个 NP"表示降级说明(王灿龙 2019)。降级是指其句法独立性很差,由可以独立成句降级为无法单独成句;说明是指该类结构的语义表示名词性成分对代词的性质或特点进行阐述说明。就其对话交际功能来看,"人称代词+一个 NP"构式在整个对话中用于对焦点句进行锚定评价。该功能具有序列特定性和位置敏感性,与处于其他句法位置的功能不一致。例如:

（10）<u>我一个女人</u>,不能随二爷前去同生共死,可连帮二爷一

点银子都不成吗?(朱秀海《乔家大院》)

(11)当了这好些年的压寨夫人也习惯了,满受用的,万绿丛中一点红,整个山寨就<u>我一个女人</u>,啥都由着我的性子来,匪老头子不敢管我。(尤凤伟《石门夜话》)

处于评价位置的"NP"添加"人称代词＋一个"及其变体后并没有改变其语义表达和语用功能,添加其他数量成分也不变。我们借鉴李文浩(2016)的方法,给出了以下连续统序列。例如:

(12)a. <u>局长</u>连这点事情都不敢做主。

　　　b. <u>一个局长</u>,连这点事情都不敢做主。

　　　c. <u>你一个局长</u>,连这点事情都不敢做主。

　　　d. ?<u>一个局长</u>,你连这点事情都不敢做主。

　　　e. <u>堂堂一个局长</u>,连这点事情都不敢做主。

　　　f. <u>你堂堂一个局长</u>,连这点事情都不敢做主。

　　　g. <u>堂堂一个局长</u>,你连这点事情都不敢做主。

序列 a—g 都能表达锚定评价。序列 a 是光杆名词"局长",序列 b 是"一量＋NP"结构,序列 c—g 是"人称代词＋一量名"结构"你一个局长"的变体。人称代词和"一个 NP"中间可以插入形容词"堂堂""小小"等修饰语。f 和 g 中的"你"可以互相移位,表明人称代词与"一个 NP"并不是处于固定的句法结构中,而是处于句子层面。因为只有处于动态的句子层面,代词才可以自由移位。以上这些不同的表达形式都没有改变身份名词"局长"对后接焦点句的锚定评价。原因在于,它们只是改变名词性成分 NP的外延,不是对名词内涵进行限定,不会影响名词"局长"与后续行为存在的内在情理关联。名词外延的改变对这些内在的语义关联并不起作用。但是各形式之间由于主观语义存在差异,其评价语气有强弱之分,出现频率各有差异。内涵性定语与外延性定语之别是这类构式最重要的差异。内涵性定语重在描述名词的内部属性和特征,外延性定语侧重对名词的数量等外延进行限定(施春宏 2001)。当人们从推断推理视角来观察时,这类构式对名词凸显的往往是该范畴的典型成员或核心语义特征;当人们从回溯视角来观察时,该类构式对名词凸显的多数是它们的非典型或非常规语义特征。李文浩(2016)所指的反预期语境其实就是表达道义情态时的非典型和非常规语境。

在口语中,该构式的数词"一"常常可以省略,直接构成"人称代词＋个 NP"构式(雷玉芳 2015)。"人称代词＋个 NP"也有两种语义表达:一是降级说明;二是同位指称。例如:

(13)人家女孩儿爱花呀叶呀,<u>你个大小子</u>,怎么也这么喜欢花?(冯德英《迎春花》)

(14)<u>你个老东西</u>,你不想活我还想好好地活几年。(陆文夫《人之窝》)

例(13)"你个大小子"属于降级说明结构。这类 NP 的语义一般比较中性,极少具有贬义倾向。例(14)的 NP 主要是"神经病""笨蛋""淘气鬼"等具有侮辱、贬义或戏谑等意义的名词性成分。与其意义相同的"你个＋[VP 的]转指"构式也是同位结构,并且多数是表示贬义的骂詈语,比如"你个瞎眼的"。

特殊情况下,还可以省略量词,构成"人称代词＋一 NP"构式。例如:

(15)人家双方互相看着好就得了,知根知底儿,又不是过去

那有父从父无父从兄的时代了,<u>你一当哥哥的</u>何必瞎操这份儿心?(魏润身《挠攘》)

(16)首饰盒?哟,<u>你一大男人</u>,是给自己买了枚胸针,还是打算弄副耳环戴戴啊?(臧里、臧希《家有儿女》)

吉益民(2014)和李广瑜(2020)考察了同位构式"PP＋一个＋VP的"的语义色彩的贬斥性和偏离性。该构式的贬斥性源于转指性的"VP的"结构自身语义,而偏离性则是受到构式与其锚定评价的焦点分句之间的不和谐关系所致,构式自身不一定具有贬斥义。句首位置为锚定评价提供了句法条件,语义的不和谐为评价提供了语义基础。分句之间语义的不和谐常常引发负面评价,但少数情况下也可以表达正面评价。例如:

(17)<u>你一个赶车的</u>,怎么敢这么跟我说话?(朱秀海《乔家大院》)

(18)<u>他一个蹬三轮的</u>,居然也认识甲骨文。

例(17)(18)中的"赶车的""蹬三轮的"属于"VP的"结构,用以转指某类人。有没有"人称代词＋一个"都不影响其内涵的关联语义与评价。表示轻蔑、辱骂等负面评价义的形容词可以插入该构式。以下两例引自陈景元(2012)。例如:

(19)大爷,<u>我一个穷喂马的</u>,哪里会有票子?(刘震云《故乡天下黄花》)

(20)<u>你一个臭做活的</u>,敢来管当家的事!(孙犁《风云初记》)

例(19)(20)的 NP 是由形容词与转指的"VP的"组合而成。这类结构自身含有对特定职业或身份的歧视或贬低之义。

"人称代词＋一个 NP"构式有时还可以加"的",用以对该结构的语义进行强调。例如：

（21）要是像你这样，<u>我一个女人家的</u>，还要养孩子。不如找个深水塘跳下去算了。（刘醒龙《天行者》）

（22）嗨，<u>你一个女孩家家的</u>，说话咋那么粗鲁！（李可《杜拉拉升职记》）

综上所述，在"人称代词＋一个NP"构式中，当NP是具有对应关系的名词时有歧义：一是表示偏正关系，二是表示解释说明关系。当NP为其他类名词性成分时，是句子层面的同位同指组合，表达解释说明关系。

4.1.3 "大NP身份的"与"人称代词＋一个NP"的比较

"大NP的"包括"大NP身份的"与"大NP时间的"。"人称代词＋一个NP"与"大NP身份的"有较多的共同点，而与"大NP时间的"差异较大。因而本节主要对"大NP身份的"与"人称代词＋一个NP"进行比较。在性质上二者都是口语交际互动中的动态在线组合，不是固定句法结构。可以验证的是，它们在组成更高层级的句法结构中缺乏组合性和递归性。这在第1节和第2节已经证明。在语义上，都是对人的内涵属性或特征进行凸显或阐述说明。"大NP身份的"是对"NP身份"的内涵进行凸显；"人称代词＋一个NP"是对NP的属性或特征进行阐述说明。在对话中，构式整体充当背景成分，用以锚定评价焦点句。例如：

（23）还在乎这点钱呀，<u>你这大教授的</u>？

（24）<u>你一个大老板</u>，还在乎这点钱吗？

"大NP身份的"与"人称代词＋一个NP"也有不同点。就类别来说,"人称代词＋一个NP"的NP要远多于"大NP_{身份}的","人称代词＋一个NP"的NP涵盖所有指人的名词性成分,包括社会类和认知类指人名词(安志伟2010)。例如:

(25)<u>他一个总裁</u>,工作应该很忙。

(26)<u>他一个吝啬鬼</u>,怎么可能借钱给你呢?

(27)<u>我一个教书的</u>,还能挣多少钱啊。

而"大NP_{身份}的"的NP主要是光杆身份名词,一般不是表示身份的名词性短语或表示转指的"VP的"。例如:

(28)<u>大教授的</u>,生活还这么清贫啊。

(29)*<u>大堂堂/堂堂大老板的</u>,怎么这么吝啬啊。

(30)*<u>大懒鬼的</u>,日子怎么可能过得好。

(31)*<u>大开车的</u>,挣不了大钱。

综上所述,"大NP_{身份}的"与"人称代词＋一个NP"的NP区别如下:

NP的类别

	大NP_{身份}的	人称代词＋一个NP
光杆的身份名词	＋	＋
表示身份的名词性短语	－	＋
除了身份以外的指人名词	－	＋
转指的"VP的"	－	＋

就构式自身的紧密性而言,前者的修饰语只能附加于结构外,而后者的修饰语"堂堂""小小"等可以插入结构内部。就其使用频率而言,"人称代词＋一个NP"的频率(类频率和例频率)要远高于"大NP_{身份}的"。当然,二者在特定条件下还可以作为互补

形式并存,有时甚至可以套叠在一起。例如：

（32）a. <u>教授</u>连论文也不会写。

　　　　b. <u>大教授</u>连论文也不会写。

　　　　c. *<u>教授的</u>,连论文也不会写。

　　　　d. <u>大教授的</u>,连论文也不会写。

　　　　e. ?<u>一个大教授的</u>,连论文也不会写。

　　　　f. <u>你一个大教授的</u>,连论文也不会写。

　　　　g. ?<u>一个大教授的</u>,你连论文也不会写。

　　　　h. <u>你堂堂一个大教授的</u>,连论文也不会写。

序列 a 是身份名词,序列 b 是"大 NP身份"构式。a、b 和 c 一般都不单独成为分句。在能单独作分句的序列 d—h 中,序列 d 的表达形式最简洁,出现频率也最高。序列 e—h 是由"大 NP身份的"和"一个 NP"构式或其变体套叠而成。从语义上来看,序列 d 表达的道义规范性比 a 和 b 都要强。与时间名词不同,身份名词可以用"大/小"来进行主观区分。比如对于"教授"来说,无论是称其为"大教授"还是"小教授",其客观身份都是"教授",这里的"大/小"不是下位层次范畴的分类标记,而是反映了说话人的主观视角和认识(姜其文 2017)。相对而言,构式越不可扩展,内部成分越不可替换,其变体就越少。因为内部构式的凝固化和语义表达的规约化是相辅相成的。

4.1.4　语用关联关系

关联关系可以分为逻辑关联、事理关联和情理关联。与这两个构式密切相关的是事理关联和情理关联。关于事理关联和情理关联,李先银、洪秋梅(2017)认为,"'情理'专指人行为做事的道理、理由,'事理'指的是除人以外事物行为或运行的规律。"项开喜(2018)指出,"所谓事理,指现实世界中事物或事件之间相互影响、相互作用的道理"。就"大NP_{时间}的"构式而言,时间与人的社会属性和自然属性都有关联。也就是说,"大NP_{时间}的"既存在情理关联,也有事理关联。李先银、洪秋梅(2017)考察了"大X的"构式时间—行为之间的情理关联,但对其事理关联并未深入展开。我们认为,由于人本身具有自然属性和社会属性,因而需要对时间与人类行为的关联关系进行再区分。事理关联不仅与事物相关,也与人的自然属性相关。例如:

(33)<u>大夏天的</u>,人走在外面很热。

(34)<u>大冷天的</u>,人容易感冒。

例(33)和(34)是人类自然属性的表现,受到自然规律的制约,而不受人类自身的控制,与人类的社会性规约并无关联,其反映的是事理关联而不是情理关联。人类行为与时间的关联首先是建立在人的自然属性上。"人到了晚上需要休息",这是人类的生物钟使然,并不是人类基于道德、法律等社会规范而做出的判断,因而这种关联和事物与时间之间的关联是一样的,同属事理关联,如例(33)(34)所示。同时,人类行为与时间之间的情理关联也会反映在人们规约化的日常行为中。比如"晚上休息"既符合人们的自然属性,也符合人们的社会常态行为。所以时间词与人类的社会属性属于严格意义上的情理关联,而时间与人的自然属性以及事物之间的关系才是事理关联。

　　情理关联和事理关联在很多方面有各自的特点。情理关联是人们基于社会道德、法律等规则建立的，是人类主观的社会规约。人类的社会规约以人类的共同意志为转移。情理关联是在人们在长期的社会活动和社会交往中积淀而成的，具有高度的社会规约性，因而是人们可控的、自主发出的行为。情理关联反映了人们共同的主观意识，对个体而言并不强制约束，也不是一成不变的，具有非强制性和非恒常性。与之不同的是，事理关联反映事物运行的客观规律，人类或事物自身是无法改变的。它不以人的意志为转移，也不受人的控制，是非自主的，具有强制性和恒常性。在李先银、洪秋梅（2017）和项开喜（2018）等基础上，我们把情理关联和事理关联之间的差异归纳如下：

情理关联与事理关联的区别

关联类型 语义特征	情理关联		事理关联
	个体关联	群体关联	
显著度	较低	较高	高
关联语义强度	较低	较高	高
普遍性	较低	较高	高
以人的意志为转移	＋		－
可控性	＋		－
自主性	＋		－
强制性	－		＋
恒常性	－		＋
否定形式	道义情态否定"不能"等		"不"或"不是"

事理关联与情理关联关系紧密。时间—行为情理关联反映了人们在长期的社会交往中所形成的规范或习惯，反映了人类的社会属性，但它是基于时间—人类的自然属性关联基础之上形成的。人类的生物钟规律和时间季节的更替变化都属于时间与人类行为的事理关联。也就是说，事理关联是部分情理关联形成的基础。

"大 NP$_{时间}$的"构式既反映了时间—行为的情理关联（李先银、洪秋梅 2017），同时也反映二者的事理关联。"大晚上的应该休息"既符合人类社会的常态生活准则，同时也符合人类的基本生物规律。情理反映的是人类的道德、法律等社会准则，而事理反映事物之间的客观运行规律。时间既反映了人类的社会属性，也反映了人类的自然属性。这是时间的特殊之处。时间—行为之间的情理关联和事理关联比较稳固，一般不会随着时间和地域的改变而发生显著变化。时间是一维的，并且具有序列性和推移性。越是具有核心特征的时间词越能得到凸显。越是缺乏核心特征的时间词越难以进入该构式。比如同样是表达季节的时间词，具有明显气温特点的"夏天""冬天"就比缺乏明显气温特点的"春天""秋天"更容易进入该构式，因而一般说"大夏天的""大冬天的"，很少说"大春天的""大秋天的"。一天之内，"早上""中午""晚上"是人类活动的关键时段。"早上起床""中午吃饭""晚上休息"成为大多数人的常态生活方式，因而可以说"大早上的""大中午的""大晚上的"。而一天中的其他时间则很难具有明显的核心特征。比如"凌晨""傍晚"这些时间点就很难进入该构式，因而一般不说"大凌晨的""大傍晚的"。因为人类在这些时间段并未有相对固定的活动。由于时间与人类的社会属性和自然属性都有关联，因而它相对稳固，不易受时代变化、地域差异和不同族群的影响。在几乎任何时代和任何地方，大部分族群的人们作息规律一般都是晚上休息。个体差异（比如"夜猫子"）和特殊情况（比如"熬夜写论文"）并不影响大多数人的常态行为。其他生物种群对人类的作息也基本没影响。其用频差异取决于是否与人们的日常生活紧密相关。越是与人类的日常生活和常态行为息息相关的，其用频越高，反之则越低。当对现实事件或行为进行评价时，以负面评价立场为多；对非现实事件进行评价时，以正面建议为多。

与时间名词不同，身份名词一般反映人类的社会属性。因为身份是交际双方的社会身份和社交距离的标志，在本质上体现了人类的社会关系。在"大 NP身份的"构式中，身份—行为主要反映情理关联，它具有一定的时间、地域和族群特征。不同时代、不同地区或不同族群，人们对身份与行为情理关联的认知有所差异。以民族而言，游牧民族和农耕民族对"会不会骑马"就存在不同的情理关联。对游牧民族而言，我们可以说"大男人的，连马都不会骑"。而这种情理关联在农耕民族是不存在的，"会不会骑马"在农耕民族中并不重要。当然，在特殊情况下，也可以反映人的自然属性。比如"大主任的，这么怕热呀。""怕热"反映了人的生理属性，而不是社会属性，反映的是事理关联。

能进入"大 NP 的"构式的身份名词相对有限，要远少于时间名词。能进入"大 NP身份的"构式中的身份名词一般具有一定的显著特征，在认知上比较凸显。与时间名词不同，身份名词具有三维性,因而其内部细节特征丰富多样。在"大 NP身份 的"构式中,其所能凸显出来的语义特征是多方面的。

与"大 NP身份 的"一样,"人称代词＋一个 NP"也可以反映身份—行为的情理关联(李先银、洪秋梅 2017),主要反映人的社会属性,少数情况下可以反映人的自然属性。例如:

(35) <u>我一个普通老百姓</u>,只能管自己家的事。

(36) <u>他一个六岁的孩子</u>,肯定可以自己走路了。

例(35)的"普通老百姓管自己家的事"表现了身份与人类行为的社会属性;而例(36)的"一个六岁孩子可以自己走路"表现了身份与人类行为之间的自然属性。

当该构式是"(体词)＋一＋量词＋NP"时,也可以反映事物的自然属性,表达事理关联。例如:

(37) <u>师大堂堂一所大学</u>,怎么会没有图书馆呢?

(38) <u>一条活蹦乱跳的鱼</u>,肯定离不开水和氧气的滋养。

综上所述,"大 NP时间 的"反映了时间和人或事物的情理关联和事理关联。"大 NP身份 的"和"人称代词＋一个 NP"构式主要反映身份与人的行为的情理关联,少部分情况下反映了二者的事理关联。

4.2 "说好 X 的"构式的违实性与反预期性

"说话人使用传信范畴要向听话人传达的是所言信息的来源及信息获取的方式,其中也会暗含说话人对信息可靠度的判断"(乐耀 2013b)。在现代汉语中存在一批引述类传信构式,它们从引语标记发展为了传信标记,相关的研究已有不少(陈颖、陈一

2010,刘焱 2010,乐耀 2013a,乐耀 2013b 等)。其中部分传信构式常常表达与事实相反的情状或传递言说者的反预期,比如"说是 X"构式(樊中元 2016,方梅 2018,李冬梅、施春宏 2020)。"说好 X 的"构式也是这类构式的典型案例之一。

　　关于"说好 X 的"构式的直接相关研究很少,但"说好的 X"构式的研究成果相对较多。伍伶俐(2016)认为构式"不是说好 X 吗"可以表达多种负面评判立场,具有反预期功能。陈景元(2016)认为"说好的 X"构式提供了一个说话人的预期,希望以此引起听话人的关注。主要出现于反预期语境中。闫珂(2017)也认为构式"说好的 X 呢"表达反预期义。毕晋、肖奚强(2017)指出,"说好"是用于引述话语的引语标记,X 的语义具有非动态性,"的"具有表确认的语气助词和结构助词两种功能。他们还归纳了反问形式、疑问形式和双重否定形式之间的异同。李元瑞(2018)从元话语视角认为,"说好的"是个元语标记,主要表达反预期功能,这种反预期功能来源于对约定或协商的背离。

　　以上研究对这类构式的内部结构和表达特点进行了比较深入的探析,但还有诸多问题尚未解决:1)对"说好 X 的"构式的语义表达没有进行全面的总结;2)对它在交际互动中的话轮敏感位置和传信表达之间的关联也没有进行探讨;3)对与其相关的构式没有进行系统、全面地归纳与分类。

　　针对以上问题,本研究主要运用功能语言学和互动语言学的相关理论方法,以期对"说好 X 的"构式进行全面系统的阐述。本研究分为以下几个部分:第 1 节是分析"说好 X 的"构式的内部组构成分;第 2 节是探讨它的情态表达;第 3 节是阐述该构式的违实性与反预期倾向；第 4 节是探究该构式的话语序列敏感位置与传信功能之间的关系；第 5 节是归纳"说好 X 的"相关的构式及其疑问形式和反问形式；第 6 节是总结。

4.2.1 "说好 X 的"构式的内部组构

"说好 X 的"构式由间接引语标记"说好"、引述内容 X 和语气词"的"构成。

4.2.1.1 间接引语标记"说好"

"说好"是由动词"说"与形容词补语"好"组成的述补结构。这里的"好"表示"应允或答应"。表示承诺的间接引语标记，相当于"承诺或约定"。在句法上，"说好"既可以位于句首，也可以处于主谓之间。例如：

（39）<u>说好</u>我们明天请他吃饭。

（40）小王和小李<u>说好</u>这个暑假去上海玩儿。

例（39）（40）的"说好"是引述标记。充当"说好"宾语的小句或谓词性短语是其承诺的内容。这种承诺刚开始都是客观引述，并未暗含对说话内容的主观评价。引述方式一般是间接转述而非直接引述。所承诺的内容也多指向将来。如果指向过去时间，常常需要在句尾添加语气词"的"。例如：

（41）我们<u>说好</u>明天去上海玩儿。

（42）我们上次<u>说好</u>昨天去上海玩儿的。（结果没去）

引语标记"说好"在例（41）中与将来时间搭配，在例（42）中与过去时间搭配。如果指向现在，则两种情况都存在。不加"的"表示情况很可能即将发生；而加"的"则表示该情况很可能不发生了。例如：

（43）他们<u>说好</u>现在去外婆家吃饭。

（44）他们<u>说好</u>现在去外婆家吃饭<u>的</u>。（怎么还没来？）

从语义上看，"说好"的话语内容有些是说话人的单方承诺，有些是双方互相商定之后的约定。例如：

（45）客人<u>说好</u>下午到，岳鹏程跟大勇几个边等候着，边交换着……（刘玉民《骚动之秋》）

（46）大家<u>说好</u>了不开手电，黑灯瞎火地在更衣室的隔断两边脱衣服。（王朔《动物凶猛》）

例（45）的"下午到"是说话人单方面对听话人的承诺；例（46）的"不开手电"是听说双方共同的约定。无论是单方面的承诺还是共同的约定，"说好"都具有一定的道义情态和外在约束性。会话双方的商定为引语内容的达成预设了外在条件。除此以外，"说好"的话语内容还可以是社会性的规范或约定。也就是说，约定主体既可以是个体，也可以是社会群体。

4.2.1.2　引述内容 X 的性质与类别

X 是承诺标记"说好"的引述内容，用来表达行为事件或具体动作。因而 X 主要是谓词性成分，极少是体词性成分（时间名词可以）。例如：

（47）昨夜她和王女士<u>说好</u>，同到南湖去参加第二期北伐誓师典礼。（茅盾《蚀》）

（48）*小王和我<u>说好</u>上海。

例（47）的引语是谓词性小句。而例（48）的引语是处所名词，该句不合语法。从音节上看，X 可以是单音节成分，也可以是双音节或多音节成分。例如：

（49）她们<u>说好</u>来<u>的</u>。

（50）我们<u>说好</u>去旅游<u>的</u>。

以上是"说好 X 的"构式中 X 的性质。而"说好的 X"的 X 则与其有所不同，对此毕晋、肖奚强（2018）进行了阐述。他们认为，二者的共同点在于，当 X 是多音节谓词性成分或小句时，二者一般可以互换。例如：

（51a）你看，<u>说好</u>我们三个人一起去<u>的</u>，现在只剩下你一个人了。（王旭烽《南方有嘉木》）

（51b）你看，<u>说好的</u>我们三个人一起去，现在只剩下你一个人了。

不同之处在于，前者的 X 一般不能是体词性成分，而后者的 X 可以；前者的 X 可以是单音节谓词性成分，而后者的 X 一般不能。例如：

（52a）*<u>说好</u>周末<u>的</u>怎么又泡汤了。

（52b）<u>说好的</u>周末怎么又泡汤了。

（53a）他们今天<u>说好</u>去<u>的</u>，谁知道临时又有事了。

（53b）*他们今天<u>说好的</u>去，谁知道临时又有事了。

4.2.1.3 "的"的性质

"说好 X 的"构式的"的"是语气词，它是对原先话语内容的肯定，具有加强语义确信的作用。"说好 X 的"与"说好的 X"相比而言，前者的"的"是表示确认或肯定的语气词，而后者的"的"既可以是语气词，还可以是结构助词。可以通过是否能移位来加以区分。例如：

（54a）嵋很生气,大声抗议:"你<u>说好</u>一起回家<u>的</u>,你答应娘的。"(宗璞《东藏记》)

（54b）嵋很生气,大声抗议:"你<u>说好的</u>一起回家,你答应娘的。"

（55a）<u>说好的</u>向对手学习,杜指导的良心不会痛吗?(虎扑网 2018-05-30)

（55b）<u>说好</u>向对手学习<u>的</u>,杜指导的良心不会痛吗?

（56a）<u>说好的</u>暖冬呢?怎么会这么冷!(腾讯新闻 2019-11-27)

（56b）*说好暖冬的呢?怎么会这么冷!

从以上"的"的移位我们可以看出,例（54a）（55a）的"的"是语气词,因为可以自由移位,如例（54b）（55b）所示;例（56a）的"的"是结构助词,因为结构助词无法移位而语气词可以,如例（56b）所示。也就是说,"说好 X 的"的"的"只能是语气词。而"说好的"构式的内部结构是"[说/好]的","的"既可以是语气词,也可以是结构助词。当"的"是语气词时,"说好的"主要修饰指称化的事件或行为。这些事件或行为凸显的是它们的外部整体性,而不是内部的动态过程,因而它们都具有非动态性特征（毕晋、肖奚强 2017）。像"说好的幸福呢""说好的快乐呢"中的"幸福""快乐"也是侧重它们的形容词用法而非名词性用法。当"的"是结构助词时,后接成分 X 主要是体词性成分。以往的研究极少关注到"说好 X 的"与"说好的 X"之间的关系。当"的"是语气词时,"说好的 X"实际上是"说好 X 的"移位造成的。X 作为焦点和语义重心发生了后移,"的"附着于引语传信标记"说好"之后,它们一起组构成相对稳固的传信构式"说好的 X"。"说好的 X"是相对

新颖的表达形式,它比框式构式"说好 X 的"结构更凝固,传信义
更凸显。

由于"的"表达的是对承诺事件或行为的确认或肯定,因而它
往往不能删略。无论该承诺指向的话语或行为事件发生在过去、
现在还是将来,该承诺都是已然的。这种已然与现实情状常常相
反,因而"的"的添加强化了其传信功能。例如:

(57a)小李和家人说好今天去金华旅游。

(57b)小李和家人说好今天去金华旅游的。

在例(57b)中,"的"的添加强化了"小李和家人今天去金华旅
游"的肯定性,使得其反预期或违实性概率大大加强,具有凸显说
话人主观评价的作用。

4.2.2 情态表达

从情态视角来看,"说好 X 的"可以表达两类情态:一是表示
推断或猜测的认识情态;二是表示必要或应该的道义情态。当
"说好 X 的"表示认识情态时,"说好"的事件具有较强的约定性。
而约定好的事件具有较高的可能实现概率。因此可以对其进行
推测和判断,预估将来发生的可能性。例如:

(58)三天前她随师父来到虎跑寺,说好今日走的。(王旭烽
《南方有嘉木》)

(59)小邦成正在独木桥边等着他,他们说好了这时候在这
里碰头的。(王旭烽《不夜之候》)

在例(58)中,承诺发生在三天前,而所承诺的行为预计发生
的时间是今天,因而是表达推测义,例(59)类同。当"说好 X 的"

表示道义情态时,常表达与现在或过去事实相反的情状。"说好"的话语内容对说话人或听说双方具有一定的约定性和规约性,在情态上就体现为道义上的必要性。"说好"的事情一般来说都是约定好的,一旦约定好就具有了实现或达成的义务。"的"表示确认或确定,"说好 X 的"因而常常表示与现在或过去现实相反的情状。在我们的统计中,大多数的 X 表示已然事件。例如:

(60)<u>说好了</u>嘉平一到北京就给他来信<u>的</u>,结果等了那么些日子也没见他寄回一个字来。(王旭烽《南方有嘉木》)

(61)土改后杭家送给小撮着的这口台钟,此时已经中午十二点,但杭家人<u>说好</u>十点就要到<u>的</u>。(王旭烽《筑草为城》)

例(60)中的"嘉平一到北京就给他来信"是先前的约定,但是到了北京以后"也没见他寄一个字回来"。现实情状与约定情状相反,它并没有按照约定来实现,因而违反了约定。例(61)中约定的"十点就要到"与现实情状"已经中午十二点(还没到)"不同,这也是已然事实与约定情状相反。因而"说好 X 的"就具有了违实性。这种违实性是通过语用预设和回溯推理机制,推导出约定事件在约定的时间或地点未实现而体现出来的。

当"说好"充当引语标记,并且语义比较客观时,X 可以是未然事件。例如:

(62)丁小鲁等得有点不耐烦,哪来那么多说的? <u>说好了</u>中午要给人家还服装<u>的</u>。(王朔《你不是一个俗人》)

(63)赵京五说:"人家<u>说好</u>今日也来我家<u>的</u>,你拿定主意,钱的事你不要提,我要他先交钱再写稿,现在这些个体户暴发了,有的是钱。"(贾平凹《废都》)

例(62)(63)的"中午要给人家还服装""今日也来我家"等都是未然事件,因而也就无法判定它的事实性。

与"说好 X 的"不同,"说好的 X"只能表达义务性的道义情态,不能表达推断性的认识情态。例如:

(64)说好的十年赚十倍 那些曾经的大牛股如今怎样了?(和讯网 2019-05-31)

(65)说好的一起健身,昆凌却"打"周杰伦脸！只有她敢这么干了吧?（凤凰网 2019-11-19)

"说好的 X"既然是约定好的情状,那么对于对话双方来说就产生了外在约束力,而且它已经成为现实,因而不可能也无须对其进行推测。

4.2.3　违实性与反预期倾向

当"说好 X 的"构式表达道义情态时,具有较为明显的违实性和反预期表达倾向。现实性与违实性、预期与反预期之间并不是一一对应的关系,对此陈振宇(2017:328)给出了反预期与事实性的关系推导图。现实和违实反映的是事件的现实属性,与客观事实相关;而预期和反预期凸显的是说话人的主观认识,与说话人的主观预期相关。

4.2.3.1　违实性倾向

约定事件在约定的时候只是承诺,是否必然发生并不确定,因而话语承诺时间一般要早于行为发生时间。通过回溯推理机制,从行为发生时间来看,它的承诺时间一般指向过去,并且该承诺往往不能兑现。既然允诺无法实现,那么从现在的时间点往前回溯,约定行为并未在规定的时间或地点发生,它就具有违实性。可以印证的是,承诺分句在语篇上往往与转折分句共现。这些承诺分句多数充当背景信息,而转折分句则充当句子的焦点信息。与林若望(2016)和朱庆祥(2019)讨论的"应该 X 的"构式类似,"说好 X 的"构式语义复杂多样,既可以是现实的,也可以是违实的。其中违实性是一种较为强烈的倾向,表达该构式大多数情况下的语义。我们运用陈振宇、姜毅宁(2019)提出的语篇检验格式,对其进行合理性测试。例如:

(66) 小王<u>说好</u>今天来参观浙师大<u>的</u>。

(66a) 小王<u>说好</u>今天来参观浙师大<u>的</u>,所以他今天来了。

(66b) *小王<u>说好</u>今天来参观浙师大<u>的</u>,但是他今天来了。

(66c) *小王<u>说好</u>今天来参观浙师大<u>的</u>,所以他今天没来。

(66d) 小王<u>说好</u>今天来参观浙师大<u>的</u>,但是他今天没来。

我们通过合理性测试,发现例(66a)和例(66d)可以说,而例(66b)和(66c)不能说。例(66a)反映的是"说好 X 的"构式表达的行为是现实的;例(66d)中该构式表达的行为没有实现,是违实的。例(66b)和(66c)由于违反了语义的和谐关系,因而是不合格的句子。因为"在语用蕴涵强度上,具有完全概率和大概率蕴涵关系的才是和谐的关系"(陈振宇、姜毅宁 2019),否则就是不和谐的。小王既然已经事先承诺,那么根据其语义和谐关系,它较大概率蕴含"(小王)今天来参观浙师大",特殊反例就是"小王今天没来参观浙师大"。但是,就信息价值而言,语义关系和谐时,"(小王)今天来了"是低价值信息,它是对旧信息的复述或肯定;当它语义关系不和谐时,反映的是说话人的主观意外情态,传递

的是新信息"(小王)今天没来",信息价值大,所以该构式常常具
有违实性倾向。

a. 现实型

现实型是指"说好 X 的"构式表达当时事件,其承诺时间正好
是事件发生时间。例如:

(67)小张说好今天去医院看病的,一大早就去排队了。

(68)老王一大早就准备好了东西,因为我们说好今天去郊
游的。

例(67)(68)小张和老王承诺时间与事件发生都是"今天",
是现实的。

b. 违实型

违实型是指"说好 X 的"构式表达现实的已然事件,其承诺时
间早于行为发生的时间。从现在回溯推理到过去的承诺,由于已
然事件与所承诺的事件语义相反,所承诺的事件没有实现,因而
表达违实义。例如:

(69)仪儿在的时候,本来是说好了要送到保育院去的。现
在仪儿是已经死了。(郭沫若《月光下》)

(70)朋友劝他不必如此,说好是包他茶水饭费的,他却回
答,交个朋友嘛!(王安忆《长恨歌》)

例(69)(70)的承诺时间是过去时间,表达的是与现实相反的
情状,是违实事件。由于已然事实与过去承诺不同,通过回溯推
理,承诺的行为没有达成,是违实的。

4.2.3.2 反预期表达

"说好 X 的"构式的反预期功能由其传信义表达。其话语内

容常常与现实不同,焦点句与引述句在语篇上呈现出转折对比关系。从话语内容上来看,反预期大致有以下两类:

a. 话语与话语之间的反预期

话语与话语之间的反预期是指引述的话语与焦点句之间呈相反关系。标记内的话语是说话人的承诺,体现说话人的预期,而转折分句则与预期相反。引语标记的内容揭示预期,而转折对比句则表达与之相反的情境。因而从语篇上来看,整体上反预期。无论焦点句出现与否,这种整体上的反预期义并不会改变。例如:

(71) 她<u>说好</u>要来<u>的</u>,但她腿断了。(贾平凹《废都》)

(72) 黄会有说,你们怎么不讲信用呢。我<u>说好</u>要回头<u>的</u>。(范小青《我们的会场》)

在例(71)中,"她腿断了"导致没办法来,这与先前的承诺"要来"呈现为转折关系,因而可以添加转折标记"但"。与例(71)有所不同的是,例(72)中的引述句处于后分句,焦点句处于前分句。"不讲信用"表明没有遵守先前的约定,而引述句揭示出先前的承诺。

b. 话语与行为的反预期

第二类是引语所标记的动作行为与实际动作行为不一致导致的反预期。承诺某种行为就预示着在约定的时间或地点会施行该承诺约定的行为。如果最终结果不是按照承诺的那样,那么也是反预期。例如:

(73) 你看,<u>说好</u>我们三个人一起去<u>的</u>,现在只剩下你一个人了。(王旭烽《南方有嘉木》)

（74）毕刀火了："这不是拿人开心么？她<u>说好</u>了来<u>的</u>，怎么变卦？"（毕淑敏《预约财富》）

表达反预期时，"说好 X 的"还可以与其他反预期标记连用，如"原是""原先""明明"等，以加强这种反预期意义。例如：

（75）"人老了，<u>原是</u>说好去串个门<u>的</u>，哪知这一跤就把我摔糊涂了！"老人嚅嚅地说。（《人民日报》1984 年）

（76）<u>原先说好</u>在来双扬这里休养两三天<u>的</u>，一个星期过去，来双元还没有离开的意思。（池莉《生活秀》）

（77）只给他发这么多，我当时就不信，你过去<u>明明说好</u>给他每月五百<u>的</u>，不会只给他三百六，我相信你不会赖他这点钱。（周大新《湖光山色》）

"说好 X 的"自身具有反预期功能，"原是"等反预期标记的叠加强化了反预期效果。

4.2.3.3　事理关联与语篇转折

关联关系主要分为情理关联、事理关联和逻辑关联。"说好 X 的"构式反映事理关联。这种关联关系对后续行为事件的评价提供了参照，常常引发语篇上的转折。按照事理来说，承诺某行为 X 就应该去实施它，但事实是大部分 X 往往没有实施或没实现，因而就具有了违实性或反预期性。这种事理关联可以分为肯定性关联和否定性关联，二者的语义表达如下：

肯定性关联——应该 X 的，结果没有发生 X（发生了 Y）

否定性关联——不应该 X 的，结果发生 X 了（没发生 Y）

肯定性关联和否定性关联往往都会引发语篇上的转折。例如：

（78）<u>说好</u>天气晴了我们就出去玩儿<u>的</u>，你怎么不想去了？

（79）<u>说好</u>下雨天不出门<u>的</u>，你为什么偷偷跑出去？

在例（78）（79）中，承诺好的事一般来说都是对话双方已经商定的，对说话人或对话双方具有道义上的约束力。承诺一旦没有遵守，该承诺会失去效力，也就违反了双方之间的约定，引发违实性或反预期解读。由于商定的行为事件没有发生，因而对于说话人来说是不期望的，就会产生惊讶或嗔怪的语气。

在对话或语篇上，"说好 X 的"常常充当背景成分。这些背景句主要处于前分句，少部分处于后分句。当"说好 X 的"所在的引述句在前时，该构式提供事理上的背景参照，用以跟焦点句形成对比，因而这些焦点句常常与意外标记、转折标记以及直接表达失望情绪的词语相搭配，李元瑞（2018）对这些词语进行了总结。当"说好 X 的"引述句在前，焦点句在后时，可以与意外标记、转折标记和结果动词等成分共现。例如：

（80）学生<u>说好</u>今天交作业给我<u>的</u>，怎么还没上交？

（81）你<u>说好</u>开车和我们一起去上海<u>的</u>，<u>可是</u>你却一个人坐高铁走了。

当"说好 X 的"引述句在后，焦点句在前时，它一般只与意外标记共现，极少与转折标记和结果动词共现。例如：

（82）小王<u>竟然</u>睡了一上午的觉，<u>说好</u>早上要上网课<u>的</u>。

（83）＊可是他没来，<u>说好</u>今天一起去逛街<u>的</u>。

意外标记可以位于前分句，也可以位于后分句。而转折标记和结果动词一般只能位于后续句，不能出现于前分句。因为转折标记和结果动词前面必须有前分句充当背景成分作为预设或前

提。因而当焦点成分处于前分句时,转折标记和结果动词一般不
出现。

  "说好 X 的"在句法上基本不能独立成句,是个非自足性成
分。汉语非自足性成分在句子中往往充当背景信息,作为对焦点
句进行评价和说明的参照。"说好 X 的"必须带焦点分句,与之
一起构成语义完整和信息凸显的句子。"说好"是约定承诺标记,
"的"是表确信的语气词。随着语义焦点的后移和信息焦点的凸
显,整个结构发生句法降级,由独立的句子降级为非自足性小句
成分,充当背景信息。X 的发生具有一定的理据性,这个理据性
就是说话人的承诺或对话双方的约定。"说好 X 的"就是为了揭
示和强化其理据性,明确背景句和焦点句之间的预设关系和语义
相关性,以凸显对比或转折的意外性。当事理上的关联没有得到
应有的回应或实现时,说话人的意外性就越凸显。

4.2.4 话语序列敏感位置与传信功能的表达

  "说好 X 的"构式在长期使用中逐渐规约化,当凸显说话人的
反预期时,出现的语境基本是转折对比语境。这种规约化是通过
与焦点句的共现实现的。承诺在常规状态下处于隐含状态,一旦
得到形式上的凸显,则表明该承诺出现了意外情状。"语法结构
的塑造和社会交际互动的运作之间是一种天然的互育关系。语
法是在互动交际中形成并沉淀下来的。"(乐耀 2016)当"说好 X
的"构式与事理的关联越来越紧密,它的使用频率就会增高。在
话语高频互动中,其整体形式和语义会得到固化和定型。"说好
X 的"构式主要出现于对话语境中,为交谈双方提供了言谈背景。

例如：

（84）赵京五说："人家<u>说好</u>今日也来我家<u>的</u>，你拿定主意，钱的事你不要提，我要他先交钱再写稿，现在这些个体户暴发了，有的是钱。"（贾平凹《废都》）

（85）"不会呀，<u>说好</u>是九点<u>的</u>呀。"端午嘟囔了一句。"你再给他打电话！"（格非《春尽江南》）

话语序列敏感位置与传信功能紧密相关。越是处于句中位置，"说好 X 的"的传信义越强，其立场表达功能就越显化。在实际会话中，"说好 X 的"一般不处于话轮起始位置，不直接引出话题，而是处于话轮的后续句中，用以表达对前一话语的主观评价。约定的内容必定是经过说话人的事先承诺或会话双方的事先商定。当该构式处于话轮起始位置时，它一般用于对后续句内容进行锚定。例如：

（86）A：上次老师和我们<u>说好</u>今晚上课<u>的</u>。

　　　B：好的，那我赶紧把课本预习一下。

当"说好 X 的"处于话轮的起始位置时，它只表示对后续句的规范或道义上的约束，而没有表明说话人的反预期倾向。当它处于话轮接续位置时，它就具有表达说话人主观评价和明显的反预期倾向。可以印证的是，它的后续句往往与引述句呈现为对比或转折关系。例如：

（87）A：今晚我们不上课。

　　　B：老师上次<u>说好</u>今晚上课<u>的</u>，怎么突然改了？

也就是说，"说好 X 的"对话语位置有较强的敏感性，在不同的位置表达的主观性有明显差异。当它处于话轮起始位置时，是引述或复述话语内容;而当它处于话轮接续位置时,则表达较为强烈的反预期。因此它的传信功能与其话语序列位置具有较强的相关性。"立场是言者对信息的态度、情感、判断或者承诺的显性表达。"(方梅、乐耀 2017:3)。处于话轮接续位置的"说好 X的"构式反映的正是说话人的主观立场,即表示对话语的惊讶、意外或嗔怪的语气。

4.2.5　"说好 X 的"相关构式

"说好"作为引语传信标记,它可以扩展成一系列的构式。"说好 X"可以添加"了""的"构成"说了 X""说好了 X""说好的X""说好了的 X"构式,它们同样可以作为引语标记。例如:

(88) 说了你别来,怎么又来了。

(89) 张健鹏和家人说好了,准备在"五一"期间接老人来京安装心脏起搏器。可是,置身抗非典一线,张健鹏忙得连给家人打电话的时间都没有。(《人民日报》2003 年)

(90) 说好的限期完工,到头来却是各种"烂尾"。作为一座养老示范城市,当地养老机构的迟滞与市民期待形成了巨大落差。(《工人日报》2018 年)(引自李元瑞 2018)

(91) 说好了的,帮老人扎一个拦羊的棚圈,为老人过一个内地风俗的生日,因为时间关系都没能如愿……(《人民日报》1985 年)

这些构式在表达上有所不同。"说了 X"是说话人单方面的表述,"说好了 X""说好的 X""说好了的 X"都是对话双方的共同约定。表示引述传信义的"说好的 X"是由"说好 X 的"移位而成。而表示定中结构关系的"说好的 X"则与之无关。"说好的

X"类属于一般构式,包括"说了 X""说好 X""说好了 X""说好的
X""说好了的 X";而"说好 X 的"类则属于框式构式,包括"说好
X 的""说好了 X 的"。以上几种构式在对话语进行复述或引述
时,可以表达说话人的主观意外情态。这些构式还有两种常见的
扩展形式:一是反问形式,二是疑问形式。

"说好 X 的"相关构式及其变体

	反问形式	疑问形式
说了 X	不是说了 X 吗	—
说好 X	不是说好 X 吗	—
说好了 X	不是说好了 X 吗	—
说好的 X	不是说好的 X 吗	说好的 X 呢
说好了的 X	不是说好了的 X 吗	说好了的 X 呢
说好 X 的	不是说好 X 的吗	说好 X 的呢
说好了 X 的	不是说好了 X 的吗	说好了 X 的呢

从以上扩展形式来看,这些构式都存在反问形式。而只有当
构式包含语气词"的"时,该构式才具有疑问形式。反问形式和疑
问形式实际上都是表达传疑功能,增强说话人对话语信息的怀疑
度和传递意外情态。与肯定形式相比,反问和疑问形式都是对已
然事件或行为进行怀疑。因为只有发生的已然事实与先前的承
诺不同,说话人通过反问和疑问形式所传递的怀疑语气才具有效
力。相对来说,"不是……吗"的怀疑度更高,惊讶和责备的语气
更强;而"呢"传递的怀疑度相对较低,主要表达反预期。

"说好的 X 呢"由于网络新媒体的传播而变得非常流行,使用
频率颇高。当 X 为否定式时,一般是消极事件或负向预期行为;

当 X 为肯定式时,一般是积极事件或正向预期行为。同样是表达反预期,对前者的反预期是表示不该发生的发生了,对后者的反预期是表示该发生的没有发生。与其否定表达相关联的是反事实。它本来预设的是行为事件不应该发生,但事实是它发生了,与现实相违背。与其肯定形式相关联的是反预期。本来预设的是行为事件应该在商定的时间或地点发生,但事实是没有发生,出乎说话人的预料,与说话人的主观预期相违背。

4.3　本章小结

第 4 章探究表达违实性与反预期的道义评价构式。第 4 章第 1 节是对汉语口语的两个常见构式"大 NP 的"和"人称代词＋一个 NP"进行比较。它们都是用于现场交际的非自足构式,常出现于反预期语境中,用以充当背景信息。通过比较这两个构式的内部组构及其在交际互动中的表现,二者在组构关系等方面具有各自的特点。通过凸显名词的不同属性和特征,可以关联构式的不同评价。在关联类型上,"大 NP$_{时间}$的"主要反映情理关联和事理关联。"大 NP$_{身份}$的"和"人称代词＋一个 NP"构式主要反映情理关联。

第 4 章第 2 节是探究"说好 X 的",它是个表达传信的框式构式,由间接引语标记"说好"、引述内容 X 和确信标记"的"组构而成。在语义上可以表达认识情态和道义情态。当表达道义情态时,具有较为明显的违实性和反预期表达倾向。该构式的传信表达还与其所处的话语敏感位置密切相关,当用于接续话轮时,意在凸显说话人的反预期。

5 建议规劝类道义情态构式

建议规劝类道义情态构式是指表达说话人的期待、建议或规劝的道义情态构式。由于这类构式在部分语言中采用级形式（包括原级、比较级和最高级）来表达，因而这种构式也被 van der Auwera 和 De Wit（2010：127）称为"比较情态"（comparative modals），比如英语的 had better 和 would rather 等。在汉语普通话中，"为好""的好"等也可以表示建议或规劝。

作为表达建议规劝的道义情态构式，它们具有共同的语义演变路径和机制。一般而言，从比较、选择到建议、规劝是这类情态构式语义演化的共同路径。比较关系可以分为平比、差比和极比。平比表明各选项是平等关系，任何选项都不具有优先性；差比是指两个选项加以比较，某一选项具有选择优先性；极比则是指三个选项以上的对比，它具有最强的对比性，某一选项具有最高优先性和排他性。表示平比关系的情态构式有英语的 might as well，表示差比关系的有"还是……的好/为好"，表示极比关系的有"最好"。

"X 好"构式是现代汉语中比较能产的道义情态构式。这类构式多数表达间接道义情态,用以传达说话人的意愿或建议。这类构式来源较为多样,内部结构关系复杂,演化机制也各有不同。本章的两个个案"最好""顶好"就属于"X 好"构式的两个实例。与一般"X 好"构式有所不同,它们经过句法提升,由底层谓语演变为了高层状语。因而,它们在句法上的表现相对特殊。其来源也比较有争议,体现出语言演变中的复杂性。

本章的两个个案"最好"和"顶好"是近义构式,但是二者在情态意义的表达、语体分布和历时演化上具有各自的特点。

5.1 建议规劝类道义情态构式"最好"

在汉语中存在两类"X 好"结构可以表示建议或规劝:一类是"X 好$_1$"结构,比如上海方言中的"蛮好"("明朝侬蛮好同伊一道白相")、杭州方言中的"好"("你好把个论文写光")等。还有一类是"X 好$_2$"构式,这里的"好"最初是个形容词,在表达情态时,"X 好$_2$"的内部结构不可分,已经固化成整体性的构式,比如普通话的"最好""好"和"为好"等。

表示道义情态的"X 好$_2$"构式,其句法位置多数位于句尾,比如"好""为好"等;少数处于句中或句首,比如"最好""顶好"。"最好""顶好"与处于句尾的其他"X 好$_2$"构式的不同之处在于,"最好""顶好"起初也位于句尾,但后来由于核心谓语的焦点化,导致提升至高层状语位置,而其他类的"X 好$_2$"构式则基本处于句尾。处于句中或句首的"最好"发展为情态构式,而处于句尾的"X 好$_2$"构式多数向语气词演化。因此,"最好"与上海话的"蛮好"、杭州话的"好"有所不同,"最好"由底层谓语提升至高层状语位置,其中的"好"是个形容词性的成分。而上海话的"蛮好"、杭州话的"好"都是情态动词,其中的"好"是个情态动词性成分。因为其本身就处于句中位置,并且有些还可以受程度副词修饰,因而不是情态副词。

《现代汉语词典(第7版)》(p.519)对"好"的释义有一项是:"形容词,合宜;妥当:初次见面,不知道跟他说什么～。"关于"最好"的释义,《现代汉语虚词例释》(p.571)的解释是"固定格式,在句中作状语,表示某种假想的情况在说话人看来是最理想的"。《现代汉语八百词(增订本)》(p.703)解释为"习用语,表示最理想的选择,最大的希望"。《现代汉语虚词词典》(朱景松)的释义是"副词;最适宜,最应该(这样做)"。《现代汉语规范词典(第3版)》的释义是"副词,表示最理想或最适宜"。张斌《现代汉语虚词词典》(2001:772)的解释是:副词,表示"最为合适,多用于提出建议"。《现代汉语词典(第7版)》(p.1753)对"最好"的释义是"副词,最为适当"。综合上述几部辞书的观点,我们认为"最好"的释义应该是"副词,最适宜(做某事)"。

乐耀(2010)把"最好"看作表达建议的主观性标记词,用于明示说话人的主观建议、认识或意愿。戚国辉、杨成虎(2010)认为,"最好"由命题功能转向言谈功能,由表达客观命题转为表达主观情态意义,由形容词短语词汇化为语气副词。"最好"的语法化历程伴随着主观化。罗主宾(2012)、罗主宾和唐贤清(2015)进一步认为,"最好"既表现了言说者自我的主观性,也表现了言说者关注听话人感受的交互主观性。

总体来看,前人时贤多数认为"最好"是表示建议规劝的情态副词,并对"最好"的句法分布、语义表达、语用功能、词汇化和语法化历程作了较为详细的分析。但是,从情态构式角度来观照"最好"的性质和特征的研究还比较少。"最好"的情态语义是什么,它在句法上经过了怎样的操作,其历时演化历程和机制等都有待深入探究。

5.1.1 情态类型及其语义等级

5.1.1.1 道义情态

"最好"常常表达道义情态。例如:

(1)钱呢,你<u>最好</u>快点拿出来。我们还有别的用处。(六六《蜗居》)

(2)你<u>最好</u>别把我们当白痴,在上光打蜡这个专业方面我们的段位都不比你低。(王朔《千万别把我当人》)

例(1)(2)的"最好"可以与表示道义情态的"应该"替换而基本意义不变,因此其表达道义情态。与表示道义情态的"应该"相比,"最好"对所评价的事件在时间上有一定的限制,它不能对已然发生的事件作评价,而"应该"则没有这种限制。例如:

(3a)你<u>应该</u>现在去上学。

(3b)你<u>应该</u>明天去上学。

(3c)你<u>应该</u>昨天去上学(的)。

(4a)你<u>最好</u>现在去上学。

(4b)你<u>最好</u>明天去上学。

(4c)*你<u>最好</u>昨天去上学(的)。

"应该"可以与现在、将来和过去时间相搭配,如例(3a)(3b)

（3c）。而"最好"可以与现在时间、将来时间相搭配，如例（4a）和（4b）；不能与过去时间相配，如例（4c）。过去和现在都具有现实性，而将来则具有非现实性。即"最好"具有非现实性，表示某种期待或建议。

表示道义情态的"最好"充当整个命题的高层状语。例如：

（5）有时候不洁的牛奶，也会染有白喉杆菌而传布给人。所以在白喉流行的时候，<u>最好</u>我们能少到公共场所去，更不应和病人接触，所有病人的用具当然也必须消毒过后才好给其他人用。（白喉《厦门日报》1950-11-20）

（6）在剧场里听相声，你可以任意地笑，你高兴你就多听会儿，听着不高兴你可以走……我们<u>最好</u>是让观众舍不得去上厕所那点工夫，更不能让观众走。（五一节，咱们听相声去《人民日报（海外版）》2009-05-01）

"最好"在例（5）中位于小句主语前，在例（6）中位于主谓之间。都用来评价整个命题。

一般而言，"最好"分为两类：一是形容词短语"最好"；二是表示主观建议的情态构式"最好"。形容词短语"最好"的"好"有两种含义：一是表示"优点多的、使人满意的"，二是表示"容易"。形容词短语的"最好$_1$"可以作定语、宾语、补语和谓语。形容词短语"最好$_2$"一般作状语。

形容词短语"最好"作底层谓语；而表示主观建议的情态构式"最好"则是充当高层状语，用以评价整个命题。作为一般谓语的"最好"可以受到其他成分的修饰，组成状中结构；而作为高层状语的"最好"是个情态构式，其辖域是整个命题，且可与其他成分

共现连用。例如:

（7）扇贝等海鲜,可不放酱汁,直接加些蒜蓉烤味道<u>就</u><u>最好</u>,还可减少致癌物的产生。（夏季健康吃烧烤要小心这些细节 家庭医生在线 2016-06-12）

（8）如果发现面粉结块<u>就</u><u>最好</u>别吃了,这说明它已经受潮,可能已经被微生物感染而发霉了。（选面粉防结块受潮《烟台晚报》2016-01-22）

（9）能互惠互利<u>自然</u><u>最好</u>,实在不行也要互相宽容,最不济还可以对簿公堂……（利益多元如何"合理维权"《人民日报》2016-08-08）

（10）研究佛教,<u>自然</u><u>最好</u>要懂得梵文、巴利文等。（追寻历史原创精神《人民日报》2001-08-11）

例（7）和例（9）的"最好"作一般谓语,表达现实性。而例（8）和例（10）的"最好"作高层状语,表达非现实。

但有时二者在谓语位置上有重合。例如:

（11a）蒋殿人还要冯寡妇先去找孙俊英,能要求妇救会长领着<u>最好</u>,她不答应,也讨个妇救会长叫去找谁的口实。（冯德英《迎春花》）

（11b）蒋殿人还要冯寡妇先去找孙俊英,<u>最好</u>能要求妇救会长领着,她不答应,也讨个妇救会长叫去找谁的口实。

（12a）于是,他继续说下去:"青年人参军,<u>最好</u>能做到家属同意……"（冯德英《迎春花》）

（12b）于是,他继续说下去:"青年人参军,能做到家属同意<u>最好</u>……"

　　表达道义情态的"最好"主要充当高层状语,用以修饰整个命题。"最好"由句中向外层移动,是临时移位,属于动态的句子层面。而一般谓语"最好"则作前分句的谓语,是整个句子的焦点,与前分句构成静态句法组合。

　　作状语时,表示"最容易"的"最好"与表示建议的"最好"也具有重合性。由于表示"最容易"的"最好"是个形容词短语,与单用的形容词"好"功能一致。而表示建议的"最好"的"好"不能单独表达建议,因而二者在作状语时可以相互区分。例如:

　　(13a) 这个问题很简单,大家觉得<u>最好</u>回答。

　　(13b) 这个问题很简单,大家觉得<u>好</u>回答。

　　(14a) 老师提出的问题,同学们<u>最好</u>回答,否则会扣平时分。

　　(14b) *老师提出的问题,同学们<u>好</u>回答,否则会扣平时分。

　　例(13a)的"最好"作状语,表示"最容易";例(14a)的"最好"表示建议。例(13a)的"最好"能删除"最"而意义基本不变,如例(13b)所示;例(14a)的"最好"则不能删除"最",其意义会发生变化,如例(14b)所示。

　　"最好"在作状语和谓语时虽然可以互相转换,但是二者的性质并不相同。乐耀(2010)认为,在定语、谓语和宾语的"最好"与其前后的名词相关联,而作补语的"最好"与动词相关,二者在语义指向上不同。当"最好"作状语时,在语义上指向 VP。因而二者的句法分布和语义指向都不同。当"最好"与"是"组合时,"最好"是情态构式。邢素丹(2015)通过能否添加"是……的"框架来判定一般谓语与高层状语的区别。处于定语和内层谓语位置的"最好"是形容词,而处于高层状语位置的"最好"则是情态构

式。我们通过例证发现,"是……的"框架并不能对二者进行完全
有效的区分。处于句尾位置的"最好"到底是一般谓语还是高层
状语后置并不确定。例如:

(15a) 他送给我的这件礼物(是)<u>最好</u>(的)。

(15b) *<u>最好</u>送我这件礼物。

(16a) 十三大搞了个半退,但我一直认为全退(是)<u>最好</u>(的)。

(16b) 十三大搞了个半退,但我一直认为<u>最好</u>全退。(引自
乐耀 2010)

(16c) *十三大搞了个半退,但我一直认为<u>最好的是</u>全退。

(17a) 这件事情能够圆满解决<u>(是)最好</u>(的)。

(17b) 这件事情<u>最好</u>能够圆满解决。

(17c) *这件事情<u>最好的是</u>能够圆满解决。

例(15a)是"最好"作谓语的典型用法,可以添加"是……的"
框架。例(16a)和(17a)的"最好"是作前一分句的谓语,谓语具有
表述性,是句子的焦点所在。例(16b)和(17b)的"最好"是作整
个命题的修饰成分,整个命题是句子焦点。因此"是……的"框架
对例(16a)与例(17a)的差异不能进行有效的区分。二者的差异
可从例(16c)和例(17c)看到。

我们可以通过删略句尾谓语来对二者进行区分。可以被删
略谓语的是情态构式,不能被删略谓语的是形容词短语。例如:

(18a) 十三大搞了个半退,但我一直认为<u>最好</u>全退。(引自
乐耀 2010)

(18b) 十三大搞了个半退,但我一直认为全退<u>最好</u>。

(18c) *十三大搞了个半退,但我一直认为全退(<u>最好</u>)。

（19a）与埃及人交朋友<u>最好</u>能入乡随俗。

（19b）与埃及人交朋友能入乡随俗<u>最好</u>。

（19c）与埃及人交朋友能入乡随俗（<u>最好</u>）。

例（18c）的"最好"充当谓语，删除"最好"以后，句子失去了表达焦点，语义缺失了表述性。而（19c）的"最好"只是情态成分，其对命题基本内容的表达没有影响。因此，我们可以通过删略谓语来确定处于句尾的"最好"的性质。例（18a）（18b）（18c）的"最好"很大程度上还保留着形容词短语的性质，而例（19a）（19b）（19c）的"最好"是比较典型的道义情态构式。

处于句中的"最好"也可充当句首独立语或插入语。例如：

（20）说到了牵牛花，我以为以蓝色或白色者为佳，紫黑色次之，淡红色最下。<u>最好</u>，还要在牵牛花底，教长着几根疏疏落落的尖细且长的秋草，使作陪衬。（郁达夫《故都的秋》）

（21）城市，你不要老穿着藏青的服装，<u>最好</u>，换条带褶的裙子，上面有珠兰、绣球、月季的花纹，并且，再裹一条蔷薇色的披巾，你就显得更美丽、大方。（打扮起来，城市！《厦门日报》1980-02-15）

这种句首成分也由提升移位而来。例如：

（22a）此刻就杀我<u>最好</u>，否则请你告诉你的儿子，他长大了，我等他。（俞平伯《古槐梦遇》）

（22b）<u>最好</u>此刻就杀我，否则请你告诉你的儿子，他长大了，我等他。

5.1.1.2　语义等级

作为道义情态构式，"最好"体现了说话人主观认定或特定条件下的优先选择，这种优先选择义一般是非排他性的。而"最佳

选择"义的"最好"具有排他性,二者并不相同。例如:

(23) 经理,你快去吧,你最好把两个志愿军带到我们店里来,让我们大家看看我们祖国最可爱的人。(周而复《上海的早晨》)

(24) 著名编剧过士行说,"老舍先生走了,老舍先生那个时代的北京话也走了。我们今天创办的这个老舍国际戏剧节,是纪念老舍先生、传承戏剧文学精神最好的表达方式。"(寻找戏剧的文学基因《人民日报》2017-08-18)

例(23)的"最好"表示较高的优先选择性,并不具有排他性,即不是唯一或最优的选择。而例(24)的"最好"则具有排他性,表示唯一选择和最优性。

"最好"标记的焦点子集(focus subset)可以是说话人根据某项客观标准得到,也可以由说话人主观认定。作为焦点化的子集,其内部的成员并不限于单一的个体成员还是多个个体成员。也就是说,"最好"既可以是个体涵量,也可以是多个体涵量(邢福义2001)。这种"最好"具有相对性,具有明示或隐含比较项和比较范围的意义。例如:

(25) 他在我们班成绩最好。(客观标准)〔单个体涵量〕

(26) 小红的脾气最好。(主观认定)〔单个体涵量〕

(27) 在里约奥运会女排比赛中,中国女排成绩最好。(与其他国家的女排相比)〔多个体涵量〕

就表达"建议"而言,"最好"比"可以"的语义强度要高,比"应该"的语义要低。例如:

(28a) 大学生可以有些实践经验。

(28b) 大学生最好有些实践经验。

（28c）大学生**应该**有些实践经验。

"可以"和"最好"都表示［允许］义道义情态；而"应该"则表达［必要］义道义。其语义等级序列是：应该＞最好＞可以。

是不是专职表示建议性情态，可以从其否定形式来加以验证。它们都有内部否定形式。例如：

（29a）周末的时候同学们**可以**不看书。

（29b）上课的时候同学们**最好**不玩手机。

（29c）考试的时候同学们**应该**不东张西望。

但是，并不都有外部否定形式。例如：

（30a）考试的时候**不可以**打小抄。

（30b）＊上课的时候同学们**不最好**玩手机。

（30c）上课的时候同学们**不应该**讲话。

"可以"和"应该"都有其外部和内部否定形式，而"最好"却只有内部否定形式，没有外部否定形式。这是由于表示建议或提示多是提出正面或积极的肯定性行为。内部否定形式与肯定形式在表义上具有一致性，都是表示广义建议。不同的是，内部否定形式表示负向规劝，肯定形式表示正面建议。而外部否定形式则是表达负面、消极的行为。这表明"最好"是个专职表示意愿、建议的情态词，而"可以"和"应该"则是兼职表达。

此外，由于情态成分的语义强度不同，说话人对情态形式的选择也要考虑对话双方的互动性和接受性。一般而言，说话人如果是社会地位较低的一方，而听话人处于地位较高的一方，说话人越会选择一些情态语义等级相对较低的情态词来表达自身的主观态度或对听话人的祈命。

即使同样是表达间接建议,由于情态语义等级不同,言语的祈使度也不一样。"最好"的情态义相对"可以""还是"来说,语义等级最高,对听话人的祈命度最高。当说话人社会地位高或故意拉开与听话人的心理差距,以凸显说话人的祈使力时,"最好"就具有了交互主观性。

虽然"最好"的祈使强度高,但仍然属于间接情态,与直接表示祈命的"应该"相比,其语义强度低一些。直接祈命与间接建议,广义上都属于道义情态。不同的是,直接祈命的"应该"可以有外部否定表达,而表示建议的"最好"没有否定形式,因为表示建议一般是正面、积极的肯定行为,而极少是对行为的否定。对某一行为的否定并不能对听话人提出明确的建议,这也违反了语言交际会话合作原则中的量准则。而"最好"表达了说话人对所提建议具有较高的信念并寻求听话人也共享这种信念。

"最好"与"还是""可以"都表示提供建议。"可以"提供处于同等地位的选项,语义上并不具有优先性,语义强度最低;"还是"由于隐含了对比项而得到凸显,表示提供优先选项,语义强度中等;而"最好"则表示提供最优选择,其语义强度最高。例如:

(31a) 你<u>可以</u>把作业写完了再看电视。(平等选择)[语义强度低]

(31b) 你<u>还是</u>把作业写完了再看电视。(优先选择)[语义强度中]

(31c) 你<u>最好</u>把作业写完了再看电视。(最佳选择)[语义强度高]

这三者都表示建议,其中"最好"的语义最强。而它之所以能表达委婉建议义,是因为不是直接表达建议,而是给出最优选择,它与"我认为/建议"等直接表达说话人建议的形式有所不同。"选择上的最优"通过会话的回溯推理(induced inference)机制,表示在情理上被看作最应该去实施的行为,因而具有道义情态义。这种回溯推理机制的运用导致"最好"的句法位置提升,使之移位到高层状语上。

"最好"反映说话人的建议或期望,即将发生或正在发生的行为,而不是发生在过去并已然结束、对现在也没有任何影响的行为。例如:

(32)我知道,同一个蔑视世俗看法、喜欢自己有独立见解的女孩子谈话,<u>最好</u>把自己说成一个坏蛋,这会使她觉得有趣甚至更抱好感。(王朔《一半是火焰,一半是海水》)

(33)说老实话,我认为,今天能享受就一定不要拖到明天。<u>最好</u>能花银行的钱,用未来的钞票过现在的好日子。(六六《双面胶》)

由于"最好"情态语义等级较高,当所修饰的命题对将来可能的行为进行评价时,表示对未来会产生后果,并且这种后果往往是说话人不如意或不期望的,常常暗含了潜在的警告或威胁。常常与转折连接词"否则""不然""要不然"等连用,以加强警告或威胁的语气。例如:

(34)傍晚时分,吃完饭,许多老人约上三五邻友,或叫上老伴儿,边散步边聊会儿天,怡然自得。然而,从养生角度来说,散步时<u>最好</u>别说话,<u>否则</u>对老人的身体不好。(散步时为何最好别说话《生命时报》2013-04-26)

(35)中国崛起已经不再是一个假设,而是现实。日本<u>最好</u>

开始习惯它,不然会感到迷惑和失望。(日本最好习惯中国崛起
否则会迷惑失望 环球网 2012-07-31)

(36) 对于"美国在台协会"新址"或将派驻海军陆战队"的消
息,王洪光说:"我劝他们最好不要驻,要不然蔡英文会非常被动,
具体措施我现在不好说。"(王洪光中将:美在台部署萨德日 就是
我们解放台湾时 环球网 2017-03-03)

"最好"表示建议,"否则""不然""要不然"的后接分句表示与
"最好"提出的建议不同甚至相反,并且这些情状往往是说话人或
听话人所不期望的。这与英语中的"had better…, or"的功能一
样,都隐含了"如果不按照说话人的意见来实施该行为,就会产生
某种不好的后果"的意义。也就是说,"最好"提供了建议规劝,隐
含了说话人的期待或愿望。一旦没有达到说话人的预期或违背
了这种期待,说话人或外在的客观环境可能会给听话人造成不好
的后果,从而达到警示或威胁听话人的表达效果。

5.1.2　语用功能

"最好"主要表达期待或建议。期待是说话人表现出来的主
观愿望,不一定要求说话人去实施某一行为,体现了说话人的主
观性。而建议则是说话人用以传达给听话人,要求听话人去实施
的行为,要求听说双方共享。说话人提出建议,听话人接受并实
施建议,因而更多地体现为听说双方的交互主观性。

"最好"的话语功能可以分为两类:一是表示说话人自身的希
望或期待,它属于知域;二是表示说话人对听话人实施某一行为
的建议,属于言域。具体包括以下两层含义:

（1）表示最优选择，但这种方式相对于直接祈命而言是间接、委婉的。

（2）期待或建议是希望得到听话人的正面、积极的回应，而不是负面、否定的回应。

对于听话人而言，"最好"一是给予了听话人在接受建议时的相对自由选择，听话人可以接受，也可以不接受。二是表达方式间接、委婉，而不是直接祈使或命令，更不是对现实情状的描述。

5.1.2.1　主观性与交互主观性

a. 主观性

"主观性是指语言的这样特性，说话人在说出一段话的同时表明自己对这段话的立场、态度和感情。"（沈家煊 2004）是说话人在话语中留下的"自我"印记。也就是说，"最好"反映说话人的主观认识、希望或期待。例如：

（37）幸福，最好是细水长流，要是如山洪暴发，河堤决险似的冲来，这种足以把人溺毙……（李国文《危楼记事》）

（38）可是，只走了几步，他又打了转身。算了吧，自己的委屈最好是存在自己心中，何必去教家里的人也跟着难过呢。（老舍《四世同堂》）

"最好"在例（37）中反映说话人对"幸福"的期待或愿望，希望"幸福的到来"能够"细水长流"，而不是"如山洪暴发，河堤决险似的冲来"。在例（38）中，"最好"表达说话人希望自己的委屈只保存在自己的心里，而不告诉家人，以免让他们也跟着担心。

b. 交互主观性

与主观性有所不同，交互主观性蕴涵着说话人对听话人的认

同以及"面子"或"自我形象"的关注。即说话人在说出一段话语
时，既表达了自我的认识，也有意识地关注到了听话人的感受，其
目的在于说服听话人尽可能地接受说话人所提出的建议。因此，
交互主观性体现了对话双方的相互关注和相互理解。这种交互
性主要体现在听说双方的对话中。作为表达间接建议的标记，
"最好"不是对说话人直接祈命，而是以间接方式来传达说话人的
态度，体现了说话人对听话人的关注和理解。例如：

（39）会长若是能陪我到趟公安局才好，因为我到底还不知
其详，最好能见见局长，再见见廉伯，然后再详为计划。（老舍《新
时代的旧悲剧》）

（40）我没别的意思，你不要跟斗架公鸡一样碰不得，我不能
跟你说话每句都再三思量。你最好去问问海藻。别到最后受了
人的恩惠都不知道是谁。（六六《蜗居》）

在例（39）中，听话人是"会长"，说话人是"我"，谈论的是"陪
我一起去公安局见局长"。"我"的地位要低于"会长"和"局长"。
例（40）中，说话人是"苏淳"，听话人是"海萍"，对话双方是夫妻
关系。在以上两例中，说话人添加表示建议的标记成分"最好"，
是为了尊重听话人的社会身份或考虑到听话人的感受。这既照
顾到了听话人，也更容易拉近对话双方的心理距离，更有效地起
到说服听话人的语用效果。

5.1.2.2 句类与人称

"最好"的话语功能我们主要从句类分布和人称的角度来加
以阐述。

a. 句类分布

作为表达道义情态的构式，"最好"主要分布在陈述句、祈使

句和疑问句里,但一般不出现于感叹句中。

第一,陈述句

"最好"是对命题或事件进行主观评价,凸显说话人的主观态度,以表达说话人的希望或对听话人的建议。它既可以出现在肯定句中,也可以出现于否定句中。"最好"在肯定句中表达正面、积极的建议,而在否定句中表示规劝。例如:

(41)他一边听着外边的湖风,一边暗自思忖:要想得到那边的消息,<u>最好</u>到上海去,徐义德一定知道很多消息。(周而复《上海的早晨》)

(42)谈话开始,未进入正题前,可少许喝一两口,但交谈关键时刻,精力要集中,<u>最好</u>不喝,一是不分散自己的注意力,同时也是对对方的尊重。(饮茶之礼《人民日报(海外版)》2010-07-03)

(43)相似的药物不要放在一起。片形、颜色、气味接近的药,<u>最好</u>别放到一个小药盒,以免用错。(药品也需要安全度夏 人民网 2014-06-10)

例(41)中"到上海去"是说话人所表达的正面建议,而例(42)的"不喝"、例(43)的"别放到一个盘子里"表达说话人的反面规劝,是说话人规劝听话人不要去实施行为。

第二,祈使句

与陈述句相比,祈使句的"最好"语气更加强烈,对听话人的要求也更高。作为道义情态副词,"最好"表达间接建议,而不是直接的祈使,其祈使语义强度较低,具有缓和语气的效果。相比而言,"最好"在祈使句比在陈述句中语气更加强烈,带有警告或命令的意味。例如:

（44）有翼想："不去行吗？<u>最好</u>再等我拿一拿主意！"（赵树理《三里湾》）

（45）人家要是不觉得你这里有问题，那才是活见鬼了……好了，<u>最好</u>在一两天内能给我一个结果！（张平《十面埋伏》）

（46）我有没有劝你，假如你需要的是一个安定的生活，忠实的丈夫，你<u>最好</u>别跟我！（琼瑶《月朦胧鸟朦胧》）

第三，疑问句

由于表示间接建议，因而"最好"表示减弱疑问语气，缓解说话人与听话人之间的关系，遵守了会话合作的礼貌原则。其所在的疑问句可以是是非问、特指问和正反问，但一般不能是选择问。例如：

（47）你是要我对他们友善一点，不要跟他们作对，假如他们有事找我，我<u>最好</u>也不要拒绝？（古龙《陆小凤传奇》）

（48）我<u>最好</u>怎样爬到山上？（《读者（合订本）》）

（49）要是记得的话，他那回心转意的说法将会受到怎样的影响呢？他<u>是不是最好</u>跟杰夫森再谈一谈呢？（《美国悲剧》中译本）

"最好"在三种句类出现的频率依次是：陈述句＞祈使句＞疑问句。

b. 人称表达

"最好"指向说话人，体现了说话人对听话人的希望或建议。说话人处于高层位置。除了名词外，"最好"的主语还可以是人称代词。当主语是人称代词时，可以是第二人称，也可以是第一人称和第三人称；既可以是单数，也可以是复数。

当主语是第二人称时，主语指向听话人。由于说话人和听话

人分属会话双方,因而句子主语与说话人相分离。例如:

(50)<u>你最好</u>把电话开着,毕竟,你是有工作在身的人,万一有急事找你找不到,就出纰漏了。(六六《蜗居》)

(51)随你的便吧! 除非蒙住我的嘴巴,否则,我一开口就真相大白。<u>你们最好</u>蒙住我的嘴巴,再让我和工人见面吧! (罗广斌《红岩》)

当"最好"的主语是第一人称单数时,说话人与主语重合。例如:

(52)青青抬起头,看着他,眼睛里充满了感激和柔情:"我当然要去见你的母亲,可是我不想再见别的人了,以后不管你要去跟什么人相见,<u>我最好</u>都不要露面。"(古龙《圆月弯刀》)

当主语是第一人称复数时,既包括说话人,也包括听话人。例如:

(53)我想,我只是尽了应尽的一点心意。海外炎黄子孙绝大多数都是爱国的。<u>我们最好</u>不做"空头"的爱国者,应该多做一些实事,一点一点地做。(《1994 年报刊精选》)

当主语是第三人称时,主语既不是说话人,也不是听话人,而是处于对话或语篇的某个谈论对象。例如:

(54)刘家善的声音完全不带任何感情色彩:"<u>他最好</u>接受。否则他就得死。"彭中华打了个寒噤,紧紧抓住提包,手不禁微微颤抖起来。(李鸿禾《冬至》)

(55)他同时表示,如果小球员及其家长确实认为自己的合法权益受到了侵害,即使是由公安机关立案侦查,<u>他们最好</u>也通过正式渠道聘请律师⋯⋯("乌拉圭中国球员事件"小球员着手

准备刑事诉讼 新华网 2004-01-14)

5.1.3 语法化的路径与机制

"任何语言形式,只要其形式或功能的某一方面不能严格地由其组成成分或已有相关构式得到预测,这一形式就是构式;即使某一语言形式可以被完全预测,只要它们高频使用,也是以构式的形式得以储存的"(Goldberg 2006:5)。简而言之,构式就是一组形式与意义(功能)的匹配体。"最好"作为表达建议的构式"X 好$_2$"的具体实例,其演变既遵循整个构式"X 好$_2$"演变的一般共性,也具有"最好"自身的演变个性。

"X 好$_2$"构式演变方向有两个:一是向情态构式演变,比如"最好";二是向语气词演变,比如"好""为好"。这种演变既涉及构式化,又关涉词汇化和语法化,可以看作是词汇构式和语法构式的统一体。

对"X 好$_2$"的构式演变,江蓝生(2005)和李宗江(2010)等都作了比较深入的探讨。江蓝生(2005)提出了三个观察结构语法化的标准:a.句法功能的降位;b.句法结构的紧密化;c.语义的主观化——祈使句的出现。这三个视角也可用于考察"最好"的演变轨迹。

5.1.3.1 语法化的路径

语法化路径是指语法项的发展演变轨迹。就"最好"而言,它先后经历了从形容词短语到情态构式的演变。"最"与"好"最早作为"副+形"结构组合在一起,其性质为形容词短语。"最"是副词,"好"是形容词,表示"优点多的、使人满意的",是在某一范围或集合内的极性比较。"最好"连用的最早用例出现于东汉时期。例如：

（56）何休云："宣公无恩信于民，民不肯尽力于公田，故公家履践案行，择其善亩谷<u>最好</u>者，税取之，故曰履亩。"（东汉　何休《春秋公羊传解诂》）

例（56）的"最好"做定语，"最好"与定语标记"者"一起转指名词"谷"（指好田里的谷）。

形容词短语"最好"还可作谓语。例如：

（57）饼炙用生鱼，白鱼<u>最好</u>，鲇、鳢不中用。（六朝　贾思勰《齐民要术》）

（58）凡种小麦地，以五月内耕一遍，看干湿转之，耕三遍为度。亦秋社后即种。至春，能锄得两遍<u>最好</u>。（六朝　贾思勰《齐民要术》）

到了唐代，"最好"可直接作定语修饰名词。例如：

（59）曾成赵北归朝计，因拜王门<u>最好</u>官。（唐　张籍《送汀州源使君》）

（60）谁家<u>最好</u>山，我愿为其邻。（唐　贾岛《望山》）

例（59）（60）中的"最好"分别修饰名词"官""山"。

唐代还出现由于前置导致"最好"的主语出现零形回指。例如：

（61）世间何事好，<u>最好</u>莫过诗。一句我自得，四方人已知。（唐　杜荀鹤《苦吟》）

（62）龙门翠黛眉相对，伊水黄金线一条。自入秋来风景好，就中<u>最好</u>是今朝。（唐　白居易《五凤楼晚望》）

在例(61)中,"最好"的主语是"事"。在例(62)中,"最好"的主语是"风景"。

"最好"最早表示说话人对人或事物的评价,这种评价的依据是外在的客观标准。后来,这种客观评价的对象逐渐从人或事物扩展到了行为或事件,反映了说话人的客观认识,其对象从"NP"扩展为"VP"。

自唐代以来,"最好 VP"结构逐渐出现,"最好"表示"最容易"。例如:

(63)浔阳物景真难及,练泻澄江<u>最好</u>看。曾上虚楼吟倚槛,五峰擎雪照人寒。(唐 李中《和浔阳宰感旧绝句》)

(64)爱作烂熳游,闲寻东路永。何山<u>最好</u>望,须上萧然岭。(唐 皎然《送吴居士游越》)

例(63)(64)中,"好"表示"容易","最好"表示"最容易"。虽然都是形容词短语,但是与"优点多的、使人满意的"的"最好"意义不一样。

唐代还出现"最好"表示"最适合、最便于"的用法。例如:

(65)华夷图上见洋川,知在青山绿水边。官闲<u>最好</u>游僧舍,江近应须买钓船。(唐 和凝《洋川》)

例(65)的"最好"表示"最适合、最便于"。这里的"最好"可以删略"最"而保持基本意义不变。表示"最容易"时,"最好"是"副+形"短语。表示"最适合"时,"最好"是"最+情态动词"短语。表示"最容易""最便于"的"最好"都不具有比较义或建议义,因而不是现代汉语中表示建议的"最好"的直接来源。

在北宋时期,出现了"最好是,VP"结构。"最好"的主语由于

处于前句或隐含而零形回指。例如:

(66) 看千钟赐饮,中人传诏。<u>最好</u>是,芝兰并砌,鸣珮腰金,彩衣相照。(北宋 晁端礼《玉女摇仙佩》)

(67) 五两风轻,移舟向、斜阳岛外。<u>最好</u>是,潇湘烟景,自然心会。(北宋 晁端礼《满江红·五两风轻》)

(68) 爱残朱宿,粉云鬟乱。<u>最好</u>是,帐中见。(北宋 周邦彦《凤来朝·越调佳人》)

例(66)—(68)的"最好"都表示主观的评价义。其删略主语分别是场景、风景、处所。因此,"最好是,VP"句的完整形式应是"S 最好是,VP"。

在南宋时期,出现了形容词短语"最好"作补语的情况。例如:

(69) 陛下是飞龙在天,臣等利见大人,是利见陛下也。此说得<u>最好</u>。(南宋《朱子语类》卷九)

(70) 五峰云:天理人欲,同行异情,说得<u>最好</u>。及至理会了精底、一底,只是一个人。(南宋《朱子语类》卷七十八)

南宋时期,形容词短语"最好"可与定语标记"底"一起修饰名词。例如:

(71) 艮卦是个<u>最好</u>底卦。动静不失其时,其道光明。(南宋《朱子语类》卷七十三)

(72) 黄鲁直书浯溪碑是他<u>最好</u>底议论。而沙随却说他不是,盖云肃宗收复两京,再造王室,其功甚大,不可短他。(南宋《朱子语类》卷一百三十)

在宋代,表示"最适合"的"最好"作状语的用例逐渐增多。与

前代相比,宋代的"最好"具有主观评价功能,表达说话人的主观认识。例如:

(73)但乱云流水,萦带离宫。<u>最好</u>挥毫万字,一饮拼千钟。(北宋 秦观《望海潮·广陵怀古》)

(74)有百年台沼,终日夷犹。<u>最好</u>金龟换酒,相与醉沧州。(北宋 秦观《望海潮·四之二》)

(75)<u>最好</u>五十学易,三百遍诗。男儿事业,看一日,须有致君时。(南宋 辛弃疾《婆罗门引〈用韵答傅先之时傅宰龙泉归〉》)

(76)问用舍行藏。曰:此有数节,<u>最好</u>仔细看。未说到用舍行藏处,且先看个"毋意、毋必"底意。(南宋《朱子语类》卷三十四)

(77)尧之所以为君,舜之所以为臣,皋陶稷契伊傅辈所言所行,<u>最好</u>绸绎玩味,体贴向自家身上来,其味自别。(南宋《朱子语类》卷七十八)

元明时期,"最好"可以单用或作为应答语表示对前分句的认同。其语气功能也日益增强。例如:

(78)<u>最好</u>! 最好! 我只会根儿解酒和做醋,不知叶儿用处,因你要蒲叶,我也学了。(元《朴通事》)

(79)周全道:"既是选定日期,岂可错过? 令婿既已到宅,何不就此结亲? 趁这筵席,做了花烛。等风息,从容回去,岂非全美!"众人齐声道:"<u>最好</u>!"(明 冯梦龙《醒世恒言》第七卷)

明代的"最好"可以用于假设句,表示对假设条件下的最佳选择。例如:

(80)薛永便起身说道:"小弟多在江湖上行,此处无为军最熟,我去探听一遭如何?"宋江道:"<u>若</u>得贤弟去走一遭<u>最好</u>。"(施

耐庵《水浒传》第四十一回）

（81）金彦龙道：“吾亦虑他好酒误事，<u>若</u>得媳妇同去<u>最好</u>。今日是个吉日，便可收拾起程。”（明《包公案》第六十回）

（82）吕玉道：“小弟姓吕，是常州无锡县人，扬州也是顺路，相送尊兄到彼奉拜。”客人也不知详细，答应道：“<u>若</u>肯下顾<u>最好</u>。”（明 冯梦龙《警世通言》第五卷）

例（80）—（82）的“若”是假设标记。当“最好”处于假设条件句时，“贤弟去走一遭”“媳妇同去”“（吕玉）肯下顾”都是表示假设条件的最佳选择。这种对假定最佳选择的认同，多处于答句中，表示对问句的回应。

“最好”成熟时在句法上作状语，其语义表示“最合适、最适宜”。

明代后期，表示建议规劝的“最好”初步形成，但用例较少。例如：

（83）王婆出来道：“大官人，吃个梅汤？”西门庆道：“<u>最好</u>多加些酸味儿。”王婆做了个梅汤，双手递与西门庆吃了。（明 兰陵笑笑生《金瓶梅》第二回）

直到清代中期以后，表达建议规劝的“最好”大规模出现。早期的“最好”都是表示正面建议。例如：

（84）我听见大哥住在少卿表弟家，<u>最好</u>放心住着，等我把这件事料理清楚了来接大哥，那时大哥再回来。（清 吴敬梓《儒林外史》第四十五回）

（85）进山就不能坐车，<u>最好</u>带个小驴子：到那平坦的地方，就骑驴；稍微危险些，就下来走两步。（清 高鹗《老残游记》第七回）

到了清末民初时期，“最好”的用法也更加精细化、复杂化，其

分布得到了进一步扩展。可以用于否定句当中,表示说话人对听话人的负面规劝。例如:

(86)我的意思还是以南岸为重要,刘南云、王峰臣两军,最好不要马上调他们北渡,因在北岸守定安、合、无庐、舒五城,其他的都可以挽救。(清 曾国藩《曾国藩家书》)

(87)我看你呀,最好别让他们认出来,要认出来,你是管呢,还是不管?你跟铁善寺的人也是朋友啊。(民国 常杰淼《雍正剑侠图》第三十九回)

此外,"最好"还发展出了与目的标记共现的用法,表示如果按照说话人的建议去施行某行为,就可以避免产生某种不好的后果或意料之外的情状。例如:

(88)照奴才糊涂主见,最好把恂郡王也调了开去,省得碍手碍脚。(民国 陆士谔《清朝秘史》第二十七回)

(89)你们两人拿着吧。不过时间还早呐,到了时候你们再去,最好不要往外声张,以免打草惊蛇。(民国 常杰淼《雍正剑侠图》第四十六回)

"省得""以免"都是表示免除义的目的标记,表示可以避免产生某些负面后果或意料之外的情状。

"最好"与"不然""否则"等转折标记共现时,表示如果不按说话人的建议去施行行为,就会带来某种不好的后果。例如:

(90)张方一听不愿意了,就对马宗绥说:"您最好别管这事儿,我们也不把你算在里面。不然的话,定你个窝主罪,连你一块儿拿了!因为我们办的这是公案!"(民国 常杰淼《雍正剑侠图》

第六十回)

（91）依我之意,此去能够<u>立</u>即攻入城内,自然<u>最好</u>没有。<u>否则</u>可把四门团团围住,外绝他们的援兵,内断他们的粮草……（民国 徐哲身《大清三杰》第十七回)

"最好"还可以与其他情态副词连用。例如:

（92）洪炳南哭得死去活来。孙奎劝解半天:"兄弟,你<u>最好还是</u>到孩子舅父家中探询一下吧。"（民国 常杰淼《雍正剑侠图》第十四回)

（93）舅父对申纯说:"你回去后,如果你父亲没有什么大病,<u>最好还是</u>回来。娇娘的婚礼在即,家事纷纭庞杂,没有能主事的人。"（民国 曹绣君《古今情海》卷十四)

综上所述,"最好"最早出现于东汉时期。从东汉到明后期以前,"最好"都是形容词短语。到了唐代,"最好"出现"副词＋情态动词"的用法。自明代后期,表示建议规劝的情态构式"最好"开始出现。直到清中后期发展成熟,并在清末初时期得到进一步发展,其用法日益精细化和复杂化。我们把"最好"各个时代的性质与功能做了归纳,如下表所示:

"最好"的性质与功能

	结　　构	搭配/共现成分	句法功能	成分性质	时　代
最好	最好者	者（转指标记）	定语	形容词短语	东　汉
	NP/VP 最好	NP/VP	谓语	形容词短语	东晋南北朝

	结　构	搭配/共现成分	句法功能	成分性质	时　代
最好	最好 NP	NP	定语	形容词短语	唐　代
	（NP）最好	（NP）	谓语	形容词短语	
	最/好 V	V	状语	形容词短语	
	最好 VP	V（情态动词）	状语	副＋情态动词	
	最好是,VP	是,VP	状语	形容词短语	宋　代
	V 得最好	V 得	补语	形容词短语	
	V 底 N	底（定语标记）	定语	形容词短语	
	最好 VP	VP	状语	形容词短语	
	最好	空成分	小句	形容词短语	元　明
	假设标记(NP)＋VP 最好	假设标记＋(NP)＋VP	谓语	形容词短语	明
	最好 VP	VP	状语	副词	明后期到清中后期
	最好不/别 VP	不/别 VP	状语	副词	清末民初
	最好 VP,［免除义］目的标记	［免除义］目的标记	状语	副词	民国初期
	最好 VP,转折标记	转折标记	状语	副词	
	最好＋［建议义］情态副词	［建议义］情态副词	状语	副词	

5.1.3.2　语法化的机制

语法化的机制是指词项或结构式是通过什么样的模式而发展演变的，"是语法化现象由输入端到输出端的具体途径和桥梁"。（李宗江 2009）就表示建议的情态构式"最好"而言，其语法化机制是语用性的回溯推理。

"最好"最初是形容词短语，表示对事物的极性评价，在一定的范围内以极性比较为基础。例如：

（94）向者为老君牧数头龙，一班龙五色<u>最好</u>，是老君常所乘者。（东晋　葛洪《抱朴子》）

例（94）中，"最好"的评价对象是"班龙"，评价标准是"五色"，评价范围是"老君的数头龙"。其最初意义是表示在某一范围内所作出的极性比较。

到了宋代，"最好"发展出了基于极性比较而作出的选择，这种选择一般是说话人所期待的。例如：

（95）<u>最好</u>是，瑟和琴同调，眉里相看耐老。更绿草，孙枝可意，谱得家传较早。（南宋　陈著《宝鼎现·寿范著林》）

（96）山川平旷，得天地之中，有中原气象，为东南交会处，耆旧人物多，<u>最好</u>卜居。（南宋《朱子语类》卷二）

例（95）的"瑟和琴同调，眉里相看耐老"；例（96）的"卜居"都是说话人基于极性比较而作出的偏向性的选择。

到了清代，"最好"的建议义发展成熟，不再单纯地表示比较或选择，而是说话人在心里已经默认了某种行为选择，并传递给听话人，使得听说双方共享这种最佳选择。对于听话人而言，这种"最好"具有建议义。例如：

（97）景翼这等行为，就是同他破脸，也不为过。不过事情未曾访明，似乎太早些。我们<u>最好</u>是先在外面访着了，再和他讲理。（清　吴趼人《二十年目睹之怪现状》第三十三回）

（98）既然想要劝人为善，<u>最好</u>把这些书捐送与人家，如果要人家拿钱，恐怕来买的就少了。（清　李宝嘉《官场现形记》第三十三回）

"最好"的语义发展路径从"最佳评价义"经过"最佳选择义"到"建议义"。最早表示经过比较之后得出的最优评价。当说话人基于这种最优评价而作出选择时，这种选择也往往是相对"最优的或最适宜的"。评价的最优性往往能引发说话人选择的最适宜性。这种最适宜性反映了说话人的主观认识。并且，说话人把这种最佳适宜性传递给听话人，与听话人共享，进而施行建议行为。

这种共享的基础来源于"最好"的语义包含了对听话人而言"最有利、最适合"的因素，相对于听话人而言，在心理上是最经济，也是最容易接受的选择。说话人说出"S/VP是最好的"，是为了明示听话人这种选择是最优的，是为了让听话人去实施说话人的某种言语行为。"VP"是"最好"的，即是现有条件下的最佳选项。说话人既然在会话中为听话人提供了最佳选择，那么这个建议就值得去做，或者按照情理来说，说话人希望听话人去实施建议行为。"最好"表明在特定条件下某一行为的最佳适宜性（best felicity）和道义情态上的合理性。

"比较是对事物或事件进行评判，选择是根据比较结果而作出的取舍，建议是对别人未来要采取的行动提供说话人认为较好的选择,可见,比较、选择与建议在语义关系上是很密切的。"(董秀芳 2015)"最好"也是经历比较、选择的过程,但这种比较是经过在某一集合或范围内的穷尽性比较,具有排他性和优先性。说话人说出"最好 VP"的时候,其实际含义是:既然"VP"是最好的、最合时宜的,那么实施该动作行为在情理上就是合理的、应该的,进而推论出表示"应该去实施该行为"。从原来的评价义发展出了表示建议的言语行为,从认知域扩展到了言域。它是基于比较、选择而作出的主观判断,具有相对的客观性和委婉性,因而减少了对听话人的面子威胁,体现为建议而不是直接的命令要求。这种间接建议也增强了该建议在听话人心理上的可接受度。"最好"表示极性比较。相对于非极性比较而言,极性比较语义更强,祈使度更高。"最好"出现在小句句首,表达经过比较之后得出的判断,虽然比较的对象并没有明言。

"最好"的建议用法从表示选择的用法中发展出来。在表示选择时,事件已然未然皆可,表示建议时,事件只能是未然。表示选择时,"最好"带有强调语气,而表示建议时则是委婉语气。这种语气的变化由建议行为的语用特点造成。语用推理在"最好"的语义演变中起了重要作用。

"最好"的语义发展大致是:极性比较——最优选择——建议/规劝。它最早是对人或事物进行极性比较。随着主观化的加强,说话人的主观性日益增强,这种认识的评价依据逐渐由外在的客观标准向说话人自身的心理转变。也就是说,从基于比较而进行的客观评价,扩展为说话人在心理上的主观判断,由客观认识转变为主观认识。随着说话人主观意识的日益强化,说话人会作出基于自己主观认识的选择,并带有强烈的主观性。当说话人把自己心理上默认的某种选择提供给听话人时,就表现为说话人对听话人提出建议。

5.2 建议规劝类道义情态构式"顶好"

作为表达建议规劝的道义情态构式,"X好"根据句法分布,可以分为两类:一类只能位于句尾,比如"为好""好";还有一类位于句首或句中,比如:"最好""顶好"。

上节已经对"最好"的情态表达作了比较详细的阐述,本节主要探究"最好"的近义构式"顶好"的情态表达。与"最好"不同,各家词典都把"顶好"看作短语或结构。其情态构式用法,前人探讨得也非常少。它与近义情态构式"最好"之间在语体、方言地域分布等方面存在差异。

5.2.1 句法分布与搭配

5.2.1.1 句法分布

"顶好"是由"副词+形容词"组合而成的形容词短语。形容词短语"顶好"还可以分为两种:"顶好$_1$(优点多的、让人满意的)"和"顶好$_2$(容易)"。形容词短语"顶好$_1$"主要作谓语、定语、状语和补语。例如:

(99)曹先生是祥子的旧主人,虽然在一块没有多少日子,可是感情**顶好**;曹先生是非常和气的人,而且家中人口不多,只有一位太太和一个小男孩。(老舍《骆驼祥子》)

(100)虽然这里的桌椅都是红木的,墙上挂着精裱的名人字画,而且小书童隔不会儿就进来,添水或换茶叶,用的是景德镇细瓷盖碗,沏的是<u>顶好</u>的双熏茉莉花茶,他可是觉得身上和心里都很不舒服。(老舍《正红旗下》)

(101)头发收拾得<u>顶好</u>看,有的长,有的短,有的分缝,有的向后拢,都擦着香水香油。(老舍《猫城记》)

(102)所长,以后您有什么抄写不过来的,还是要编点清洁卫生什么的宣传快板儿,给我个电话,我保证来帮忙,而且要作得<u>顶好</u>!(老舍《全家福》)

形容词短语"顶好₂(容易)"主要作状语,一般只用于动词前。例如:

(103)为了帮助给养,在长征期间他曾经提倡过钓鱼。他认为乌江河里的鱼<u>顶好</u>钓,无鳞,一尾有三五斤重。并且还犯不上准备甚么合适的钓具。(沙丁《贺龙将军印象记》)

二是由"副词+形容词"组合而成的情态构式。作为表示道义情态的构式,其功能主要充当高层状语或句子状语,用来评价整个命题。例如:

(104)一位小姐到底是小姐。虽然我应当要什么便过去拿来,可是爱情这种事<u>顶好</u>得维持住点小姐的身分。(老舍《阳光》)

(105)你丢了官,于我有什么好处呢?先别疑心朋友,<u>顶好</u>大家总动员起来,赶紧再抓个差事!(老舍《残雾》)

5.2.1.2 结构搭配

情态构式"顶好"的结构搭配指其连用共现成分的类型。"顶好"主要作高层状语。当出现主语时,可以位于主谓之间,也可作句首状语。例如:

（106）"就是！就是！"晓荷赶快的说："我也这么想！闹义和拳的时候,<u>你</u><u>顶好</u>去练拳;等到有了巡警,你就<u>该</u>去当巡警。这就叫作义和拳当巡警,随机应变……"（老舍《四世同堂》）

（107）父亲是专门作政治的,去问他。其余的事我有知道的,也有不知道的,<u>顶好</u>你先自己去看,看完再问我。（老舍《猫城记》）

当其主语隐含时,可以承前零形回指。例如：

（108）张秃子接过来,高声喊道："回去告诉你的王,我们这里有四十八万人马,专等你们来,好打你们个唏里哗啦！你们要知道好歹,（你们）<u>顶好</u>回家睡觉去,省得挨打！听明白了没有?"（老舍《小坡的生日》）

（109）当李金魁问他有啥意见的时候,他说："<u>顶好</u>（你们）去找齐英同志商量商量,多去几个人。"（刘流《烈火金刚》）

"顶好"既可以出现于肯定句,也可以出现在否定句。例如：

（110）你要是懂得好歹的话,<u>顶好</u>把肘子、钱都给我送上门去,我恭候大驾！（老舍《正红旗下》）

（111）为自己,为别人,夏天<u>顶好</u><u>不</u>去拜访亲友,特别是胖人。（老舍《离婚》）

（112）慢慢的,大家都知道了他的母亲与局长必会在他有约会的时候生病和有要事,也就不再搭理他,而他扯着脸对男同事们说："家里有太太,<u>顶好</u><u>别</u>多看花瓶儿们！弄出事来就够麻烦的！"（老舍《四世同堂》）

可以与其他表建议的情态副词"还是"等连用同现。例如：

（113）<u>顶好</u>还是请位先生,在家里读书,爱读什么就读什么,不必学算数,上体操。（老舍《牛天赐传》）

（114）"八路军好，坚决打日本，更得人心。"老人说，"寻婆家找主儿，<u>顶好还是</u>不找他们！"（孙犁《风云初记》）

"顶好"还可以与避免类目的标记"省得"搭配，表示避免发生负面行为或意外后果。例如：

（115）"<u>顶好</u>是把烟断了，"他教训张知事，"<u>省得</u>叫我拿羊皮皮袄满街去丢人；现在没人穿羊皮，连狐腿都没人屑于穿！"（老舍《赶集》）

（116）你们要知道好歹，<u>顶好</u>回家睡觉去，<u>省得</u>挨打！（老舍《小坡的生日》）

例（115）（116）的"顶好"表示说话人对听话人提出某一建议，如果实施了建议，就可避免带来"叫我拿羊皮皮袄满街去丢人"和"挨打"等不良后果。

5.2.2　情态表达及其语义等级

5.2.2.1　情态表达

"顶好"在情态类型上属于道义情态。"顶好"的情态具有两个特点：主观情态和间接建议。

a. 主观情态

"顶好"的主观情态是指在语义上指向说话人，而不是客观的外在情理或语境。其传达了说话人的认识、态度或建议。与外源的道义情态不同，"顶好"传达的道义情态是说话人认为的最佳适宜性。与客观情态相比，主观性较强。例如：

（117）他不愿再去听，也不愿去多想，他知道假若去打抢的话，<u>顶好</u>是抢银行；既然不想去作土匪，那么自己拿着自己的钱好

了,不用管别的。(老舍《骆驼祥子》)

(118)"地道里我出不来气儿!"马先生想起到伦敦那天坐地道车的经验。马威无法,只得叫了辆汽车,并且嘱咐赶车的绕着走。(老舍《二马》)

例(117)的"顶好"表示说话人提出的主动行为;而例(118)的"只得"表示由于客观环境而做出的被动行为。

b. 间接建议

"顶好"是针对某一情状,说话人向听话人提出正面、积极的建议或劝诫听话人不要采取某种行为。这种情态语义是间接的,不是直接的;是建议性的,而不是祈使性的。与表示祈命的道义情态相比,在语用表达上对听话人而言显得更加委婉、更有礼貌。例如:

(119)男女择偶之时,顶好是慎重在先,择定之后,爱情互相交付了,便不当再有反复之事发生。(苏雪林《棘心》)

(120)你必须用美国的精神做事,必须用美国人的眼光看事呀!(老舍《牺牲》)

例(119)的"顶好"与例(120)的"必须"相比,"顶好"更多地体现对听话人的间接建议,表达上更委婉,更加考虑到听话人的感受;而"必须"由于是直接祈命,带有强制命令,在语用上显得更直接。

"顶好"表达非现实情态,用于非现实陈述句和祈使句中。与道义情态动词相比,"顶好"对评价的事件在时间上有一定限制,不能用于已然事件句。例如:

(121a)你现在应该把作业做完。

（121b）你明天<u>应该</u>把作业做完。

（121c）你昨天<u>应该</u>把作业做完（的）。

（122a）你现在<u>顶好</u>把作业做完。

（122b）你明天<u>顶好</u>把作业做完。

（122c）*你昨天<u>顶好</u>把作业做完。

　　道义情态动词"应该"没有时间限制，可以与任何时间的事件相搭配，如例（121a，b，c）所示。当"应该"与现在、将来时搭配，分别表示对现在、将来的期待或希望。当"应该"与过去时搭配时，表示对过去已然发生的事件进行陈述，而不是表示期待或希望。在其评价事件中，表示非现实性情态，因而可以与将来时和现在时相搭配，如例（122a）和（122b）所示。由于表示对现在或将来的期望或建议，因而它所评价的命题或事件不能是过去已经发生的、对现在来说也没有产生任何影响的事件，所以不能与过去已然相搭配，如例（122c）所示。也就是说，"应该"既可以表达现实情态，也可以表达非现实情态，而"顶好"则只有非现实情态，没有现实情态。

　　情态构式"顶好"与形容词短语"顶好"在现实性上不同。情态构式"顶好"只具有非现实性，用于评价非现实情状。而形容词短语"顶好"既可以评价非现实情状，也可以评价现实情状。例如：

　　（123）你们要是送给他礼物，<u>顶好</u>是找个小罐儿装点雪，假如你住的地方有雪，给他看看，他没有看见过。（老舍《小坡的生日》）

　　（124）不幸我们失败了，我们能殉国自然<u>顶好</u>，不能呢，也不许自动的，像蓝东阳与冠晓荷那样的，去给敌人做事。（老舍《四

世同堂》)

（125）她向四下里一指，"咱们弄清楚了顶好，心明眼亮！就着这个喜棚，你再办一通儿事得了！"（老舍《骆驼祥子》）

例（123）的"顶好"用于假设条件句，是对将来可能情状的估计，"找个小罐儿装点雪"是说话人对假设的将来情状提出的建议。不是对已然发生事件或命题作出评价的现实情态，而是对将来可能出现的情状作出评价或建议的非现实情态。因而，情态构式"顶好"不能出现在现实情态句中。而形容词短语"顶好"既可出现在非现实句中，也可出现在现实句中。例（124）的"不幸我们失败了"作为假设条件分句，表示假设情状。"我们能殉国"是表示可能出现的情状。整个句子表示非现实情态。而例（125）的"顶好"表示现实情状。"咱们弄清楚了"是已然发生的情状，表示对已然发生的事件作出的评价，整个句子表示现实情态。

当情态构式"顶好"与形容词短语"顶好"都表达非现实情态，都是光杆形式，且都表达非现实情状时，其句法位置可以互换。例如：

（126a）你明儿走迟了，刘胜今儿就走，你们俩顶好一起走。（周立波《暴风骤雨》）

（126b）你明儿走迟了，刘胜今儿就走，你们俩一起走顶好。

例（126a）的"顶好"是情态构式，作状语，例（126b）的"顶好"是形容词短语，作谓语。"顶好"与 S/VP 组合在一起时，当情态构式"顶好"是光杆形式作状语时，二者可以互相转换，如例（126a）和例（126b）所示。

当情态构式"顶好"前面有修饰性成分或与"是"组合在一起

时,二者不能进行互换。例如:

(127a)他能够很体谅人,很大方,但是他不愿露出来;你对他也<u>顶好</u>这样。(老舍《春来忆广州》)

(127b)*他能够很体谅人,很大方,但是他不愿露出来;你对他也这样<u>顶好</u>。

(128a)我知道我<u>顶好</u>是不说什么,省得教老先生生气。(老舍《兔》)

(128b)*我知道我是不说什么<u>顶好</u>,省得教老先生生气。

(128c)*我知道我不说什么<u>顶好</u>是,省得教老先生生气。

例(127a)的"顶好"受到副词"也"的修饰,不能转换到谓语位置,如例(127b)所示。无论"是"是系动词还是后附缀,当"是"修饰"顶好"时,"顶好"也不能转换到谓语或补语位置,如例(128b)和(128c)所示。

5.2.2.2 语义等级

作为表示道义情态的情态构式,"顶好"表达说话人对听话人的建议或规劝。其道义情态来源是说话人或外在的情理环境。"顶好"体现说话人的主观认定或特定条件下的优先选择,这种优先选择义具有非排他性。而形容词短语"顶好"的本义表示"最佳选择",具有排他性。例如:

(129)他好像是死了心,什么也不想,给它个混一天是一天。有吃就吃,有喝就喝,有活儿就作,手脚不闲着,几转就是一天,自己<u>顶好</u>学拉磨的驴,一问三不知,只会拉着磨走。(老舍《骆驼祥子》)

(130)油菜最多,沿途所见皆是,开着嫩黄的花,算是旅途中<u>顶好</u>的景色了。(游子《贵州观感》)

例（129）的"顶好"的语义并不具有排他性，而是表示较高的优先选择性，但不是唯一的选择或不一定是最优的选择。而例（130）的"顶好"则表示排他性，表示评价或选择的最佳性。

"顶好"的道义情态是主观情态。并且其情态表达是间接的，不是直接的，在表义上具有间接性和委婉性。与直接情态相比，"顶好"的语义要显得委婉些，在语义等级上也低一些。例如：

（131a）上课时同学们<u>顶好</u>认真听讲。

（131b）上课时同学们<u>应该</u>认真听讲。

虽然"顶好"的祈使强度高，但仍然属于间接建议，与直接表示祈命的"应该"相比，语义强度相对较低。直接祈命与间接建议都属于道义情态。不同的是，直接祈命的"应该"可以有外部否定，而表示建议的"顶好"极少有外部否定形式。因为表示建议一般是正面的或积极的肯定性行为，而极少是对行为的否定。对某一行为的否定并不能对听话人提出明确的建议。

此外，"顶好"是专职表示建议，而"应该"是兼职表达建议，这可以从其否定形式来加以验证。二者都有内部否定形式。例如：

（132a）在公共场所我们<u>顶好不</u>乱丢垃圾。

（132b）在公共场所我们<u>应该不</u>乱丢垃圾。

但并不都具有外部否定形式。例如：

（133a）*学生<u>不顶好</u>上课讲话。

（133b）学生<u>不应该</u>上课讲话。

"应该"有外部和内部否定形式，而"顶好"却只有内部否定形式，没有外部否定形式。这是由于表示建议或提示多为提出正面或积极的肯定行为。内部否定与肯定在表义上具有一致性。而外部否定则表达负面或消极的劝阻行为。"顶好"没有像"应该"那样具有外部否定形式,这表明"顶好"是专职表示建议或意愿的情态成分,而"应该"则是兼职表达。

情态词的选择也要考虑对话双方之间的社会地位。"顶好"的情态义相对"可以""还是"来说,在语义等级上更高,对听话人的祈命度更高。当说话人社会地位高或故意拉开与听话人的心理社交距离,以凸显说话人的祈使力时,"顶好"就具有了交互主观性。

在间接道义情态构式序列中,相比"可以""还是"等,"顶好"的情态语义最高。"可以"提供处于同等地位的选项,在语义表达上并不具有优先性,因而语义强度最低;"还是"提供基于比较而得出的优先选项,在语义上具有优先选择性,因而其语义强度处于中等;而"顶好"则表示提供了基于某一范围内的最优选择,在语义上具有最佳选择性,因而其语义强度最高。例如:

(134a)周末你可以出去玩,也可以在家里休息。[平等选择]

(134b)周末你可以出去玩。[语义强度最低]

(135a)你们打算坐火车还是乘飞机回去?

还是乘飞机吧,飞机快,火车晃哩晃当受罪。(王朔《人莫予毒》)(引自方梅2013)[优先选择]

(135b)你还是乘飞机吧。[语义强度中等]

(136a)你能准时下班回家顶好。[最佳选择]

(136b)你顶好能准时下班回家。[语义强度最高]

以上这三类情态构式都表达建议。其中,"顶好"的语义是最强的。而它之所以能表达委婉建议义,是因为它不是直接表达建

议,而是给出最优选择,它与"我认为/建议"等直接表达说话人的
建议的形式有所不同。在语义上,"顶好"的本义是表示"选择上
的最优",它是指在说话人看来或在情理上认为某种行为是最佳
选择。通过会话的回溯推理机制,说话人的最优选择进一步表示
在情理上最应该去实施的某种行为,因而具有某种道义情态义,
"顶好"从"最适合"义发展出"最有必要"义。这种回溯推理机制
的运用导致"顶好"的句法位置发生移位,使之从内层(底层)的谓
语位置移位到高层状语位置。

5.2.3 话语功能

"顶好"的话语功能表现为说话人的期待或建议。期待是说
话人的主观愿望,不一定要求说话人去施行某一行为,体现了说
话人的主观性。它既可以是对听话人的,也可以是对说话人自身
的。而建议则是说话人传达给听话人,用以促使听话人去施行的
行为。建议要求听说双方所共享,因而更多地体现为听说双方的
交互主观性。

对于听话人而言,"顶好"表示的建议包含两层含义:一是给
予听话人在建议接受度上以一定的选择自由,听话人可以接受建
议,也可以不接受建议。二是间接的、委婉的建议,而不是直接祈
使或命令,更不是对现实情状的描述。因而,"顶好"的话语功能
包括以下含义:

a. 其表达的期望或建议多为最优选择,但是这种选择相对于
直接祈命而言仍然是间接、委婉的;

b. 希望得到听话人的正面、积极的回应,而不能是负面、否定

的回应。

根据其表达类型,"顶好"的语用功能可以分为两类:一是表示说话人自身的希望或期待,属于知域,表达说话人的主观性;二是表示说话人对听话人行为的建议,属于言域,表达说话人的交互主观性。

a. 主观性

"主观性是指语言的这样一种特性,说话人在说出一段话的同时表明自己对这段话的立场、态度和感情。"(沈家煊 2004)即"顶好"反映说话人的主观认识,传达说话人的希望或期待。例如:

(137)我要是盖水房子呀,一定不要工厂:顶好在那儿挖个窟窿,一直通到海面上,没事儿在那里钓鱼玩,倒不错!(老舍《小坡的生日》)

(138)她决定晚去一会儿,顶好是正赶上照相才好。(老舍《善人》)

b. 交互主观性

与主观性有所不同,交互主观性蕴涵着说话人对听话人的认同以及"面子"或"自我形象"的关注。即说话人有意识地关注到听话人的感受,其目的在于说服听话人尽可能地接受说话人的建议。例如:

(139)老张你平心静气的想想,顶好我们和平着办,你不信呢,非打官司不可,我老龙只有奉陪!(老舍《老张的哲学》)

(140)他们也厌恶不正之风,却指望别人来管,顶好是上级派个包公来,把麻烦一担儿挑了去,既解决问题,自己又不得罪人,多好!(《长江日报》1986-01-03)

"顶好"的话语功能我们可以从人称表达和句类分布来阐述。

a. 人称表达

"顶好"的道义情态指向说话人,体现说话人对听话人的希望或建议。说话人处于高层位置。而主语出现在句子的底层或内层位置。除了名词以外,"顶好"的主语还可以是人称代词。其主语多为第二人称,少部分是第一人称和第三人称;既可以是单数,也可以是复数。当主语是第二人称时,由于说话人与听话人分属会话双方,因而主语指向听话人。例如:

(141)最后,他又板着脸教训:"冠家连太太都能做官,大哥你顶好对他们客气一点!这年月,多得罪人不会有好处!"(老舍《四世同堂》)

(142)所以呀,王先生,方老板,你们顶好别跟他为仇作对,他是万年青,永远是绿的!(老舍《方珍珠》)

当主语是第一人称时,听话人与说话人重合时,主语指向说话人自身。例如:

(143)我知道我顶好是不说什么,省得教老先生生气。(老舍《兔》)

(144)老张你平心静气的想想,顶好我们和平着办,你不信呢,非打官司不可,我老龙只有奉陪!(老舍《老张的哲学》)

当主语是第三人称时,主语既不是说话人,也不是听话人,而是处于语篇谈论的某个对象。例如:

(145)他看出来,连长是有心事。但是连长既不出声,他顶好也暂时不出声;沉默有时候比催促更有刺激性。(老舍《无名高地有了名》)

b. 句类分布

作为情态构式，"顶好"主要分布在陈述句、祈使句，一般不出现在感叹句和疑问句中。

第一，陈述句

"顶好"是对命题或事件进行评价，传达说话人的期待或说话人对听话人的建议。它既可以出现在肯定陈述句中，表达说话人的正面希望或建议；也可以出现在否定陈述句里，表达说话人对听话人的负面劝诫，以达到规劝听话人不施行行为的目的。例如：

（146）看见他，你必须强调战术思想的重要，跟他一同学习！他最爱听你的话！你顶好先去看看营长，然后再看连长。（老舍《无名高地有了名》）

（147）在说这种话的时候，吐字要十分清楚，所以顶好有个腔调，并且随时要加入"嗻是"，毕恭毕敬……（老舍《正红旗下》）

第二，祈使句

祈使句表达说话人的祈愿或命令。当"顶好"位于祈使句时，由于其多表达间接建议，而不是直接祈命，其祈使语义强度比直接祈使的语义强度要低，具有减弱祈使强度，缓和语气的表达效果。例如：

（148）老二，谢谢你的好意，我谢谢你！可是，你顶好别管我的事，你不懂洋务啊！（老舍《正红旗下》）

（149）"我看，我看，拿不准的事儿，顶好不作！"正翁做出很有思想的样子，慢慢地说。（老舍《正红旗下》）

"顶好"在祈使句中具有缓和祈使语气的作用。这是为了照顾对方面子，体现说话人对听话人的关注，遵循了会话交际中的礼貌原则。

5.2.4　语法化的路径

要理清情态构式的演变历程，就必须探究其来源和演化路径。"顶"和"好"连用是"顶好"发生演化的前提。"顶"和"好"最早连用时是"副＋形"的形容词短语。"顶"是极性程度副词，相当于"很、非常"。"好"是形容词，表示"优点多的、让人满意的"。形容词短语"顶好"最早出现在南宋时期。例如：

（150）星图甚多，只是难得似，圆图说得顶好。（南宋《朱子语类》卷二）

但自南宋到清代，极性程度副词"顶"的用频一直比较低，"顶好"的用例更少。据太田辰夫（1958）、聂志军和唐亚慧（2011）的考证，程度副词"顶"主要流行于南方方言尤其是江浙的吴语中，因此副词"顶"在文献中出现频率很低，且主要出现于南方籍作家或游历过南方的作家作品中。清代中后期，形容词短语"顶好"的用频开始上升。例如：

（151）临安伯过来留道："天色尚早。听见说琪官儿还有一出《占花魁》，他们顶好的首戏。"（清中期 高鹗补《红楼梦》第九十三回）

（152）你这馆中未必有什么好酒菜，可将吃得过的，不拘荤素，尽拿来，不必问我；再将顶好的酒拿来几壶，我们吃了还要走路。（清中期 李百川《绿野仙踪》第八回）

到了清末，形容词短语"顶好"的频率越来越高。例如：

（153）他便利令智昏，叫他的幕友、官亲，四下里替他招揽买

卖:其中以一千元起码,只能委个中等差使,<u>顶好</u>的缺,总得头二万银子。(清末 李宝嘉《官场现形记》卷四)

(154)等著好了,译好了,我们就拿来拣选一遍,拣<u>顶好</u>的出了老弟的名,只当老弟自己著的译的,那平常的就仍用他本人名字,一齐印起来发卖。(清末 吴趼人《二十年目睹之怪现状》第一百零六回)

"顶好"的性质及其时代分布

作　品	形容词短语	情态构式	时　代	作　者	籍　贯
歧路灯	4	0	清中期	李绿园	河南人
绿野仙踪	4	0		李百川	江苏人
文明小史	0	2	清末	李宝嘉	江苏武进
官场现形记	10	4			
骆驼祥子	2	8	民国	老　舍	北京
四世同堂	9	10			

从上表来看,在清中期的《歧路灯》和《绿野仙踪》里,"顶好"只是形容词短语。清末时期,在具有吴方言背景的作家李宝嘉的《文明小史》和《官场现形记》中,已经出现了"顶好"的情态构式用法,用例分别是 2 例和 4 例,总体上用例还比较少。到了民国时期,在北京籍的作家老舍先生的《骆驼祥子》和《四世同堂》里,情态构式"顶好"分别出现了 8 例和 10 例。这表明:情态构式"顶好"在清末时期就发展成熟了,在民国时期进一步扩展;在民国时期,已经由南方吴语地区向北方地区扩展,逐步进入以北方话为基础方言的通语里。

综上所述,从已有文献来看,形容词短语"顶好"至少在南宋时期就已经出现,但用频很低。直到清中后期,"顶好"的用频逐步上升。到了清末,"顶好"发展出了情态构式用法。但是这种用法多保留在南方籍作家的作品中,具有鲜明的南方方言色彩。到了民国时期,"顶好"也扩展到北方地区。无论是形容词短语,还是情态构式的"顶好",都在以老舍为代表的北方籍作家作品中频繁出现,这表明逐步渗入了当时的通语中。老舍作品中出现多例"顶好",可能是受到老舍先生游历过南方的因素影响,更表明"顶好"已经渗透到了以北京话为基础的通语中。新中国成立后,随着以北京话为基础的普通话大规模推广,出身于南方方言的"顶好"又呈现出逐步衰弱的趋势。我们可以从王朔的作品中窥知一二。因此,由于南方方言的因素,"顶好"在普通话中的使用频率仍然较低。

5.2.5　情态构式"顶好"与"最好"的比较

语体差异是这两个近义情态构式的重要区别。语体差异作为重要的语法特征,反映了二者在语法系统上的不同。

"顶好"与"最好"相比,从共时层面看,"顶好"更偏于口语化,而"最好"则是口语和书面语通用;"顶好"更偏于南方方言,而"最好"则偏于通语中使用。从历时角度来说,"顶好"产生于南宋,作为情态构式的用法成熟于清末民初,而形容词短语"最好"产生于东汉,要远早于形容词短语"顶好";作为情态构式的用法产生于明代末期,成熟于清代中后期,比"顶好"也要早。总体来看,相对于"最好",情态构式"顶好"产生和成熟的时间都比较晚,并且有较强的语体限制,加上来源于南方方言,因而在以北京话为基础的现代汉语普通话里,总体用频大大低于"最好"。

值得印证的是,作为老北京话和新北京话的代表,老舍和王朔作品的"顶好"和"最好"呈现出的差异正好可以佐证。除了时代不同,老舍与王朔作品还反映了地域差异。老舍先生曾在南方游历过不少时间,因而其部分作品可能也受到南方方言的影响。所以,我们以老舍作品和王朔的小说为例,分别说明形容词"顶好"和"最好"以及情态构式"顶好"和"最好"的分布情况。(根据北京语言大学 BCC 语料库)

"顶好"与"最好"的比较

词　项	作　家	形容词短语	情态构式
顶　好	老　舍	64	100
	王　朔	0	0
最　好	老　舍	174	121
	王　朔	76	38

在上表中,形容词短语"顶好"在老舍和王朔的作品的比例是 64:0。情态构式"顶好"在老舍和王朔作品的比例是 100:0。也就是说,"顶好"没有出现于王朔的作品中。这表明,无论是形容词短语"顶好"还是情态构式的"顶好",它们从老舍的作品到王朔的作品中用频急剧下降。老舍时代的北京话中还保留着情态构式"顶好",而在王朔的北京话中,情态构式"顶好"几乎完全消失。

而"最好"与"顶好"不同,形容词短语性的"最好"在老舍与王朔作品的比例是 174:76,情态构式"最好"在老舍与王朔作品的比例是 121∶38。虽然从整体上来看,"最好"仍然处于下降趋势,但是降幅没有"顶好"大。总体来说,情态构式"顶好"的用法日渐稀少,而"最好"仍然积极活跃在现当代汉语中。

"顶好"衰弱的原因主要是:1)受到"最好"的竞争与排挤。"顶好"的出现时代要大大晚于"最好",作为情态构式的功能成熟得也晚。情态构式"顶好"出现于清末,在民国初期才发展成熟。2)自身受到诸多因素的限制和制约。"顶好"具有较强的口语色彩和南方方言色彩,在历代通语中用频就不高。而"最好"由于成熟得比"顶好"早,且在通语中运用频繁,没有明显的语体限制,也没有明显的方言特色,因而在通语中"最好"出现的频率远远高于"顶好"。根据语法化中的竞争原则和共存原则,"顶好"越来越受到"最好"的排挤,日渐消退。但是,"顶好"并没有完全消失,只是部分保留在现代汉语中。

5.3 本章小结

本章重点考察了建议规劝类道义情态构式"X 好"的两个个案"最好"和"顶好"。"X 好"构式包括两大类:一类是处于句中主要作情态词的"X 好₁",还有一类是主要作句尾情态成分的"X 好₂"。其中,"X 好₂"类中的部分构式可以提升到句中作高位状语。本章考察的"最好"和"顶好"就是"X 好₂"构式中可以提升到句中作高层状语的两个个案。它们既具有"X 好₂"类构式的一般属性,同时也有各自的特殊表现。

在内部组合上,"最好"是个"副+形"结构。最初充当一般谓语。在句法上,由于"最好"经常作小句谓语,构成"VP/S 最好"结构,随着"VP/S"的独立性越来越强,"最好"与其所在小句成分发生分离,导致"最好"的独立性增强,它可以处于句尾,也可以移位到句中。当处于句尾时,与"X 好₂"类其他构式在句法语义上一致;当提升到句中或句首时,充当高层状语,而不是高层谓语。处于高层状语的"最好"与原本作谓语的情态动词性成分"X 好₁"结构具有句法上的重合性,都是"X 好+VP"结构。不同的是,"最好+VP"是状中结构,而"X 好₁+VP"是动宾结构。我们可以通过谓语能否省略来对二者进行区分。在情态语义上,"最好"表达间接道义情态,表示意愿期待或建议规劝。表达意愿或期待体现了说话人的主观性,而表达建议或规劝体现说话人与听话人之间的交互主观性。从历时上来看,"最好"的语义先后经过了极性比较、选择到建议规劝的演化路径。在句法上,"最好"的修饰对象从名词性成分扩展到动词性成分,再进一步扩展为小句。"最好"的独立性日益增强,从句尾提升到句中甚至句首充当高层状语。其演变也经历了从呈现到隐含的过程。

与"最好"近义的"顶好"也是表达建议规劝类情态的构式。其内部结构组成、句法分布和情态语义表达与"最好"一致。不同的是,与"最好"相比,"顶好"具有比较明显的方言地域分布。"顶好"主要用于南方方言中,在北方方言中较少运用。而"最好"则在普通话中广泛使用。"顶好"具有较为明显的口语色彩,而"最好"则在口语和书面语中广泛使用。此外,情态构式"最好"产生的时代大大早于"顶好"。因而,根据语法化中的并置和竞争原则,"最好"虽然与"顶好"并置于普通话中,但"最好"的用频超过"顶好"。

6 否定规避类道义情态构式

    与建议规劝类道义情态构式表达正面建议不同,否定规避类道义情态构式表达对将来事件或命题行为的否定规避。这类构式通过对道义情态的否定,用来表示避免将来某种可能情状的发生,并且这些可能情状对说话人或听话人而言,往往是不希望或避免的。因而,否定规避是从负向的角度来规劝说话人不要做某事或对说话人的行为进行负向评价,是间接的建议或规劝。

    含有否定规避义的情态构式一般内部包含否定词或否定语素,如:不必、无须、没必要、不必要、犯不着、用不着、犯不上、用不上、犯得着、用得着等。这类构式在结构形式和表达效果上具有各自特点。

6.1 否定规避类道义情态构式"用不着"

    现代汉语存在表示否定性道义情态的构式"V 不 C",其肯定形式是"V 得 C"。这类构式主要包括"犯不/得着""犯不/得上""用不/得着"等,它们在内部结构关系、情态语义和历时演化上具有一定的共性。本研究重点讨论其中的情态构式"用不着",兼及其近义情态构式"用不到"和"用不上"。

对情态构式"用不着",前人时贤已经取得了比较多的成果。《现代汉语规范词典(第3版)》的解释是:"1)动词,没有用场;用不上。2)动词,不需要;没有必要。"其实,前者是动词短语,表示"使用不上"。后者是情态构式,表示"不需要或没有必要"。前者的"用"表示"使用",后者的"用"表示"需要",二者的"用"意义并不相同。吴德新(2017a,2017b)认为表示"不需要"的"用不着"是情态动词,他在共时层面探讨了其情态语义与组合特点,在共时语法化层面阐述了它的主观化和语法化历程。他认为,"用不着"的语义是表达说话人对事件发生的必要性否定,具有委婉义。在句法上带表示消极意义的谓词性宾语。在共时语法化上,先后经过了述补结构—情态动词—负极性断言标记—话语标记的演化历程,同时也是主观性不断增强的过程。纵观已有的研究,关于"用不着"的性质和功能还有待商榷,其情态语义和语用功能也值得再探讨,其历时演化历程也需要进一步阐述。

6.1.1　性质的分化

在现代汉语里,存在两种性质的"用不着":一是表示"没有用场或使用不上"的一般动词短语;二是表示"没必要或不需要"的动词性情态构式。这两类"用不着"在内部结构关系、句法分布、搭配共现和语义指向上都有差异。

6.1.1.1　内部结构关系

一般动词短语"用不着"是内部结构比较松散的短语,是述补短语"V不C"的实例,其动词"用"可以被"管、拿、睡、摸、看、见"等成分替换,补语成分"着"可以被"到、上、起、了、完、尽"等完结类结果补语替代,动词和补语成分都可替换。中间的标记"不"还可以被"得"或"了"所替换。例如:

用不着　管不着　拿不着　睡不着　摸不着　看不着　见不着
用不着　用不到　用不上　用不起　用不了　用不完　用不尽
用不着　用得着　用着了

在一般动词短语"用不着"中,"用"和"着"具有很强的可替换性,"不"可以被"得"替换。例如:

(1)我们的英雄出世这一天,正是新落花生下市的时节,除了深夜还<u>用不着</u>棉衣。(老舍《牛天赐传》)

(2)以前和你们下棋,<u>用不到</u>这么好的棋。今天王一生来嘛,我们好好下。(阿城《棋王》)

(3)可是在平日,他并不觉得这有什么说不过去;有时候揣上它,他还觉得这是优越,那些拉破车的根本就<u>用不上</u>电石灯。(老舍《骆驼祥子》)

例(1)的"用不着"、例(2)的"用不到"和例(3)的"用不上"都是动补短语。并且,它的内部还可以添加程度副词等成分进行扩展。比如:

用不着　用不太着　用不用得着

通过替换手段和扩展分析,可以认定表示"没有用场或使用不上"的"用不着"是动词短语。而表示"没必要或不需要"的"用不着"在内部成分的替换上具有很强的限制性。比如:

用不着　　用得着　　*用着了

用不着　　?用不到　　?用不上

情态构式"用不着"也不能在中间添加任何成分进行扩展。比如：

用不着　　＊用不太着

6.1.1.2　句法分布

一般动词短语"用不着"主要作谓语和定语。例如：

（4）他走的那天,宝庆对张文说,他的事儿已经办完,以后<u>用不着</u>他了。（老舍《鼓书艺人》）

（5）漫说叫大爷,叫亲爷爷我也不叫那套。你这是用着我了,<u>用不着</u>,迎头撞上我,你也把我当老帮脆还不正眼眨的。（王朔《枉然不供》）

（6）处理完梨,乡下叔叔还会提上早就准备好的大包小袋,都是安娜收拾出来的旧衣服和安娜的姐妹兄弟送来的<u>用不着</u>的东西。（六六《王贵与安娜》）

例（4）和例（5）的"用不着"都是作谓语。"用不着"在例（4）中带了宾语,在例（5）中单用,不带宾语。它在例（6）中是作定语。

情态构式"用不着"主要作高层谓语,用以修饰命题或行为事件。例如：

（7a）现在乡下已差不多空了,城里的人要买东西,有外国人卖,<u>用不着</u>我们种地与作工,所以大家全闲着。（老舍《猫城记》）

（7b）现在乡下已差不多空了,城里的人要买东西,有外国人卖,我们<u>用不着</u>种地与作工,所以大家全闲着。

"用不着"在例（7a）和（7b）中都做高层谓语。无论"用不着"

处于句首还是主谓之间，都是用来对事件或命题进行主观评价的
情态。

并且，述补短语"用不着"在句法上不能自由移位，而表示否
定性道义情态的"用不着"在句法上可以在主谓之间自由移位而
不改变意义。例如：

（8a）还是我走吧，反正我也用不着这房子了。（王朔《永失
我爱》）

（8b）还是我走吧，反正（＊用不着）我也这房子了。

（9a）用不着别人告诉我，我就知道，这是我的房间、我的桌
子、我的手稿。（王小波《万寿寺》）

（9b）别人用不着告诉我，我就知道，这是我的房间、我的桌
子、我的手稿。

例（8a）的"用不着"是述补短语，不能自由移位。而例（9a）的
"用不着"是个情态构式，充当高层谓语，可以自由移位。

6.1.1.3　搭配共现

一般动词短语"用不着"主要受副词性成分修饰，其宾语多为
体词性宾语。作定语时，所修饰的中心也是名词性成分。例如：

（10）自家喝，当然用不着大缸大碗，只消早饭后熬上一壶，
凉在那里，全家一天也就够了。（《1996年人民日报》）

（11）我要告诉他们，乔致庸愿拿性命替全体山西的茶商做
这件事，他们要做的不过是借我一些用不着的银子罢了！（朱秀
海《乔家大院》）

而情态构式"用不着"主要带谓词性宾语，包括动词性成分、
形容词性成分以及小句。例如：

（12）她觉得既然已经冒了险，以后的事就随它的便吧，用不着发愁，也<u>用不着</u>考虑什么。（老舍《四世同堂》）

（13）<u>用不着</u>自卑，你看这人模狗样的大小伙子还不同样拜倒在你的石榴裙下了。（池莉《太阳下山》）

（14）他的文化使他生下来便包在绣花被子里，凡事都由别人给他预备得妥妥当当的，<u>用不着</u>他费心费力。（老舍《四世同堂》）

"用不着"在例（12）中带动宾短语，在例（13）的宾语是形容词，都是动词性短语。在例（14）的宾语是小句。

6.1.1.4　语义指向

一般动词短语"用不着"在语义上指向名词性成分。例如：

（15）啊，我闲着没事儿，前天听说孙先生腿不好，就找了一块<u>用不着</u>的料子，帮他做了一对这个。（朱秀海《乔家大院》）

例（15）的"用不着"在语义上指向其修饰的名词性成分"料子"。

而情态构式"用不着"在语义上指向整个事件或命题。例如：

（16）娘儿俩你一言我一语，其实，倒也<u>用不着杜逢时出来找金家的人嚷嚷</u>，一声不落，全传进西厢房里啦。（陈建功 赵大年《皇城根》）

例（16）的"用不着"在语义上指向整个事件"杜逢时出来找金家的人嚷嚷"。

综上所述，在内部结构上，一般述补短语"用不着"具有很强的可替换性和一定的可扩展性；而情态构式的内部组构很难进行替换，扩展性也很弱。在句法分布上，前者充当谓语和定语，后者充当高层谓语。在句法搭配和共现上，前者受副词修饰，与名词性成分搭配；后者对事件或命题进行主观评价。在语义指向上，前者指向名词性成分，后者指向整个事件或命题。

6.1.2　情态意义

上节我们对动词短语"用不着"和情态构式"用不着"从四个方面进行了分化，从句法和语义上区分了二者的差异。本节主要探讨情态构式"用不着"的情态语义。吴德新（2017a）对情态构式"用不着"的基本意义概括为"不需要或没有必要"，"主要表达说话人对某事件发生的必要性的否定。"（吴德新 2017a）他还认为，"用不着"在陈述句中具有委婉义，表达委婉否定。在祈使句中则不表达这种委婉义。我们认为，"用不着"的情态义主要具有以下特征：a.间接性；b.低量级性；c.负向性。

a. 间接性

"用不着"表达对道义情态必要性的否定，不是对事件或命题的直接否定。相对于命题或事件来说，"用不着"表示命题外否定，而不是命题内否定。例如：

（17a）我饿不饿关你什么事？我饿死渴死活该，<u>用不着</u>你来装好人。（王朔《永失我爱》）

（17b）我饿不饿关你什么事？我饿死渴死活该，你<u>用不着</u>来装好人。

（17c）我饿不饿关你什么事？我饿死渴死活该，你来装好人，<u>用不着</u>。

从例（17a）（17b）（17c）中可以看出，情态构式"用不着"可以分别移位到事件小句"你来装好人"的前面、内部和后面而保持基本意义不变,因而二者是相互分离的,是命题外否定,是间接否定。而命题内否定是内部否定,比如"不",是对命题本身进行的否定,这种否定一般不能自由移位到命题外层,移位后会导致基本意义发生改变,是对命题的直接否定。例如:

(18a) 我<u>不</u>是废物,你不能随便侮辱我。(王朔《空中小姐》)

(18b) *不,我是废物,你不能随便侮辱我。

例(18a)(18b)的"不"虽然可以在前后位置发生移位,但是移位以后基本意义发生了改变。也就是说,它是表示命题内的否定成分。从情态构式"用不着"和一般否定词"不"的对比来看,"用不着"相对于命题来说,是外部否定和间接否定,而"不"则是内部否定和直接否定。

b. 低量级性

由于情态内部具有情态语义量级差异,因而情态否定是量度上的否定。作为表示道义否定的情态构式,"用不着"在情态语义上与"没必要"或"不必"相当,表示[-必要]道义情态。在情态等级中存在着基本的情态语义序列,即[必然]>[盖然]>[可能]。对应于道义情态中的语义等级,就是[必要]>[义务]>[许可],其情态序列反过来就是[-必要]<[-义务]<[-许可]。即[-必要]义情态在道义情态语义等级中是相对最低的。这种低量级性是"用不着"的核心语义,表明其是低量级情态否定,因而常表达委婉用法。例如:

(19a) 不论怎么说,他还是比老婆有本事,<u>用不着</u>跟人吵闹,就能把买卖谈成。(老舍《鼓书艺人》)

(19b) 不论怎么说,他还是比老婆有本事,<u>不</u>跟人吵闹,就能把买卖谈成。

（20a）满喜！<u>用不着说</u>那么清楚！我不怕！她爱怎么说怎么说！只要人家别信她的话！（赵树理《三里湾》）

（20b）满喜！<u>不准说</u>那么清楚！我不怕！她爱怎么说怎么说！只要人家别信她的话！

例（19a）和例（19b）都是陈述句。在陈述句里，表示情态量级否定的"用不着"与完全否定的"不"相比，"用不着"在否定量级上低，表达方式委婉。例（20a）和例（20b）都是祈使句。在祈使句中，表示低量级情态否定的"用不着"与表示高量级情态否定的"不准"相比，在语用上也显得委婉。其祈使义是整个祈使句带来的，而不是"用不着"本身的意义。祈使句整体表达的意义会影响"用不着"的意义表达，但是这两种意义相互独立。因而，无论"用不着"处于陈述句还是祈使句中，在语用表达上都较委婉。相比较而言，由于祈使句整体上比陈述句语气更加强烈，因而"用不着"在陈述句中比在祈使句中表达更加委婉一些。

c. 负向性

负向性是指无论"用不着"的宾语表示什么类型的语义，都具有在说话人心理上认为不必要或不值得的意义，表示事情在说话人看来不值得去做。吴德新（2017a）认为"用不着"表达"说话人总是以某种社会常规作为标准表达对消极事件的否定态度"。实际上，说话人心理上所隐含的理想化认知模型，既包括社会常规和规范，也包括说话人自己的背景知识。无论其宾语表示积极语义、消极语义还是中性语义，"用不着"都表现为负向性的主观评价。例如：

（21）在一天的摔爬后又是一身的伤痕,这类的家常便饭<u>用不着</u>劳动医护,许三多和吴哲在互相帮着包扎护理。(兰晓龙《士兵突击》)

（22）出于对自己美貌的自信,唐菲故意把跳舞从自己身边远远地推开,她<u>用不着</u>拿假装喜欢跳舞来吸引这舞蹈演员,<u>用不着</u>拿瞎编自己跳过舞来和这舞蹈演员套近乎。(铁凝《大浴女》)

（23）她交叠起双手垫在后脑勺儿上,眼望天花板说其实你们<u>用不着</u>替我担心,我没有你在梦里想象的那么可怜,我挺好。(铁凝《大浴女》)

"用不着"的宾语在例（21）中表示积极语义,在例（22）中表示消极语义,在例（23）中表示中性语义。它们都表示在说话人看来不必要去做或不值得去做,具有很强的负向性主观评价。吴德新（2017a）考察了"用不着"和"不必"在语义上对宾语的选择倾向。如表7所示:

"用不着"和"不必"的宾语类型及其频率

	积极成分	消极成分	中性成分	总　计
用不着	3(5.8%)	41(80.5%)	7(13.7%)	51
不　必	35(48.6%)	33(45.8%)	4(5.6%)	72

由上表可知,"用不着"的宾语大多数都与消极义成分相搭配,在语义上倾向于表示负向性的主观评价,在语用上往往表达主观不必要。

综上所述,"用不着"的情态义主要表现为间接性、低量级性和负向性。

6.1.3　话语功能

情态构式"用不着"的话语功能主要是主观评价功能和劝阻功能。主观评价功能是指,当事件已然发生或命题为实然命题时,"用不着"只能表达说话人的主观态度,即在道义上的不必要。而劝阻功能是指事件或命题是或然命题或未然事件时,表达为说话人对听话人所要实施行为的劝阻。如果说建议是正向的言语行为,那么劝阻则是负向的言语行为。

6.1.3.1　主观评价功能

当命题为实然命题或事件已经或正在发生时,"用不着"表达说话人对事件或命题在道义情态上的不必要或不需要的主观态度。如果事件发生了,就无法改变它的事实性。因为无论说话人的情态有多高,都是非事实性的成分,都不能改变句子的事实性,也就不能达到具有劝阻听话人实施未然行为的目的。例如:

(24)白巡长还是不肯放老人走,可是老人极坚决:"甭拦我了,巡长!我愿意干的事,<u>用不着</u>人家说劝;我不愿干的事,说劝也没有用!"(老舍《四世同堂》)

(25)破风筝:我还求你,老弟,多多帮忙!

白花蛇:那<u>用不着</u>您托咐,多年的弟兄!(老舍《方珍珠》)

例(24)和例(25)的"用不着"都是对已然事件的主观评价。例(24)的"人家(指白巡长)劝说"和例(25)的"您嘱托(指前一句'我还求你,老弟,多多帮忙')"。这些事件都已经发生了,是既成事实。说话人添加"用不着"后,表达了说话人在心理上"不需要或不必要"的主观态度。

当然,这种主观评价功能也可以用于未然事件和或然命题当中。例如：

（26）我年轻的时候，凡事<u>用不着</u>婆婆开口，该作什么就作什么！（老舍《正红旗下》）

（27）李正曾劝他派别人，王强、彭亮都争着要去，<u>用不着</u>队长亲自出马，只要他指挥就行了。（知侠《铁道游击队》）

当"用不着"处于未然事件或或然命题中时，也具有表达主观评价功能。

6.1.3.2 劝阻功能

劝阻功能只存在于未然事件或或然命题当中。当说话人在这类事件或命题中添加情态标记"用不着"时，除了表达主观情态之外，更表达说话人的主观劝阻功能，即通过否定事件或命题发生的必要性来凸显事件或命题发生是不值得或不必要的，从而达到劝阻听话人实施某种行为的目的。例如：

（28）你<u>用不着</u>先想方设法安置我。我挺好，你只管忙你的，不必惦记我。（王朔《无人喝彩》）

（29）这是我在路上买的一只烧鸡，你<u>用不着</u>分给我，我已经吃过东西。（古龙《天涯明月刀》）

例（28）的"先想方设法安置我"和例（29）的"你（把鸡）分给我"都是还未发生的行为。说话人通过添加"用不着"来表达实施这些行为在道义情态上是不必要的或不需要的，从而达到劝阻实施这些行为的目的。

6.1.4 构式化历程

构式化是指由一般性的组合结构经过整合，成为形式与意义相匹配的结构体的过程。"用不着"的构式化是指它由一般性动词短语发展为情态构式的过程。吴德新(2017b)认为"用不着"的演化历程是:述补结构—情态动词—负极性断言标记—话语标记。我们认为,"用不着"的演变过程是从述补结构到情态构式的演变。负极性断言标记只是语用功能,并不是语法功能,并且话语标记的功能也没有完全形成。

"用不着"是由动词"用"、否定词"不"和完成补语"着"组合而成的。"用",《说文解字》解释为"可施行也",也就是表示"使用"的意思。"不"表示否定,"着"表示"达到结果"。例如:

(30)夫子莞尔而笑曰:"割鸡焉用牛刀?"(春秋《论语·阳货》)

(31)问,如何是西来意。师云,若有意,自救不了。(唐《镇州临济慧照禅师语录》)

(32)逢着好饮食,纸裹将来与。(唐 王梵志《父母生男女》)

"用不着"最早是述补短语,内部结构比较松散。最早出现于北宋。例如:

(33)时人有语云:"用得着,敌人休;用不着,自家羞。"(北宋沈括《梦溪笔谈》)

例(33)的"用不着"是述补短语,表示"使用不上",是结果义。这里的"用不着"与它的肯定式"用得着"互相对应,整个句子表示假设条件关系。"用不着"可以带名词性宾语。例如:

(34)自劾,退归,用不着风云气。疏狂迂阔拙又痴,今日才回味。(元 张养浩《朝天曲》)

还可以带小句宾语。例如:

(35)你道是善相持能相竞,用不着咱军马奔腾,武艺纵横。

（元 杂剧《气英布》第二折）

（36）这坶儿<u>使不着</u>我美貌娇容，<u>用不着</u>我花言巧语。（元 贾仲明《荆楚臣重对玉梳记》）

例（35）和（36）的"用不着"表示"使用不上"。例（36）的"V 不着"不仅可以是"用不着"，还可以是"使不着"，动词具有一定的可替换性，可见元代的"用不着"仍然是述补短语。

"用不着"除了具有可替换性，还具有一定的可扩展性。其宾语除了可以在后面，还可以在"用"和"不着"中间。例如：

（37）行者笑道："兄弟，你过去罢，<u>用不着你</u>了。你揩揩眼泪，别处哭去。"（明 吴承恩《西游记》第三十九回）

（38）宋江道："兄弟，你去不得。若是破阵冲敌，用着你先去。这是做细作的勾当，<u>用你不着</u>。"（明 施耐庵《水浒传》第四十七回）

（39）居孀行径，最宜稳重。此辈之人没事不可引他进门。况且丈夫临终怎么样吩咐的？没有别的心肠，也<u>用这些人不着</u>。（明 凌濛初《二刻拍案惊奇》卷十一）

（40）这话难说。只怕老哥哥你<u>用我不着</u>，如果用得着我，我就陪你走一荡。（清 文康《儿女英雄传》第十六回）

例（37）的宾语"你"位于"用不着"的后面。例（38）的代词"你"、例（39）的"这些人"和例（40）的"我"都是处于"用"和"不着"的中间，都是作中间宾语。可见，这里的"用不着"还是个述补短语。

"用不着"还可以作定语。例如：

（41）（众人）立起身把箱笼打开，将出黄白之资，衣饰器皿，

都均分了,只拣<u>用不着</u>的留下几件。(明 冯梦龙《醒世恒言》第三十六卷)

(42)二人急巴巴收拾不迭,行李止妆了个褥套,别样<u>用不着</u>的衣裳也都丢下了。(清 西周生《醒世姻缘传》第十五回)

"用不着"在例(41)和例(42)中都作定语。在例(41)中,名词中心语由于承前省略,在例(42)是直接修饰名词。

也就是说,从北宋到清代中期,"用不着"一直是个述补短语。既可以作谓语,也可以作定语。当作谓语时,其宾语可以是谓词短语,也可以是体词性短语。当其宾语是体词性成分时,宾语既可以后置,也可以插入到短语内部作中置宾语。当作定语时,名词中心语既可以后置,也可以由于承前而省略。

"用不着"的意义也由表示"结果"义到表示"可能"义。动词短语"用不着"的宾语主要是名词性短语,而表示"不需要或没必要"义的情态构式"用不着"的宾语是动词性短语或主谓短语构成的小句。这种情态构式用法早在元代就开始萌芽,但是直到清代中期才逐渐成熟。例如:

(43)呀!怎生来翻悔了巫山窈窕娘,满口儿之乎者也无拦当,<u>用不着</u>恭俭温良,唬的那有情人恨无个地缝儿藏。(元 杂剧《绛梅香》)

(44)吆呵力重,这算做洗髓伐毛;叫喊声高,<u>用不着</u>存神闭气。(明 凌濛初《二刻拍案惊奇》卷十八)

(45)这个事也<u>用不着</u>你操心,外头有我,你只心里有了就是。(清 曹雪芹《红楼梦》第四十七回)

到了清代后期,情态构式"用不着"才真正发展成熟。例如:

（46a）再要讲到夜间严谨门户，不怕你腰缠万贯，落了店都是店家的干系，<u>用不着</u>客人自己费心。（清 文康《儿女英雄传》第五回）

（46b）再要讲到夜间严谨门户，不怕你腰缠万贯，落了店都是店家的干系，客人<u>用不着</u>自己费心。

（46c）再要讲到夜间严谨门户，不怕你腰缠万贯，落了店都是店家的干系，客人自己费心，<u>用不着</u>。

例（46a）的情态构式"用不着"可以从句首主语移位到主谓之间而不改变意义，如例（46b）。它甚至还可以与命题处于不同的分句中，如例（46c）。因此，至少在清代后期，情态构式"用不着"已经发展成熟了。

情态构式"用不着"表达说话人在主观上认为的不必要，因而其语义常常带有负向性特征。例如：

（47）说起他，他就说我们是自家人住自家人的房子，<u>用不着</u>你来收甚么房租，这么一撒赖，岂不叫照管的人为难么？（清 吴趼人《二十年目睹之怪现状》第二十回）

（48）<u>用不着</u>你们帮助我。狱里班头都会把势，你们本事平常，要是我将你兄弟救出，你们再被获，岂不又费了事啦？（民国 张杰鑫《三侠剑》第六回）

"用不着"还可以单用，用来评价与其在语义上具有关系的分句，具有表达情态的功能。但是，并不对前后分句具有关联或衔接作用。并且不能位于句首，只能位于句中，而位于句首才是话语标记的主要句法分布。因此并不具有典型的话语标记功能。当"用不着"与言说标记"说"组合成"用不着说"时才是真正的话语标记。例如：

（49）我不认识什么晚报之流的小报记者，<u>用不着</u>，遇到受气事我有自己解决问题的方法……（王朔《人莫予毒》）

（50）贺营长喜欢作这种研究，明白了别人，也就间接地可以明白自己……<u>用不着说</u>，娄教导员也喜欢作这个工作，掌握全营的思想情况，保证作战胜利是他的职责所在。（老舍《无名高地有了名》）

（51）至于服装首饰呢，<u>用不着说</u>，必须格外出色，才能压得住台。（老舍《正红旗下》）

例（49）的"用不着"处于句中，并且它只表示对前一分句进行陈述，而不对后一分句具有管辖作用，在语义上也不具有连贯关系，因而"用不着"不是话语标记。而例（50）和例（51）的"用不着说"的管辖范围则是前后分句或小句，起着前后衔接的作用，具有语义上的连贯关系，因此"用不着说"才是真正的话语标记。是否在句法上具有衔接功能和在语义上具有连贯关系是判定话语标记的重要标准。

此外，部分情态词和言说动词可以组成话语标记，如"用不着说""可以说""应该说"和"必须说"等（陆萍和贺阳2015）。它们与原来的情态成分"用不着""可以""应该"和"必须"等在句法、语义和语用上都有很大差异。

6.1.5 "用不着"与其近义构式的异同

"用不到"和"用不上"也可以表达"不需要"的情态义。例如：

（52）我饿不饿关你什么事？我饿死渴死活该，<u>用不着</u>你来

装好人。(王朔《永失我爱》)

（53）这是纪念周上对学生说的话，自己在教职员席里旁听得腻了，<u>用不到</u>千里迢迢去搬来。(钱锺书《围城》)

（54）虽然她从来不曾很好地练过武艺，作战时也<u>用不上</u>她亲自冲锋陷阵，但是她在紧急的日子里很少离开过这口宝剑。(姚雪垠《李自成》)

例（52）的"用不着"、例（53）的"用不到"和例（54）的"用不上"都是情态构式，但是这种用法主要在方言中存在，在普通话里的用例还很少。

"用不着"的肯定式"用得着"也是情态构式。动词短语"用得着"一般多出现在陈述句里，而情态构式"用得着"一般多出现在疑问句里。例如：

（55）不过您得明白，好兄弟，从今往后，小刘可就不能再给您弹弦子了。我自个儿的班子<u>用得着</u>他。(老舍《鼓书艺人》)

（56）他的位置，要是换了某些私心较重的人，家中说不定早盖起别墅了，哪<u>用得着</u>住破烂的房子，过清贫的生活？(人民的公仆《厦门日报》1997-10-17)

6.2　否定规避类道义情态构式"犯不着"

上节已经讨论了情态构式"用不着"。与"用不着"类似，"犯不着"也是表达道义否定的情态构式，其肯定形式是"犯得着"。其相邻结构是"犯不上"，与之对应的肯定形式是"犯得上"。其中，"犯不着（上）"主要用于陈述句和祈使句中，而"犯得着（上）"多用于反问句中。《现代汉语词典（第7版）》(p.364)对"犯不着"

的释义是:动词,不值得。对"犯不上"的解释就是"犯不着"。对"犯得着"的释义是:值得(多用于反问句)。对"犯得上"的解释是"犯得着"。可见,"犯不着"与"犯不上"意义相同,它们的肯定形式"犯得着"与"犯得上"意义也相同。

6.2.1　句法分布与搭配

6.2.1.1　句法分布

"犯不着"作为动词性情态构式,其句法功能主要是作谓语。例如:

(57)不过,汪先生<u>犯不着</u>和他计较。回头我有办法劝他。(钱锺书《围城》)

(58)可你别碰到风头上,咱大处都顺着过来了,<u>犯不着</u>在小地方拗了上头的意思。(张贤亮《绿化树》)

"犯不着"在例(57)和例(58)中充当谓语,用以评价整个命题。"犯不着"在例(57)中评价"汪先生和他计较",在例(58)中评价"在小地方拗了上头的意思"。

"犯不着"还可以位于主语前面,修饰整个事件。例如:

(59)他买的菜买了就买了,<u>犯不着你再掏出随身的弹簧秤去复核</u>,反正肉烂了还是烂在锅里,肥水没流外人田嘛?("私房钱"藏在哪儿更安全《楚天金报》2007-11-13)

可见,例(59)的"犯不着"是对整个命题进行的评述,是高层谓语。

此外,"犯不着"还可充当小句谓语,与命题相分离。例如:

(60)那几个钱何必去省它,<u>自己走累了犯不着</u>。(钱锺书

《围城》）

（61）还没改革,签了个字,举报信就上去了,<u>犯不着</u>。（改革
者上不来,不改革者下不去 新浪网 2016-07-04）

"犯不着"在例（60）和（61）中充当命题谓语。"犯不着"在例
（60）中是对事件"自己走累了"的主观评价,在例（61）中是对"还
没改革,签了个字,举报信就上去了"的主观评价。

6.2.1.2　句法搭配

情态构式"犯不着"作为情态动词,其搭配成分是谓词性成分
以及整个事件或命题,用以对谓词的动作行为以及事件或命题进
行主观评价。谓词性成分包括动词性成分和形容词性成分。
例如:

（62）李梅亭道:"我并不是没有新衣服,可是路上风尘仆仆,
我觉得<u>犯不着糟蹋</u>。"（钱锺书《围城》）

（63）这是姐姐的家,姐姐什么时候想回就什么时候回,
<u>犯不着说这么多话</u>。话说得多了,就露馅。（毕淑敏《紫花布幔》）

（64）范尼或许<u>犯不着痛苦</u>,因为,在弗格森执教曼联的 20
年间,被清洗的球员足以组成一份"弗格森的名单"。（"爵爷"弗
格森够绝!《青年时报》2006-05-11）

（65）对于一所建在大山里的爱心小学,权力也<u>犯不着这么敏</u>
<u>感</u>。（有违章建筑叫"深山里的爱心学校" 新浪网 2015-09-01）

（66）我并不需要他,不过,你不写东西也<u>犯不着就叫他马上</u>
<u>走</u>,有事时可以差唤差唤。（钱锺书《猫》）

（67）到了这个时候我才悟到,<u>犯不着向人证明我存在</u>。（王
小波《黄金时代》）

"犯不着"在例（62）（63）的宾语分别是光杆动词和动词短语；在例（64）（65）的宾语分别是光杆形容词和形容词短语；在例（66）（67）的宾语是命题或事件小句。

6.2.2　情态语义表达及其宾语语义类型

6.2.2.1　情态语义表达

"犯不着"是对道义的否定或主观评价上认为不值得。其情态类型属于道义情态。其语义有两层含义：一是客观上的"不需要、没必要"；二是主观情态上的"不值得"。"不需要、没必要"是基于外在的客观环境或情理而决定的；而"不值得"是根据说话人的主观评价而决定。例如：

（68）按说，这些名人，早已是广播里有声，屏幕上有影，报刊上有名，不少人早已是别墅名车的百万富翁，绝对不会"著书都为稻粱谋"，<u>犯不着</u>再劳神费力地写书。（仰望"名人"之忧《人民日报》2000-03-25）

（69）一段婚姻的失败，自然有受伤害的人，但<u>犯不着</u>以受害者自居，更用不着满世界嚷嚷。（别把私事当成了公事《钱江晚报》2014-09-21）

在例（68）中，由于"这些名人，早已是广播里有声，屏幕上有影，报刊上有名，不少人早已是别墅名车的百万富翁"，因而根据说话人的常识，就不值得"再劳神费力地去写书"，在客观上也没有这个必要。在例（69）中，失败的婚姻里总会有受伤的人，是常见现象，根据说话人的主观判断，"以受害人自居"在主观上不值得，在客观上也是没有必要的。"犯不着"既具有客观情态上的

"不需要、没必要"义,也包括了说话人在主观上认为的"不值得"。

"犯不着"表达说话人认为某一行为或事件的发生在主观上是不值得的,在客观上也是不必要的。其判断依据就是说话人心目中的理想化认知模型,表示说话人通过比较而得出的主观评价。当某一行为或事件的发生超过说话人的心理常识时,说话人就会认为不值得去做,在心理上不值得做的事情就会通过回溯推理机制进一步推论出在主观上的没必要。例如:

(70)如果单单为了口舌之欲,大多数官员犯不着拿自己的前途来冒险。(公款吃喝是标权力腐败才是本《京华时报》2013-04-15)

(71)对于用户来说,则应该以平常心来看待抢红包活动,这不过是一场游戏,不用激动,也犯不着动怒。(抢红包只是一场游戏《南方日报》2015-02-12)

"犯不着"表达的情态义通过现实情状与可能情状相比较而得出。表示在说话人心目中现实情状比可能情状更好,因而可能情状不值得去实现或实行。如果可能情状还未发生,那么"犯不着"表示在主观上不值得去实现。例如:

(72)这半年,我没喝过公家的酒。这样挺好,对身体有好处。而且,为喝酒吃个警告什么的,真犯不着!("这半年我没喝公家的酒"新华网 2015-01-04)

(73)但中国自古讲究"近悦远来",作为一个大国,我们犯不着对周边弱小使用航母,即使是对与我有领土争议的国家。(航母的多重"世界形象"《长江日报》2012-09-28)

在例(72)的"(公款)喝酒"虽然是一件小事,但是也是违反中央八项规定的违纪行为,为此"吃个警告"而影响自己的仕途是划不来的,是不值得的。在例(73)中,中国作为一个负责任的大国,自古以来在外交上就讲究"近悦远来",睦邻友好。航母作为具有战略意义的进攻性武器,属于国之利器,不会轻示于人,因而不值得"对周边弱小使用航母",即使在领土上存在一些争端。以上两例中的"犯不着"都是对未然事件的主观评价,表示说话人的委婉劝阻。

如果描述已然事件,那么"犯不着"表示这种行为发生不值得,表示主观评价。例如:

(74) 不管多次献血还是长期捐助,在有些人眼里郭明义"很傻""很苦",犯不着这么做。(雷锋的快乐从哪里来《人民日报》2013-03-07)

(75) 或许在有些人看来,帮农户拿到一纸证件,不算什么大事,犯不着跑上十多趟。(开化便民服务送上门《浙江日报》2012-12-22)

在例(74)中,"这么做"是回指郭明义"多次献血"或"长期捐助",它们都是已经发生了的行为事件。对已然发生了的事件,"犯不着"只能去加以评价。在例(75)中,"帮农户拿到一纸证件,不算什么大事",但是却"跑上十多趟"。相比较而言,为了这么一件小事而多次来回奔走,似乎有些费时费力,因而在有些人看来就显得不值得。

也就是说,当用于评价未然事件句时,"犯不着"不仅表示主观评价,而且还可以表达间接劝阻,用以说服说话人不要做某事。当"犯不着"用于已然事件句时,只单纯地对已然事实表示主观评价,表达对已然事实发生的不必要或不值得的主观态度。

"犯不着"在情态上不是直接否定,而是间接否定;是主观否定,而不是客观否定,因而可以看作道义情态上的间接否定。表达劝阻功能的"犯不着"与表示直接禁止的"别"相比,是间接否定。而表示直接禁止的"别"则是直接对动作行为本身的否定,是直接否定。例如:

(76)人家边读大学边结婚,结呗。犯不着又感觉到被落下一大截,失落满满。(人家"边读大学边结婚"与你无关《中国青年报》2017-07-12)

(77)牛奶、螃蟹、豆浆、虾等高蛋白的食物也别跟柿子一起吃,蛋白质在鞣酸的作用下,很容易凝固成块,生成结石。(柿子好吃,也不能空腹吃《羊城晚报》2017-10-18)

例(76)中,"感觉到被落下一大截,失落满满",否定持有这种心态的必要性。对必要性的否定也就是对这种状态的间接否定。而例(77)的"别"则是直接否定,否定动作施行的允准性。

同时,"犯不着"是主观否定,而不是客观否定,是基于说话人的常识而作出的主观判断,体现了说话人的主观态度。例如:

(78)哈,他可不想死。而且在心里还弄明白了一件事,他用不着再欺骗自己,也犯不着跟自己赌气……(蒋子龙《燕赵悲歌》)

(79)有些同志可能以为,与乱作为的"祸国殃民"相比,不作为充其量只是"懒政惰政",犯不着小题大做,不需要草木皆兵。(干字当头是干部本分《光明日报》2017-06-31)

例(78)的"用不着""不需要"都是表示客观情理上的不需要。与"用不着""不需要"相比,"犯不着"则表现了说话人的强烈主观态度,表达主观上的不必要或不需要。从结构来看,"用不着""犯不着"是否定义情态构式,而"不需要"则是否定性的情态结构。

6.2.2.2 宾语的语义类型

"犯不着"的宾语按照语义类型可以分为消极、中性和积极三类。其中,表示消极义的宾语占多数,少数表示中性义和积极义。由于"犯不着"在情态语义上表示对道义上的必要性进行否定或主观评价上的不值得,因而具有否定意义。在语义上,不值得去做的事一般是对说话人而言不好或者不愿意去做的事,而较少是说话人愿意去做的。

"犯不着"作为表达劝阻功能的情态构式,其劝阻的一般是对言者或听者而言不好的事情。对不好的事情的劝阻实际上也是广义建议。

a. 消极义宾语

消极性是"犯不着"的宾语主要语义类型。"犯不着"在语义上表示"不值得",自身具有消极倾向。因而,"犯不着"所搭配的宾语多带有消极义。"犯不着"的消极性宾语主要有:1)自身具有消极义的光杆动词或形容词;2)带有"那么""太""这么"等修饰语或表示语用否定的"什么"的谓词性成分;3)具有消极义的小句。消极性宾语一般出现于未然事件句中,表示说话人对听话人的间接劝阻。说话人通过使用情态构式"犯不着"来否定做某事是"不值得"或"不必要"的,从而达到劝阻的目的。例如:

(80)人人都是要"走"的,只不过现在轮到我了。你们<u>犯不着流泪</u>,<u>犯不着悲戚</u>。(深情地活着《重庆晚报》2015-07-25)

（81）我在大学里，经常听到一些关于边远地区学生吃得起苦而大城市学生不能吃苦的评价，评论者不是赞扬吃苦精神，而是说那些农村孩子不吃苦就没前途，城市人<u>犯不着那么吃苦</u>。（"90 后"冠军是怎样练成的《文汇报》2008-08-21）

（82）"儿不嫌母丑，狗不嫌家贫"，我们的问题我们努力克服，<u>犯不着自轻自贱</u>，夸大其词以取媚于他人，这应当是作为一个中国人的基本立场。（外国的月亮不比中国的圆《湖南日报》2017-05-24）

例（80）—（82）的"犯不着"的宾语在语义上都具有消极义。与"犯不着"搭配在一起时，整个结构具有偏离常理或偏离常态的意义。

b. 中性义宾语

中性义宾语是指在语义上感情色彩不明显的成分。例如：

（83）如果按照刑法"虐待罪"的规定，轻伤须当事人上诉才会立案，也就<u>犯不着</u>公安部门申请批捕。（处理虐童事件应"以童为本"《长江日报》2015-04-21）

（84）倘若天气一连好几天都不错，其实<u>犯不着</u>每天出门之前查看一下天气应用。（懒人设备宠的就是你《广州日报》2013-09-14）

在例（83）和（84）中，"犯不着"的宾语都只具有中性义，都没有鲜明的语义偏向。

c. 积极义宾语

积极义宾语是指义带有积极倾向的宾语，一般出现在已然事件或实然命题中，表示对已然情状的主观评价。例如：

（85）等她来到，他还要很诚恳的，甚至于近乎啰嗦的，向她道歉；使她更莫名其妙。他以为也许言语之间得罪了她，而她以为即使有一星半点的顶撞也<u>犯不着</u>这么客气。（老舍《四世同堂》）

（86）对这场比赛，绝大多数媒体和球迷都给予很高评价，但也有小部分认为<u>犯不着</u>那么兴奋，不就是一场普通的胜利吗？（为什么对中韩之战评价如此之高？ 新浪网 2017-03-26）

例（85）的"这么客气"、例（86）的"那么兴奋"都具有积极义，并且都是已然事件，都是对已然事实作出的主观评价。

通过对老舍的《四世同堂》和钱锺书的《围城》的分析，归纳得出"犯不着"宾语语义的表达倾向。结果如表 8 所示：

"犯不着"的宾语语义类型及其分布频率

著作 \ 语义	老舍《四世同堂》	钱锺书《围城》	总　计
消极义	4	9	13
积极义	1	0	1
中性义	2	2	4

根据上表所示，在老舍作品和钱锺书的《围城》中，"犯不着"的宾语表示消极义的最多，总共 13 例；而表示中性义的其次，共出现 4 例；而表示积极义的频率只有 1 例，频率最低。"犯不着"与三种类型的宾语的搭配频率依次是：消极＞中性＞积极。这表明，它与表示消极义的宾语在表义上最和谐，搭配频率也最高，中性的宾语其次，积极义的宾语最低。

"犯不着"的宾语多数是表示对于说话人或主语而言不好的后果，即使是它的宾语在语义上是表示中性义或积极义，整个结

构都表示在说话人看来,某一行为或事件的发生或实现已经超过说话人心目中的预期或偏离了常理,因而是不值得或不必要的。例如:

(87) 一种观点是网红无学,所谓的直播技巧是自己在家里拨弄几下就会的东西,<u>犯不着</u>高校专门开课程来讲授。("网红学院"反映出大学的就业焦虑《三亚日报》2017-09-25)

(88) 也有指导老师觉得某学生论文不像话,提前打招呼,大家在一个单位,<u>犯不着</u>为一篇论文撕破脸皮,答辩老师一般也就"和谐"处理了。(为什么本科论文抄袭难以避免《中国青年报》2016-04-26)

在例(87)中,"自己在家里拨弄几下就会的东西"是很容易的,完全可以通过自学的方式来加以训练,是不值得高校专门开课去系统地学习的。在例(88)中,"一篇论文"是小事,而"撕破脸皮"则是一件很严重的事情,二者相比,"为一篇论文而撕破脸皮"则是不值得的。

6.2.3 话语功能

"犯不着"在话语中主要表达主观评价功能和劝阻功能。"犯不着"的主观评价功能是指它是对发生的事件的主观评价。用以表明说话人的主观态度,即"在道义情态上没必要或不值得这么做"。而它的劝阻功能是指它否定的是施行某一行为的必要性,通过对动作发生的必要性的否定来否定实施的行为本身,从而达到劝阻听话人的效果。主观评价功能主要是用来评价已然事件或实然命题。而劝阻功能主要是用于未然事件或或然命题。已然事件已经发生或处于完成状态,"犯不着"表达的是对已然事件在道义情态上的必要性给予否定评价。无论它的情态语义有多么强烈,它都不能对已然事件做出任何的改变。而未然事件或或然命题是还未发生的,"犯不着"可以通过对事件发生的必要性加以否定,从而达到劝阻动作的行为不要发生的目的,它可以对未然事件或者或然命题产生影响。主观评价功能属于句子层面,而劝阻功能属于话语语用层面。

"犯不着"的话语功能主要体现在其人称和句类分布上。

6.2.3.1　主语的人称

"犯不着"的主语有名词性成分。例如:

(89)退一万步讲,即便中美在南海"开战",中国也犯不着用核武器攻击菲律宾基地。(菲媒妄想中国核武打击美在菲基地 怕被美军连累《环球时报》2016-03-23)

除名词性成分外,"犯不着"的主语也可以是人称代词。既可以是单数,也可以是复数。例如:

(90)"除了上下班,常去的地方也基本上都有地铁,我犯不着开车堵在路上着急上火啊。"李旭峰说。(31个城市结缘轨道交通《云南日报》2012-07-06)

(91)这样的观点我们犯不着去反驳,看看故宫就知道了,高峰期每天要接待10多万人,好像地砖也没有被踏平。(有"人"的风景才是好风景《扬子晚报》2015-01-06)

(92)假如战争免不了,你犯不着找深奥的理由,证明它合理,证明它好。(钱锺书《围城》)

(93)大家一齐追,宁某突然转身,拿出随身携带的弹簧刀,

威胁保安:"<u>你们犯不着</u>为这件小事把命也搭上。"(一条牛仔裤换来四年铁窗《钱江晚报》2006-09-08)

(94)一定是今天早晨唐家车夫来取信,她起了什么疑心,可是<u>她犯不着</u>发那么大的脾气呀? 真叫人莫名其妙!(钱锺书《围城》)

(95)在近 2000 亿元的历史新高面前、在众多上市房企前三个季度已基本完成全年销售目标面前,今年年底,房企已没有太大的销售压力,因此,<u>他们犯不着</u>急忙降价。(买还是不买? 楼市新政后买家陷入纠结《羊城晚报》2016-12-11)

例(90)(91)分别是第一人称的单数和复数。例(92)(93)分别是第二人称的单数和复数;例(94)(95)分别是第三人称的单数和复数。

除了人称代词,其主语还可以是疑问代词。例如:

(96)孙大哥的这一番苦口婆心固然对弘扬传统道德观有着不小的意义,可还是免不了夹杂着<u>丝丝缕缕的怨男气</u>。更何况,大家都在泥塘里打滚,<u>谁</u>也<u>犯不着</u>瞧不起谁。(孙红雷何苦把怨气撒在女演员身上?《羊城晚报》2008-12-01)

"犯不着"的主语也可以承前省略或直接省略。例如:

(97)他可是没为这个发愁,经验使他冷静的上工辞工,<u>犯不着</u>用什么感情。(老舍《骆驼祥子》)

(98)谁叫人家是警察呢。<u>犯不着</u>跟他顶牛,再说那些话也还不错。只要不假模假式,唬人就让他唬去吧。(刘恒《黑的雪》)

6.2.3.2　句类分布

"犯不着"表示对事件发生的必要性进行间接否定。主要位于陈述句、祈使句和反问句,一般不出现于感叹句中。当出现在

陈述句中时,表达委婉否定。例如:

(99a) 我想,如果有一个畅通有效的维权机制、表达自身诉求的渠道,消费者<u>犯不着</u>冒着法律危险去干一件损人不利己的事。(航空服务,也该列个"黑名单"《钱江晚报》2016-04-12)

(99b) 我想,如果有一个畅通有效的维权机制、表达自身诉求的渠道,消费者<u>不会</u>冒着法律危险去干一件损人不利己的事。

在例(99a)中,"犯不着"表达间接的否定情态。它与例(99b)中表达较高否定情态的"不会"相比,在情态语义等级上要低,因而它在陈述句中具有一定的委婉义。

当"犯不着"出现在祈使句中时,不表达任何委婉义,只起减弱祈使语气作用。例如:

(100a) 豚翁肃然改容道:"那么,你是——是所谓'失恋'了。唔,那也<u>犯不着</u>糟蹋自己呀!日子长着呢。"(钱锺书《围城》)

(100b) 豚翁肃然改容道:"那么,你是——是所谓'失恋'了。唔,那也<u>别</u>糟蹋自己呀!日子长着呢。"

在例(100a)中,"犯不着"虽然也表示间接否定情态,但由于处在祈使句中,具有祈使语气,因而不表达委婉义。与例(100b)的"别"相比,其否定语气要相对和缓一些。

当"犯不着"出现在疑问句中时,具有减弱疑问语气的功能。例如:

(101a) 金苟说:"伙计,就是帮老子上刑场挨了个枪子儿,也<u>犯不着</u>这样呀?"(《作家文摘》)

(101b) 金苟说:"伙计,就是帮老子上刑场挨了个枪子儿,也<u>不</u>这样呀?"

例（101a）和例（101b）中，"犯不着"在疑问句中表达间接否定情态。与直接否定的"不"相比，具有弱化否定的效果，从而减弱了疑问语气的强度。

也就是说，无论"犯不着"出现在什么句类中，它都具有减弱语气的功能。这种减弱语气的功能主要是由它表达情态的间接性决定的。

6.2.4　构式化历程

"犯不着"在语法形式上经历了构式化过程，在语义上经历了主观化过程。构式化与主观化相互交融，相互影响。

构式是指，"任何语言形式，只要其形式或功能的某一方面不能严格地由其组成成分或已有相关构式得到预测，这一形式就是构式；即使某一语言形式可以被完全预测，只要它们高频使用，也是以构式的形式得以储存的"（Goldberg，2006：5）。简而言之，构式就是一组形式与意义（功能）的匹配体。而构式化就是指两个或以上成分组合在一起，逐渐凝固成为独立构式的过程。

"犯不着"在内部形式上是"V 不 C"结构，由动词"犯"、否定词"不"以及动词"着"组合而成。《汉语大词典》（p.6460）对"犯不着"的解释是：犹"犯不上"，表示"不值得"。"犯"的意思是表示"值得"，"着"表示"达到目的或有了结果"。整个结构的意思是"没有达到值得的结果"，也就是"不值得"。

从文献来看，"犯不着"最早出现在清代中期。例如：

（102）归姑爷道："像娘这样费心，还不讨他说个是，只要拣精拣肥，我也<u>犯不着</u>要效他这个劳。"（清 吴敬梓《儒林外史》第二

十七回）

（103）你听见那位太太，太爷们封我们做小老婆？况且我们两个也没有爹娘哥哥兄弟在这门子里仗着我们横行霸道的。他骂的人自有他骂的，我们<u>犯不着</u>多心。（清 曹雪芹《红楼梦》第四十六回）

（104）依我说，一个家人就是好，也<u>犯不着</u>主人家到他屋里看他。（清 李绿园《歧路灯》第二十六回）

例（102）—（104）的"犯不着"都是表示"不值得"。"犯不着"表示两相比较而言，做某事是"不值得的"。清代末期，"犯不着"继续发展。例如：

（105）牛氏见是左右邻，也不敢撒泼，只说道："人家管教儿女<u>犯不着</u>惊动高邻。"（清 魏秀仁《花月痕》卷八）

（106）我的信只算要好通个信，我<u>犯不着</u>派他不是，所以信上有些话一齐托了别人的口气，不说是我说的，只要他觉着就是了。（清 李宝嘉《官场现形记》第十七回）

（107）陈声远说："兄长，不便跟他为仇作对，兄长的身价重，跟他<u>犯不着</u>。等我好了，我自己去找他。"（《济公全传》第一百六十三回）

6.2.5 "犯不着"与邻近构式的异同

与"犯不着"近义的构式有"犯不上"，还有其反义形式"犯得上"。"犯不着"与其同义形式"犯不上"在句法分布和语义表达上基本一致。例如：

（108）中国有必要尽最大力量促使半岛局势稳定，但中国<u>犯</u>

<u>不上</u>比别人更怕半岛乱。(中国无惧朝鲜半岛任何事变《环球时报》2012-04-13)

(109)如果中国的教育资源真的非常平衡，以上的感觉也就不是错觉了，家长也<u>犯不上</u>点灯熬油的了。(小学减负根儿在教育资源《银川晚报》2013-08-26)

例(108)的"犯不上"表示"没必要或不需要"，例(109)的"犯不上"表示"不值得"。

"犯不着"还有反义形式"犯得着"。"犯得着"一般出现于反问句，表示询问施行某一行为有没有必要或值不值得。这种反问多数时候具有偏向义。例如：

(110)不少人为工作人员抱屈，不就围观一下明星，<u>犯得着</u>给处分吗？(围观明星受处分该不该《人民日报》2015-12-04)

(111)都是人，而且都是同胞，为什么就要打人呢？若不是有仇有怨，<u>犯得着</u>用武力解决吗？(中国人是"仇富"还是"仇穷"？人民网 2012-12-11)

例(110)和例(111)的"犯得着"都是在反问句中，并且它们的语义是偏向于表示否定，即表示"犯不着"。而有时，"犯得着"在语义上表示确定无疑，只是在形式上表示反问，因而在句子里常常具有反驳语气。例如：

(112)如果农村的相对产出比城市高，他们<u>犯得着</u>背井离乡赴外打工吗？(应通过市场手段增强农村吸引力《南方日报》2012-03-20)

(113)"弄清楚了我也就不说啥了，要是早这样算细账，哪<u>犯得着</u>折腾这么多年！"57 岁的高小军说。(河南兰考真学真用焦

裕禄精神 坚决甩掉贫困帽子《郑州晚报》2014-08-29)

　　"犯得着"本身表示"值得或需要"。当表示无疑而问时,常常表示对对方话语的反驳语气。

　　"犯不着"与"用不着"都是"V 不 C"结构。其反义结构形式都是"V 得 C"。"犯不着"的反义形式是"犯得着","用不着"的反义形式是"用得着"。它们都可以采取选择问形式"V 不 V 得着"或"V 得着 V 不着"来提问。其语义都是表示"在道义情态上的不必要或不值得"。

　　"犯不着"与"用不着"的差异主要表现为,"犯不着"表示"不值得",而"用不着"更偏向于主观上的不需要。例如:

　　(114)我告诉你,马上从那地方抽身回来。真的犯不着,也没必要,你也用不着再给我说什么七七八八的原因。(张平《十面埋伏》)(引自 吴德新 2017a)

6.3　本章小结

　　本章以"用不着"和"犯不着"为例,考察了汉语的否定规避类道义情态构式。情态构式与一般的述补短语的区别在于:在内部结构上,述补短语具有很强的可替换性和扩展性,而情态构式的可替换性和扩展性很弱。在句法分布上,前者主要作谓语和定语,而后者主要作高层谓语。在搭配共现上,前者主要与副词或名词搭配,后者主要与谓词性成分或小句搭配。在语义指向上,前者指向名词,后者指向其所评价的命题或事件。

　　情态构式"用不着"主要充当高层谓语,在情态语义的表达上具有间接性、低量级性和负向性三个特征。在话语功能上,具有主观评价功能和劝阻功能。在构式化历程中,由述补短语逐步词汇构式化为动词性情态构式。在普通话中,与"用不着"类似情态功能的还有"用不到""用不上"等。但是后两者的分布具有较强的方言地域性,在普通话中出现的频率远低于"用不着"。

情态构式"犯不着"在句法上也充当高层谓语,用以评价事件或命题。表达道义上的否定,表示"不值得做某事",用来传达语用上的规避义。当用于评价未然事件句时,"犯不着"不仅表示主观评价,还可以表示间接劝阻,用以劝诫说话人不要做某事。当用于已然事件句时,"犯不着"只是对已然事实表示主观评价,表达对已然事实发生的不必要或不值得的主观态度。"犯不着"的近义构式是"犯不上"和"犯得着"。情态构式"犯不上"多出现于陈述句,而情态构式"犯得着"主要出现于疑问句中。

7 极性估测类认识情态构式

极性估测类认识情态构式是指具有极性预估和猜测义以表达认识情态的构式。其共同特点是表示对事件或命题的极性预测,以凸显说话人的强烈认识或意愿。这类构式主要是从语义上归纳的,其表达形式各有特点。极性估测可以分为对上限的估测和对下限的估测。对上限的估测是指对某一情状可能出现的最极端的情形所作的估计和猜测。对下限的估测是指对某一情状可能出现的最少或最小的情形所作的估计和猜测。上限性估测即是对情状最高限度的估测,表现为蕴含义,而对下限的估测则表现为衍推义。估测包括估计和推测,是对将来出现的事件或命题所作的可能性判断。表达预估和推测,在情态类型上归属于认识情态。

极性估测情态构式的实例包括"了不起""大不了""充其量";"V死"类,如"说死""撑死"等;"V说"类,如"少说""多说"等。

本章考察的极性估测类认识情态构式的两个个案分别是"充其量"和"了不起"。"充其量"和"了不起"都是对上限进行极性估测的情态构式。它们在句法上充当高层状语,表达对上限的极性估测情态,体现为认识情态。在历时上,都是在"充其量"或"了不起"与"也"组成的构式中,由于构式的省缩,其语义由对上限的客观推测演变为主观小量义,意义由客观义演变为主观义。

7.1   极性估测类认识情态构式"充其量"

在情态构式中,有一类表达极性估测的认识情态构式,其共同特点是表示对事件或命题的极性预测,以凸显说话人的强烈认识或意愿。"充其量"就是个表达极性估测情态的构式。例如:

(1)你买一套西装,他绝对不会再白送你一套西装,了不起送一条领带什么的;你买一只计算器,充其量送你几节电池;你买一台洗衣机,最多也就是送几袋洗衣粉……(《人民日报》1995年)

从例(1)可以看出,"了不起"和"充其量"都表达极性估测型认识情态。

本章主要研究极性估测认识情态构式"充其量"。《现代汉语词典(第7版)》(p.188)对"充其量"的解释是:表示作最大限度的估计;最多。史金生(2003)认为"充其量"是表示推断的语气副词。邵敬敏(2012)指出,"充其量"表达的是"对某种情况作出低程度的估测。表面上尽可能往大处、高处估测"。姚颖(2012)把"充其量"看作对上限进行估测的话语标记,在复句中常常表现为让步或解释。罗荣华(2012)、罗荣华和刘英(2015)认为"充其量"是个主观量标记,它表达主观小量。陈琳(2016)认为,"充其量"在句法上主要充当状语,在主观化作用下,由限定性副词发展为评注性副词,并具有话语标记倾向。

综观已有研究,前人时贤对"充其量"的句法语义进行了系统梳理,对其历时发展进行了比较详细的考察,也从主观量视角对其进行了探讨。本章主要从情态构式角度来对其进行论证和分析。

7.1.1　句法分布和共现搭配

7.1.1.1　句法分布

在现代汉语中,"充其量"主要充当句中和句首状语,其辖域都是整个命题或事件,是个高层状语。例如:

(2)1991年以前,诺基亚<u>充其量</u>是一个地区性公司,市场主要在芬兰和东欧国家。(《人民日报》2000年)

(3)显然,语言是一堵动物们无法攀越的高墙,因为心理学家曾经在五十年代试图训练黑猩猩说话,但没有成功。<u>充其量</u>少数几只发出一些叽咕声,有些人便兴奋莫名,勉强认定这就是猩猩"说话"了。(《读者(合订本)》)

"充其量"在例(2)中位于主谓之间,作句中状语;在例(3)充当句首状语,用以评价后接分句。当"充其量"单独作为插入语时,可以连接前后分句或小句,具有话语衔接功能。例如:

(4)其实这"中国城"并不大,<u>充其量</u>,方圆至多3平方公里,而中心则只有几条街,最著名的一条以华人先驱者王彬先生命名的"王彬街"。(华人别有天地《厦门日报》1990-04-28)

(5)一个人出生后经过10年成长,仍然还是一个小孩。<u>充其量</u>,他也只是刚刚告别儿童时代,成为一名少年。(新华社2002年新闻)

在例(4)中,"充其量"连接"其实这'中国城'并不大"和"方圆至多 3 平方公里"这两个分句。在例(5)中"充其量"连接前一句子"一个人出生后经过十年成长……"和后面的句子"他也只是刚刚告别儿童时代……"因此,作为插入语的"充其量",具有衔接前后分句或句子的功能。

7.1.1.2 共现搭配

"充其量"不仅可以单独修饰命题或事件,也可以与其他同类成分共现。这些成分主要有:一是范围副词,如:只、不过、就是、仅仅等;二是句尾语气词,如:而已、罢了等。其中的范围副词既可以单用,也可以连用。它们主要作状语,与"充其量"紧邻或共现。例如:

(6)她单纯得有点儿发傻。26 岁了绝然地不谙世故。说她是大姑娘未免"抬举"她,<u>充其量</u>只能说她是一个大女孩儿。(梁晓声说妻《中华读书报》1996-01-17)

(7)在一个效率低下、物资匮乏的社会里,所谓社会公平,<u>充其量</u>不过是低水平收入下的平均分配。(《人民日报》1994 年)

(8)我仔细想过了,体操杂技和京剧武打都被我否决了,都不够彻底,这些姐妹技术<u>充其量</u>也就是稍微丰富下形态和动作,修修补补,还够不上真正革命性的变化。(王朔《千万别把我当人》)

(9)我觉得他们好像是这样的人……然而他们在打地基时却不肯使用更多的石头,也不愿花费更多的劳力,他们使用的石头和劳力<u>充其量</u>仅仅只够搭一个小茅舍。(《一个美好心灵的自述》中译本)

句尾语气词主要位于分句或小句末尾。例如:

(10)领导干部中确实有书法大家,但较多的还处于业余水

平,<u>充其量</u>是个书法爱好者<u>而已</u>。(《人民日报》2000 年)

（11）今天,能读会写看起来差不多只等于能呼吸或者<u>充其量</u>会骑马<u>罢了</u>。(《读书》vol-144)

范围副词还可以和句尾语气词一起与"充其量"共现。例如：

（12）至于所谓"四大天王""小虎队",<u>充其量</u><u>不过</u>是通俗歌坛上一时走红的小星星<u>罢了</u>。(《人民日报》1993 年)

（13）这就是说,明故宫既然只留下一个影子,<u>充其量</u><u>也</u>只能在此广植花草树木,布置小桥流水,辟作公园<u>而已</u>。(《人民日报》1995 年)

（14）还有那个托马斯·莫勒,是个年轻的"农场主",其实,他<u>充其量</u><u>仅仅</u>是个雇农<u>罢了</u>。(《美国悲剧》中译本)

归纳起来,"充其量"主要充当状语,可作句中状语,也可作句首状语,还可充当插入语。其共现成分有范围副词、句尾语气词及其组成的框式结构。

7.1.2　情态语义表达

作为极性估测情态构式,"充其量"的情态语义是对命题或事件出现的极端情状的估计或预测,其在情态类型上属于认识情态。例如：

（15）大拉菲一年产量是多少？24 万瓶,三分之一亚洲市场,到中国<u>充其量</u>5 万瓶,而销售多少？200 万瓶！(《新闻纵横》中央人民广播电台 2012-03-16)

（16）如果我们上网仅仅是看看新闻、聊聊天,或者在网上打打麻将、听听音乐,网络<u>充其量</u>是个娱乐工具。(《人民日报》2000 年)

例(16)的"充其量"表示对大拉菲在中国的销量进行估测,"5万瓶"是对这一销量的最大值的估计。例(17)的"充其量"对网络的功能进行估测,其功能顶多"是个聊天工具"。

"充其量"的语义包含两个层次:一是表达对命题或事件出现的极端情状的估计或猜测;二是传达出这种极性估测在说话人看来不重要,凸显说话人不以为然的主观态度。例如:

(17)以此谋生的企业生产量再大,东西做得再好,<u>充其量</u>是个加工厂,永远不能成为一个地道的服装企业。(《1994年报刊精选》)

(18)他认为,企业应该有自己的文化特色。一个只知道做鞋的企业,<u>充其量</u>是个"鞋匠"。(《人民日报》1998年)

例(17)中,"充其量"不仅表达了对命题的极性猜测,即"是个加工厂",也凸显了在说话人心目中,"加工厂式的企业"相对于"地道的服装企业"而言是低层次的,因而"加工厂"式的企业是不重要的,体现了说话人对企业发展思路的不赞同,彰显了说话人不以为然的主观态度。因而,说话人认为,"永远不能成为一个地道的服装企业"。在例(18)中,一个没有自己的企业文化,"只知道做鞋的企业"的最好的情状就是被人们称为"鞋匠"(企业)。"鞋匠"在人们的社会认知中是处于较低层次的劳动者和加工者,是不重要的,凸显了说话人不以为然的主观态度。

"充其量"的情态语义主要有极限估测性、预期性和让步性三个特点。

a. 极限估测性

极限性是指"充其量"所评价的命题或事件相对而言是极限

情状。极限情状存在下限性情状和上限性情状两种。"充其量"所评价的极限情状往往是上限性的估计或预测。例如：

（19）那个时候通信跟现在通信不一样，一封信写出去要等一个多月才能回来，一年<u>充其量</u>十封信左右。（庞天德与娜塔莎横跨半世纪的旷世奇恋《鲁豫有约》2012-04-17）

（20）尽管我国篮球一直有较好的群众基础，受到业内外人士重视，但只能在亚洲拼第一，国际上<u>充其量</u>是二流的队伍。（《新华社 2001 年新闻》）

例（19）中，由于当时（民国时期）通信业很不发达，每年只能收到十封左右的信件。"十封信左右"是当时通信条件下所能达到的最大值或上限。例（20）中的我国篮球在国际上的地位"是二流的队伍"也是上限性的猜测或最大值的估计。

b. 预期性

预期性是指说话人对可能出现的极性情状作出的猜测。它表明在说话人心目中，从底限到"充其量"所标示的上限范围之内所有可能出现的情状都在预料内。这种预期性反映在说话人心理上常表现为不重要或不以为然的主观态度。例如：

（21）很多美国人在谈到中国文学时，多少还带着偏见，认为中国文学作品<u>充其量</u>是党和政府的宣传品。（《人民日报》1995 年）

（22）他现在<u>充其量</u>释放一些要对话的气氛，打出一些试探气球，但是要根本改变他已经犯下的错误，我认为机会几乎是荡然无存。（"购岛"闹剧一个月日本仍迷失《环球视线》2012-10-11）

"充其量"还往往与范围副词或语气词共现。这些范围副词或语气词单独出现时与"充其量"所表达的主观态度是一致的，因而它们连用或共现时会强化说话人这种"不以为然"的态度。例如：

（23）陈凤英认为，日本很难利用美俄可能出现的回暖关系为争取北方四岛领土归属加分，这只是日本的一厢情愿罢了。（日"四岛梦"落空《人民日报（海外版）》2016-12-22）

（24）因为南部地方空旷，很适合亲朋好友露天烤肉，广告充其量只是"推波助澜"罢了。（当月饼不见了《人民日报（海外版）》2012-09-28）

（25）"台独"和"亲中"水火不容，无法兼容并存。所以，民进党"亲中爱台"的本质，不过是一碗迷魂汤而已。（"亲中"和"台独"绝不相容《人民日报（海外版）》2017-06-14）

（26）严格地讲，对于我们这些城里人，烩菜实在是难以下咽，它既没有油，也没有肉，充其量不过是各种蔬菜切切在水里煮煮而已。（《市场报》1994 年）

例（23）—（26）的"罢了""而已"本身也表示消极义。它们与"充其量"构成框式结构一起凸显了这种消极义。

c. 让步性

"充其量"的主要功能是表达说话人的极性估测情态，这主要体现在单句中。而在复句或篇章中，主要表现为假设让步情态。例如：

（27）同拥有统一经济政策和单一货币的美国、日本市场相比，欧共体的市场显得太分割了，充其量只是一个由 12 个国家市场组成的联合体，而不是真正的"共同市场"。（《人民日报》1993 年）

（28）发行部主任毫不客气道，"教授？教授算名气吗？充其

量是一专业职称,在自个儿单位可能还能唬一唬人,到社会上,谁认这个?"(王海鸰《新结婚时代》)

例(27)中,"充其量"的衔接功能体现在复句中。与美国和日本拥有统一的经济政策和货币相比,"欧共体"(欧盟的前身)并不具有统一性。"一个由 12 个国家市场组成的联合体"是对"欧共体的市场"的解释,指明欧共体在市场中的最高属性是个市场联合体,而不是真正的"共同市场"。例(28)中的"充其量"主要体现在语篇中,具有连接前后小句的功能。在发行部主任的心目中,"教授"并不算社会名人,并不具有名气。"教授"最多是"一(个)专业职称",因而即使"在自个儿的单位还能唬一唬人",但是到了社会上,就不会认教授的名气了。它在整个语篇中体现为让步情态,相当于"最多是 A,不可能 B"。

7.1.3 主观量表达

"主观量是客观世界的量范畴在语言中的表现,是含有说话人主观评价的量。"(李宇明 1999)主观量按照取值大小来分,可以分为主观大量和主观小量。"充其量"的含义是表示"最多也不过",它属于主观小量,表示在说话人心目中数量少、范围小或程度低。例如:

(29)欢瑞世纪股东质押 290 万股占总股本比例 0.3%。(同花顺财经 2017-08-16)

(30)深市的数字虽然没有披露,但从全国 4700 多万户个人投资者、14 万机构投资者的统计推算,后者在全国投资者中的占比,充其量为 0.3%。(《人民日报》2000 年)

（31）记者在医院遇到了一位前来探望伤员的张女士，她和朋友在老挝打工，收入不高，但听说有中国同胞受伤，还是到医院探望并送上了<u>几百元</u>捐款。（为同胞搭起生命之桥《人民日报（海外版）》2016-04-04）

（32）偷井盖不过是盗窃罪，一个井盖<u>充其量</u><u>几百元</u>，按照法律，即使就高处罚也重不到哪里去。（被动防盗怎么防？《人民日报》2004-12-07）

例（29）的"0.3%"是客观小量，同时也是确定量。例（30）与例（29）相比，添加了主观小量标记"充其量"，它表明"0.3%"在说话人的心目中是个小量。例（31）中的"几百元"是客观量，同时也是概约量。例（32）与例（31）相比，添加了"充其量"之后，"几百元"这一客观大量在说话人的心目中却变成了主观小量。也就是说，无论是客观大量还是小量，是确定量还是概约量，"充其量"所标示的量成分在主观量度上都是小量。

范围副词、语气词及其组成的框式结构同样也表示主观小量。例如：

（33）虽然在7月上映的时间<u>只有</u>5天，但是《战狼2》凭借12.68亿元的票房掀起观影热潮，拉动7月大盘突破50亿元，一改暑期档的颓势。（《战狼2》拉动国产片重燃市场《中国新闻出版广电报》2017-08-16）

（34）两年前，当谷歌发布其无人驾驶汽车的原型时，很多人依然认为，无人驾驶<u>不过</u>是给汽车配上一台"电脑"<u>罢了</u>。（无人驾驶，城市新革命？《人民日报（海外版）》2016-10-22）

"充其量"不仅可以单独充当主观小量标记，也可与范围副词

或语气词等一起组合成主观量框架,共同表达主观小量。例如:

(35)媒体上时常看到某部电影票房突破了几个亿,中国一年拍的电影已经突破了800部,上亿的电影<u>充其量</u>只有十几部,多数电影实际上是在赔钱。(金鸡奖最佳编剧:许多电影不会讲故事了《福州晚报》2013-10-20)

(36)"把个人的支出打到公司里面在美国是不可能的",美国注册会计师利普生对媒体说。可见,"富爸爸的秘诀"<u>充其量不过</u>是个"投机取巧"的"招数"<u>罢了</u>。(富人没有理由不交"个税"《国际金融报》2002-07-18)

例(35)和例(36)的"充其量"和"只有""不过……罢了"一起表示这些量度在说话人看来是个小量。

"充其量"表示的主观量包含名量、动量和时量,也包括广义的语用量。语用量是指按照语用量级序列来排列的量成分,它包括事件量。这种量级序列的排序标准既可以是社会规约,也可以由说话人主观认定。例如:

(37)任何学校要办成一流大学,除了物质条件外,还要有优势和特色,否则硬件再好,<u>充其量</u>是所二流大学。(大学生培养也要"适销对路"《人民日报(海外版)》2008-03-11)

(38)从另一个角度来看,对于一个企业来说,如果没有品牌,就无法获得高附加值,就无法获得高利润,就无法获得高速发展,<u>充其量</u>做一个"世界苦力"。(品牌60年《中国经济周刊》2009-10-19)

在例(37)中,大学可以分为一流、二流和三流大学。说话人的语用等级在这里指学校的办学层次。这是由社会所规约而形成的等级。"一流大学"的创建不仅需要物质条件,也需要办学优势和特色。"充其量"表示只有硬件的大学即使物质条件再好,也仍然达不到一流的层次,最多只能成为二流大学。例(38)的"做一个'世界苦力'"是比喻,把没有品牌的企业比作一般卖体力的劳动者,这些企业发展层次较低,利润也少。"充其量"的添加表明,说话人认为没有自主品牌的企业在企业发展方面属于低层次和低水平,在语用量级上处于低等级。

"充其量"无论是标示具体量,还是标示语用量,它所凸显的都是量级义。这种量级义,具体来说是极限量级义。根据 Fauconnier(1975)所建立的语用量级模型,从最低级 m 到最高级 M 是完整的语用量级。"充其量"所标示的最大量级在 M 层级上,而说话人的量级基准(ICM)处在说话人所预设的 S 量级上。由于 S 量级高于 M 量级,因而"充其量"表达的量在说话人看来仍是主观小量。

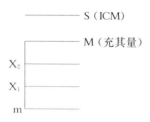

从最低量级 m 到最高量级 M,这是说话人所预设的量级幅度。表明了说话人的预设范围。而量级 S 则是说话人的量级基准,不低于"充其量"表示的最高量级,即预设这种量级的上限不会超过 S 量级。这种预设表明说话人认为这种量级是预期内的,因而导致自身表示量级上限义的"充其量"具有主观小量。例如:

（39）做过官,<u>充其量</u>是个"从七品",属于典型的"官不入品,文不入流"的一拨。(官员纵论升迁"天花板" 人民论坛 2009-12-01)

（40）说它不轻不重,是因为像十三香和王老吉这种现象,在我们的生活中根本就不算什么,也没有吃死人,<u>充其量</u>是鸡毛蒜皮样的小事。(我将"十三香"和"王老吉"送上法庭 人民网 2006-01-28)

例(39)的"'从七品'"指明了现在做到的最高级别官位。这一级别的官员本身官位不高,又加上即将到龄,升迁已经没有希望了,所以面临着退居二线的命运。例(40)中,部分食品安全没有引发严重的后果,所以人们也不太重视,顶多是当作"鸡毛蒜皮样的小事"。

"充其量"标示的主观量表达事件或命题在语用量级上的"最高限度",在语用上具有指明预设的功能。例如:

（41）尤其是德国的政治精英,当他们得知德国在美国政府绝密文件中<u>充其量</u>是一个第三流可信任的伙伴时,几乎到了愤怒的边缘。("棱镜门"之后的欧美关系——合不来又离不开《人民日报》2013-07-15)

（42）我有位朋友,在京打拼多年,后来选择回乡发展。他说,在京我发展的顶端<u>充其量</u>是个高级打工仔。(继续北上广 还是留家乡?《人民日报》2014-02-10)

在例(41)中,"充其量是第三流可信任的伙伴"指明了美国对美德双方关系的最高定位,它预设了美国对美德关系蕴含着其他更低的定位,比如一般伙伴或者敌对关系,而不是高层次的紧密合作伙伴关系。例(42)中的"充其量是个高级打工仔"指明了

"我"在北京发展最多是为别人打工,它预设了打工蕴含着其他更低的层次,比如白领、蓝领和农民工等打工者。而回到家乡则可以自己创业,创立自己的公司。

7.1.4　构式语法化

陈琳(2016)认为"充其量"的构式语法化主要体现在两个方面:a."其"由有指到无指;b."量"由个体量扩展为事件量。

"充"的意义是表示"(使)充足,充满"的意思。例如:

(43) 凡万民之贡,以充府库。(《周礼·天官·大府》)

"充"的意思是"足、满"。表示动作义。"其"做领属性定语,表示"他/她/它(们)的","其"最早表示有指。例如:

(44) 桃之夭夭,灼灼其华,之子于归,宜其室家。(《诗·周南·桃夭》)

"量"表示事物的可容纳限度。例如:

(45) 惟酒无量,不及乱。(《论语·乡党》)

"其量"表示其量度或限度。例如:

(46) 器过其量,物溢弃遗;爵过其差,死亡不存。(东汉 王充《论衡·骨相篇》)

例(46)中的"其量"表示器皿(它)的容量。

"充其量"最早是个动宾短语,其语法层次应为"充//其/量",意思是"达到其最大限度"。例如:

(47) 形虽大,不能累其体,事虽殷,不能充其量。万物舍此而求主,主其安在乎?(魏 王弼《老子注》)

(48) 若夫居敬行简,喜愠不形于色……渤碣河华,不能充其

量,盖净行之仪表,息心之轨则欤。(南梁 裴子野《齐安乐寺律师智称法师碑》)

(49)君始以明左氏学,射策甲科,初补尉氏主簿,历奉天、同官二尉,汝州司兵,左降德州司仓参军,而位于斯,抑所谓不<u>充其量</u>者也。(唐 韦良嗣《唐故德州司仓郑君铭》)

从以上3例来看,"充其量"在早期都是动词短语。它在例(47)和例(48)中充当谓语核心,在例(49)中与"不"一起充当定语。"充其量"在例(47)中是指"事情虽然众多,但是也不能达到它的极限";在例(48)中表示"达到他(智称法师)的德行";在例(49)中表示"它们也不能充满其心胸气量"。

而在南宋时期,"充其量"的句法位置由独立谓语变为处于谓语之前,但仍然还是谓语。例如:

(50)公更看横渠《西铭》,初看有许多节拍,却似狭;<u>充其量</u>,是甚么样大!(南宋《朱子语类》卷九十四)

(51)(贺孙)问:"自其节目言之,便是'各正性命';<u>充其量</u>而言之,便是'流行不息'。"(南宋《朱子语类》卷九十四)

在例(50)中,无论句读存在与否,"充其量"都处于谓语"是甚么样大"之前,它还可以单独成分句,因而仍然是谓语。例(51)的"自其节目言之"与"充其量而言之"相对举,可见"充其量"还是个动宾短语做谓语,表示客观上"达到最大的量度"。

直到清中期,"充其量"才语法化为副词,作状语。其语义由"达到最大的量度"演变为"作最大限度的估计或猜测"。例如:

(52)我虽致信乌克斋,他在差次,还不知有无,便有,<u>充其量</u>也不过千金,连上平色,还差千余金呢!(清 文康《儿女英雄传》

第十二回）

（53）只这邓九公，<u>充其量</u><u>不过</u>一个高阳酒徒，又有多大的福命？（清 文康《儿女英雄传》第三十二回）

例（52）的"金"是可以度量的名词性成分，"千金"表示的仍是具体的量度，"充其量"指"达到千金的量度"。而在例（53）的"充其量"则是对非量度名词的评价，因而它才是表示极性估测的情态构式。与范围副词"不过"或类同副词"也"连用共现，共同表示这种极性估测义。

"充其量也/不过"具有让步情态义，整个结构是让步条件构式。后来，"充其量"的语义由于受到"充其量也/不过"整个结构的影响，通过语境吸收机制，发生了构式省缩，由原来的"充其量也/不过"省缩为"充其量"，让步情态意义由原来整个构式负载变为由"充其量"独自承担，因而它的意义也从"极性估测"义发展出表示"仅仅"的含义，从而可以表达主观小量。这种用法从民国开始，直至当代才发展成熟。例如：

（54）导演的能力，<u>充其量</u>［/仅仅］是他能够使演出相当有趣，成绩是在对白中引人发笑。（评《红粉劫》《申报》1933-08-18）

（55）你是一块玉，但我不是匠人，我不过是一个略懂投机之道的混子，<u>充其量</u>［/仅仅］挣几个打发凡夫俗子的铜板。（豆豆《遥远的救世主》）

"充其量"的意义表示"最多不超过"，它由足量原则和不过量原则一起，通过蕴含义的规约化和回溯性的招请推理机制的作用，凝固为表示"仅仅"的意义。其语义演变是：最多可能————→仅仅。

归纳起来，"充其量"最早是动宾短语，表示"充满其量度"，后

来逐渐语法化和构式化为副词,在清代中期发展成为极性估测的
情态构式,表示"作最大限度的估算",在当代进一步发展出"仅
仅"的意义。

7.2　极性估测类认识情态构式"了不起"

与"充其量"具有同样表示极性估测认识情态的还有"了不
起"。关于"了不起"的释义,《现代汉语词典》(第7版)(p.820)解
释是:形容词,1)不平凡;(优点突出);2)重大;严重。例如:

(56)似乎他们认定我将来会成为一个<u>了不起</u>的人,而这点
在当时我自己一点把握也没有。(王朔《动物凶猛》)

(57)但我尚未十分慌张,因为这毕竟是在梦里,就是被他们
抓住打一顿也没什么<u>了不起</u>,又不是真疼,况且我还会飞。(王朔
《痴人》)

例(56)的"了不起"是形容词作定语,其语义是表示正面、积
极的评价义。例(57)的"了不起"则是形容词做谓语,表示负面、
消极的评价,多用于否定和反问句中。

可见,词典中并未指出"了不起"的情态构式用法。情态构式
"了不起"在句中充当高层状语。例如:

(58)没事,警察搜了一遍,咱们也没什么走私物品,<u>了不起</u>
把咱们当成皮条客了。(王朔《橡皮人》)

(59)那时候我们追女孩谈恋爱,牵牵手就已经全身发抖,<u>了
不起</u>一同骑自行车在街上乱逛,在河边看星星已经够浪漫了。
(张铁林的情感岁月《厦门商报》1999-09-14)

例(58)(59)的"了不起"充当高层状语,用以修饰整个后接

命题。其性质已经不再是形容词,而是副词了。表示极性估测的情态义,相当于"最多可能"。本章重点探究这种作为极性估测情态构式的"了不起"。

关于极性估测情态构式"了不起",学界还少有探讨。只有邓雅、刘望冬(2016)观察到"了不起"可以带谓宾或处于句首作状语,认为这里的"了不起"仍然是形容词。总体来看,前人时贤对这种用法的"了不起"的情态意义及其功能的阐释还很薄弱,因此本节对情态构式"了不起"的情态表达及其功能进行阐述。

7.2.1　句法分布与搭配

在句法上,"了不起"主要作句中或句首状语。例如:

(60) 不怕政府管理多么紧,套汇的办法多得很,<u>了不起多贴点水</u>不就行了。(周而复《上海的早晨》)

(61) 高望念了历史系,高寒不懂一个男孩子念了历史系将来预备做什么? <u>了不起当历史学家或教授</u>。(琼瑶《聚散两依依》)

例(60)、例(61)的"了不起"分别作句中状语、句首状语,用以充当高层状语。其辖域分别是"多贴点水""当历史学家或教授"。

它还可以位于主语前。例如:

(62) 放水,就把这个球故意输了,本来赢的也故意输了。我现在拿 800 万,以前拿 30 万,我 800 万,拿我 5 年的薪水就干了,<u>了不起你判 6 个月我也出来了</u>。(台湾职业棒球赛:民众恨假球 《海峡两岸》2009-11-02)

(63) 张绣想,这个,这个没道理啊,但是一想这个贾诩真是料事如神,那就追吧! 好,<u>了不起我再败一回</u>。(易中天《易中天

品三国》)

例(62)、例(63)的"了不起"分别管辖"你判六个月""我再败一回"。

还可以直接带名词性宾语。例如:

(64)我太太在我最艰苦的时候一直陪在我身边……记得那个时候,感觉最深刻的就是,其实我们吃的条件很差,<u>了不起</u>一个青菜,还有一个肉,都煮得黑不溜秋的。(我是丈夫的贤内助《缘分》2008-08-17)

(65)台湾(红叶)最冷的时候大概零上 10 度、9 度,<u>了不起</u> 7 度的时候我还觉得太爽了,过年零下的时候我跑到那边去还可以穿短袖呢。(香山红叶文化背景《行走天下》2011-10-28)

"了不起"直接带宾语主要由动词的省略导致,"了不起"仍然是副词。总体来看,"了不起"可以充当状语,也可以由于动词省略而直接带宾语。

7.2.2 情态义与主观性

作为情态构式,"了不起"表达极性情态义,用以凸显说话人的极性预估和猜测。例如:

(66)他盯着她问:"<u>了不起</u>是穷一点,经济生活过得差一点,我告诉你,在这世界上,没当工务处处长,而生活得比我快乐充实的人,比比皆是!"(琼瑶《月朦胧鸟朦胧》)

(67)小燕子已经兴奋得不得了,气都喘不过来了,"尔泰!你有一点冒险精神好不好?<u>了不起</u>是脑袋一颗,小命一条嘛!"(琼瑶《还珠格格》)

例(66)的"穷一点,经济生活过得差一点"、例(67)的"脑袋一颗,小命一条"在说话人心目中是极端情状,用以表达将来可能会出现的极性事态,这类极性事态是说话人的预估和猜测。

"了不起"修饰未然事件,不是正在发生或已然发生的事件。它表示说话人对某一事件所呈现出的极端情状的预测和估计。这种极端估测情态属于认识情态,表达说话人的主观态度和意愿。例如:

(68)你买一套西装,他绝对不会再白送你一套西装,<u>了不起</u>送一条领带什么的;你买一只计算器,充其量送你几节电池;你买一台洗衣机,最多也就是送几袋洗衣粉……(《人民日报》1995年)

(69)只要留得人在,宪前大哥从现在三十六岁做苦工做起,做到我爹那个岁数就可以发财,<u>了不起</u>再做几年,到六十岁吧,那是一定发得了财的!(《长江日报》1997-06-25)

例(68)的"送一条领带什么的"、例(69)的"再做几年,到六十岁吧"本身是不表达说话人的认识的。通过添加极性预估情态标记"了不起",就指明了事件的发展可能会达到的顶端。既然说话人已经估计到了,那么这种极性情状就在说话人的意料之中了。因而,在说话人看来极性事态的实现与否并不重要,凸显了说话人"不以为然"的主观态度。

也就是说,"了不起"的极性估测情态具有两层含义:一是表明这种情况是说话人对未来可能出现的情状的极性估测;二是表明这种极性估测的情状在说话人看来是不重要的,凸显说话人"不以为然"的主观态度。"了不起"的第一层含义是其本身的词汇意义,而第二层含义则是在会话或语篇中的意义。"了不起"的会话含义正在成为其规约义。

从上面的分析可以得出，"了不起"的意义具有以下特征：

a. 极量性

极量性是指"了不起"是极性估测，是对处于极性的可能情状的预估和猜测。各种可能情状按照等级排成量级序列，处于最高量级序列的情状就是"了不起"所预估的。"了不起"标示成分的极量性主要是语用极性，这种语用量级排序的基础是说话人的社会认知和经验，以说话人的心理为标准。

b. 预期性

预期性是指说话人的估测根据社会共同标准或者说话人自己的认知进行。它指明可能出现的极性情状，预设可能出现的范围，同时表明这种估测是在说话人的预期内的，而不是在说话人的意料之外。结果在说话人的预期内，就表明说话人先前所做的预设在量级上超过这种极性预估的量级。这种估测仍然不会改变说话人先前的预设，因而这种极性估测的情状在说话人看来，不会改变说话人的最终预判，凸显了在说话人心理上的"无关紧要、不以为然"的态度。

c. 未然性

未然性是指，这种极性的情状在说话人进行估测时是个未然事件，不是实然事件或已然事件。"了不起"标示的极性情状可以是指明其最大可能范围或辖域，也可以是预估将来可能出现的最严重情形，凸显可能性和未然性。

"主观性"是指"说话人在说出一段话的同时表明自己对这段话的立场、态度和感情，从而在话语中留下自我的印记"（Lyons1977）。

作为表示估测的情态构式,"了不起"凸显了说话人的主观性,表达说话人的认识和情感。

"了不起"表现说话人对将来可能出现的极性情状的猜测,这种猜测属于认识情态,反映了说话人的主观认识。例如:

(70)第二次商讨会上,孔祥熙发表了"抗战不如参战,参战不如观战"的谬论。意思是:"引诱日本与苏联和美国打,中国袖手旁观,了不起是参加战争。"(沈永兴 朱贵生《二战全景纪实》)

(71)不通电倒没什么关系,总比触电好! 不通电了不起无光无热,触电却有生命危险!(琼瑶《月朦胧鸟朦胧》)

例(70)的"参加战争"、例(71)的"无光无热"表示说话人对可能出现的极端情状的预测。

"了不起"反映了说话人的情感和态度。它通过指明极性情状来对可能情状的范围或辖域加以限定,并且预设这种极性情状在说话人的预期之内,从而凸显说话人"不以为然"的态度。例如:

(72)开学后的一天,他去学校巡查,发现有5个班在上计算机课,统统都是在教室上,了不起有个投影仪,都没有用电教室,1000多套计算机成了"摆设"。("三难三高"的中职教育历史欠账太多《中国教育报》2010-10-10)

(73)众所周知,股票价格决定于供求关系而非净资产,中国证券市场上有不少公司净资产为负值,其价格还不低,了不起退了市,在三板市场上照样交易。(算算郑百文重组"多赢"账 三大法律硬伤显现《中国经济时报》2003-08-06)

例(72)的"有个投影仪"、例(73)的"退了市"都是说话人预计可能出现的最极端情状,通过添加"了不起"这一主观小量标记,表明这些最极端情状也在说话人的预期内,没有超出说话人的预料,在说话人心目中即使这种极性情状出现也是不影响说话人的判断和预估,在说话人心目中是不重要的,因而表达了说话人"不以为然"的态度。

"了不起"的基本意义是表示极性估测情态,相当于"最多"。例如:

(74)姚杨的先生是她的大学同学,一直在搞科研,人比较单纯,闻言便说:"那你就别给自己太大压力,了不起[最多]我们跳槽就是了。"(李可《杜拉拉升职记》)

(75)酒显然是变质了,大不了就是变成醋吧!我不信会有害,了不起[最多]弄假成真,拉拉肚子。(朱邦复《巴西狂欢节》)

这种极性估测的"了不起"属于极端情状的或然性认识情态。"了不起"与其他极端情状一样,都只表示说话人对将来可能事件的估测。

"了不起"标示的语用量是极性量,既可以处于最高量级,也可以处于最低量级。例如:

(76)所以,这些年日本虽然首相换来换去,但是对于整个国家而言,了不起就是某个党派、某个人的政治主张,会在这一时期凸显,国家、政府总体的运作一如既往。(水均益《益往直前》)

(77)我鲁肃投降了曹操,了不起回家乡去再做个老百姓……(易中天《易中天品三国》)

例(76)中,由于日本政府具有高度专业、成熟的公务员队伍,因而政府运作受到的其他影响比较小。"了不起"所估测的"某个党派,某个人的政治主张,会在这一时期凸显"也就表示最高量级的情状。而例(77)中,鲁肃如果投降曹操,曹操必定不会杀他。他可以有多种选择,可以继续做官,也可以回家乡当百姓。"回家乡再去做个老百姓"对鲁肃而言是最严重的情形,也是最低层级的可能,因而这里的"了不起"所表示的是最低量级的情状。也就是说,"了不起"所标示的成分具有极性量级,这种极性量级可以是最高量级,也可以是最低量级。

但是无论是最高量级还是最低量级,都是在说话人所已知的量级序列内,而不是在量级序列外。也就是说,即使是极性量级也不会改变说话人的主观认识或态度。"了不起"所标示的成分仍然是在说话人预期内的,因而它不会改变说话人的最终预判或估测。例如:

(78)那些年代里,虽然温饱都成问题,了不起是过年能吃几顿饱饭(有的家庭甚至年饭米都是借来的),但那种气氛,那种味道,却其乐融融。(50年前的"年味儿" 新浪博客 2015-02-15)

(79)黑心商人了不起就是拍拍屁股赔钱了事,换个配方、包装又是崭新上市贩卖,"里头的成分到底是不是安全,鬼才知道!"(台湾爆零食含铝问题 食品安全再度成为关注焦点 中国台湾网 2013-08-13)

例(78)的"过年能吃几顿饱饭"虽然是最好的情况,但是这种最好的情状还是没有改变"温饱都成问题"这一事实,它只是"温饱都成问题"这一情况下所出现的最好状况。例(79)的"拍拍屁股赔钱"是黑心商人最有良心时作出的选择,但仍然不会改变"贩卖不安全食品"这一事实,"拍拍屁股赔钱"也只是对"贩卖不安全食品"的临时补充措施。

　　除了表现为极性估测,"了不起"在复句中还表现为弱让步条件情态。例如:

　　(80)对于一般人来说,从小到大都没有好好地拉过筋,了不起是运动前做做样子,随便拉个几秒钟罢了,对于放松肌肉,没有实质的帮助。(易化拉筋体位 新浪博客 2016-04-21)

　　(81)记得小时候,月饼是很美味的东西,尽管现在来看,那时候的月饼式样单调得近于简陋,馅料无非只有枣泥、豆沙几种,了不起是果仁……(中秋月饼圆 新浪博客 2016-11-11)

　　例(80)的"运动前做做样子,随便拉个几秒钟"是"没有好好拉过筋"的最好情状。例(81)中"馅料里有果仁"是"月饼式样单调得近于简陋"最好的情状。"了不起"所标示的成分是对总体情状的极性让步,主要表现为让步条件情态。同时这种极性的补充情状是不改变基本事实或说话人的主观判断的,因而它在整体的语义强度上就显得比较弱,在复句中体现为微弱的让步条件情态。

　　"了不起"表示说话人对命题或事件可能出现的极性情状的估测。这种极性情状由于不能改变基本事实或说话人的基本判断,因而在说话人心中就显得"无足轻重、不以为然"。可以印证的是,"了不起"常与"也就""罢了"等表示说话人"无足轻重"态度的成分共现,用以加强这种"不以为然"的意义。例如:

　　(82)在巴西,他的年薪了不起也就几十万美元,但在中国联赛,他能拿到几百万美元薪水,还能得到那么多的赞誉。(律师称穆里奇入中国籍无可能 两归化路皆难实现《华商报》2013-04-13)

　　(83)所有的思想,都是添加了个人特色的,了不起是较为善

意的曲解<u>罢了</u>。（TINYS 新浪博客 2016-01-22）

例（82）、例（83）的"了不起"分别与表示"无足轻重"意义的"也就""罢了"共现，进一步加强了这种"不以为然"义。

7.2.3 语法化历程及其演变机制

我们认为，在现代汉语中存在着三种"了不起"：表示"不平凡"的"了不起$_1$"，表示"重大、严重"的"了不起$_2$"，以及表示"最多也不过"的"了不起$_3$"。前两个是形容词，而第三个则是副词。在语义上，存在着由"了不起$_1$">"了不起$_2$">"了不起$_3$"的演化过程。

作为形容词的"了不起$_1$"，主要用来作定语和谓语。例如：

（84）她们既不出声，男人们就感到事情都办得合理，而把丁主任看成<u>了不起</u>的人物。（老舍《不成问题的问题》）

（85）她恨不得马上跳上岸去，买上一些橘子，骑一骑那颜色古怪的小马。她觉着，重庆真<u>了不起</u>。（老舍《鼓书艺人》）

"了不起$_1$"在例（84）中作名词性成分"人物"的定语，表示对人或事物的肯定、积极的评价。在例（85）中受到副词"真"的修饰，"真了不起"一起充当谓语，表示对重庆的赞美。这两例中的"了不起"都表示"不一般、不平凡"。这种具有肯定、积极义的"了不起"主要用在肯定句里，表示正面的评价。

"了不起$_2$"也是形容词，也是主要充当定语和谓语。与"了不起$_1$"不同的是，它主要用于反问句或否定句中，它的意义表示"重大的、严重的"，表示负面的、消极的评价义。例如：

（86）下一个问题，既然这个人对我们如此之重要，我们为找这

个人多吃几袋方便面又有什么<u>了不起</u>？（王朔《千万别把我当人》）

（87）她看见不止一次，晓荷偷偷的吻那些妓女。现在，她自己大胆一点，大概也没有什么<u>了不起</u>的过错与恶果。（老舍《四世同堂》）

例（86）的"有什么了不起"表示反问语气，例（87）的"没有什么了不起"表示否定语气。"了不起"在反问句和否定句中就具有了负面的、消极的评价意义，句子整体上表示说话人的"不以为然、不重要"的主观态度。

形容词"了不起₁"和"了不起₂"主要充当定语和谓语。二者相比而言，其基本语义没有发生变化，但"了不起₁"主要用于肯定句中，而"了不起₂"主要用于否定或反问句中。"了不起₂"在"了不起₁"的基础上已经发展出了负面、消极的意义。因而，二者的差别主要是在语用色彩和句子环境中。

"了不起₃"是个副词，表示"最多不过"，其主要是作状语，用于对命题进行主观评价，表达说话人的极性估测型认识情态。例如：

（88）厦门美嘉宝传播公司总经理、音乐制作人罗伟说：有人曾经问，一张 CD 的成本制作包括印刷和包装，<u>了不起</u> 3 块钱，为什么 CD 要卖这么贵？（本小利大为祸甚烈《厦门商报》2001-05-29）

（89）江老师说："做吧，我布料都买了，不做浪费了。别怕，裁坏了就裁坏了，<u>了不起</u>拿来给哥哥做衣服……"（艾米《山楂树之恋》）

"了不起"表示对量度的可能最高限定或事件可能出现的情状作出极性的估计或预测。这种最高限定或极性估测表示"最多不过 X"之意,因此,"了不起₃"具有主观小量标记的功能。而它所标示的成分由于是极性的情状,因此在客观量度上是大量。这种客观量度上的大量在主观量度上却表示为"小量",主客观量之间形成了极为强烈的反差,这种主客观量度上的反差形成了对比,凸显了说话人"不以为然"的主观态度。

副词性的"了不起₃"与形容词的"了不起₁""了不起₂"相比,不仅句法分布不同,基本语义也不一样。从语义上来看,"了不起₃"与"了不起₂"关系更紧密一些。"了不起₃"的语义隐含着说话人"不以为然"的态度,这种语义与处于否定或疑问句环境中的"了不起₂"类似,都有主观量度上"表小"意味。

由于这种表示"重大的、严重的"意义的"了不起₂"常常位于反问句或否定句环境中,因而它的语用义经过长期的规约化以后隐含了这种否定或反问的话语语用义。作为表达极性情态的构式,"了不起₃"也受到这种语义的影响,它的语义不仅包含了由"重大的、严重的"引申而来的极性义"最多",也保留着这种意义所产生的语境,即由于出现在否定句或反问句而发展出的"不以为然、不重要"的意义。它的意义由于吸收了否定语境或反问语境的语用义,而进一步固化成了隐含规约义。这种规约性的否定义就粘附在了极性情态构式"了不起₃"上,"了不起"就具有了"不重要"的意义,因而在话语中它常常表达出在说话人心理上"不以为然"的主观态度。"了不起"也就从"很重要"发展出了"不怎么重要"的意义。"了不起₃"由此演变为表示极性估测的副词性情态构式。

情态构式"了不起"呈现出了语义义与语用义的对立。"了不起₂"与"了不起₁"的语义演变主要是由于反问或否定语境的语用规约化导致的,否定或反问句成为"了不起₂"的语义发生变化的过渡语境(bridging contexts)(方梅 2017)。"了不起₂"否定义的解读必须依赖其所存在的否定或反问句语境,因而从"了不起₁"到"了不起₂"的意义演变主要是由于语境依赖所导致的,我们称之为语境依存。而"了不起₂"到"了不起₃"的语义演变,是由于"了不起₃"吸收了否定句或反问句的语义,这种现象被称作语境吸收。语境吸收使得"了不起"的负面、消极评价义不再局限于否定句或反问句,而是扩展到肯定句中。语境依存所改变的是语用色彩义,而语境吸收所导致的是"了不起₂""负面、消极的评价义"引申出了表示"最多也不过",含有主观上表示"数量少、范围小"的意味。

"了不起₃"与"了不起₂"相比,"了不起₃"吸收了"了不起₂"在反问或否定句中的语境意义。随着"了不起"的语法化,"了不起₃"最终脱离了这种否定和反问语境,成为了表示极性估测的情态。但是这种否定意义仍然附着在"了不起₃"上,由"了不起₂"的语境义逐渐规约化为"了不起₃"的固定义,它的意义相当于"最多、不过"。"了不起"表示极性估测,也就是在集合内设定可能的最大值,表示这个集合的最大可能范围。

语用义的规约化导致其语义发生了改变,从"了不起₁"到"了不起₂"是由正向评价义演变成了负向评价义。而"了不起₂"到"了不起₃"是表示从消极、负面的评价意义发展为表示极性估测。这种极性估测带有消极意义。因此,"了不起"常常与"只"或"就"等一起组成表示主观小量的构式。例如:

（90）故而在这块虚拟战场上产生的所谓英雄，<u>了不起</u>只是个"虚拟化"了的英雄罢了！（12亿人为"虚拟"英雄自豪？《厦门晚报》2002-11-04）

（91）怎么这么没出息啊，这个小老婆生的就是没出息，是不是，你想想我们老袁家"四世三公"，你再弄个皇帝出来你<u>了不起</u>就是"五世三公"嘛，你不还就是个"公"吗！（易中天《易中天品三国》）

例（90）的"了不起也只是一堆'高级'的废物"，例（91）的"了不起就是'五世三公'"都是表示主观小量。"了不起也/就"构式的整体意义表示主观小量，这种构式义由于"只/就"等成分的隐含、脱落，导致结构成分的省缩，结构式自身也逐渐凝固，整个构式的意义逐渐由"了不起"所负载。例如：

（92）厦门美术界要不是有心，只会对这一成果等闲视之，<u>了不起</u>像聪明人那样说儿句好话，就不会组织力量，三上山城，把这一成果开拓发展起来了。（光华璀璨风韵天然《厦门日报》1985-10-15）

（93）如果孩子从小不爱玩，不动手，不主动动脑筋，那么，长大了也许<u>了不起</u>是个"好员工"——听话！（科学游戏 新浪博客 2012-05-06）

"了不起"由于吸收了整个构式的意义，它的含义表示"最多就是、不过"。经过语用规约化以后，在衍推机制的作用下，"了不起"就产生了"只/就是"的意义，因而它就具有了表示主观小量的功能。

7.3　本章小结

　　本章以"充其量"和"了不起"为例,考察汉语的极性估测认识情态构式。这类构式是对可能情状作极限性的估计或猜测,表达主观认识或推测的情态构式。

　　在句法上,"充其量"主要作高层状语,表示对事件或命题的主观评价。在搭配上,主要与范围副词、情态副词或语气词组成表达框架。在情态语义上,表达对可能事件或未然命题出现的上限性情状进行猜测和估计,传达出说话人的认识情态义。在语用上,这种意义往往表现为主观小量义,具有预期性和让步性特点。因而在说话人看来,往往是不重要的。

　　在历时上,"充其量"先后经历了构式化和语法化,还伴随着语义的日益主观化。其构式化主要表现在:动词"充"由行为义扩展出认知义;宾语代词"其"的指代性日益模糊;"量"由指向事物或人扩展到指向行为事件。结构内部的关系越来越紧密,语义也更加凝固。由表示客观的行为动作演变为表示客观认知的动词结构,再主观化为表示极性估测的情态构式,语义由客观认识义逐渐演变为主观评价义。

　　情态构式"了不起"主要表现为:在句法上主要充当高层状语。在语义上,表示"最多可能",表达说话人对命题或事件作出的极性估测。在演变历程中,其语义经历了从正面、积极的评价义到负面消极的评价义的转变。这种变化的演变机制主要是"了不起"吸收了否定和反问句的语境意义。在构式省缩的作用下,"了不起也"省缩为"了不起",使其逐渐独立承担了整个情态构式的意义,情态意义就依附在"了不起"上。

8 约量揣测类认识情态构式

约量揣测类认识情态构式是指表示约量的数量成分可以演变为表达揣测或推断义的认识情态构式,都表达对将来可能情状的揣测或推断。"从数量到情态是情态语义演变的重要路径"(董正存 2016)。这些数量成分从整体上来看,多数是客观量或分数大量,很少是小量;多为概约量,较少是确定量。

从数量到情态的语义演变不仅包括数量词,例如:多半、大概、八成、万万、千万等;还包括很多数量结构,例如:十有八九、十之八九、百分之百、八九不离十,在英语中有 a hundred to one 和 ten to one 等。数量结构要演变为情态构式,一般要经过构式化和语法化过程。数量结构与约量揣测类情态构式相比,二者在内部成分的可替换性和结构的扩展性、语义的表达和语义指向以及整体句法功能上都具有很大差异。

本章以"十有八九"和"百分之百"为个案,来深入探究约量揣测类认识情态构式的情态表达。

8.1　约量揣测类认识情态构式"十有八九"

从数量到情态是情态语义演变的重要路径之一。在现代汉语中,存在着一批数量结构,它们不仅具有数量义,还可以表达情态意义。如:百分(之)百、十拿九稳、十有八九等。当其表达情态义时是情态构式。其情态义由整个构式整体表达,内部的任何成分无法单独表达。在英语里也存在这类表达情态意义的数量类认识情态构式,如:ten to one 等。例如:

(1)她觉得建国爹这么说,并不完全出于对他们的体谅,<u>百分之百</u>还有别的原因。(王海鸰《新结婚时代》)

(2)他对粮食加工方面兴趣不大,有兴趣的是把粮食买进卖出,这生意<u>十拿九稳</u>赚钱,以往的经验,行情总是看涨的。(周而复《上海的早晨》)

(3)Ten to one he'll be late.(十有八九他会迟到。)(引自《牛津高阶英汉双解词典(第 6 版)》)

以上 3 例的"百分之百""十拿九稳"和"ten to one"都表示"很可能"义认识情态。它们都可以删略而不影响句子的命题意义。

"十有八九""十之八九"和"八九不离十"也属于这类表达情态义的构式。例如:

(4a)以往司机见到红绿灯处没有警察,<u>十有八九</u>都会闯红灯,现在基本上能听从红绿灯的指挥了。(《1996 年人民日报》)

(4b)就冲这句话,他也能明白,未必是人家金一趟怎么不好,<u>十有八九</u>倒是这小子自己的心里有病了。(陈建功 赵大年《皇城根》)

（5a）"博饼"是闽南和台湾一带流行的中秋传统庆祝活动之一，而菲律宾华侨华人<u>十之八九</u>来自福建南部，这一风俗自然随着他们的足迹来到这里。（新华社 2003 年新闻）

（5b）大家都猜得到，<u>十之八九</u>这是他们的老邻居钱默吟给他们送来的。（老舍《四世同堂》）

（6a）我不敢说是明白他，不过讲猜测的话，我或者能猜个<u>八九不离十</u>。（老舍《柳屯的》）

（6b）早上 8 点半，我们刚刚赶到两会工作室时，便在过道上遇见了一个提着大包的老人。老人一副风尘仆仆的模样，<u>八九不离十</u>是来跟我们反映问题的。（来访市民拉起家常《海峡都市报》2005-04-27）

例（4a）的"十有八九"、例（5a）的"十之八九"和例（6a）的"八九不离十"都表示"差不多、接近"的数量义。它们都是对数量进行的估计。而例（4b）的"十有八九"、例（5b）的"十之八九"和例（6b）的"八九不离十"都是表示"大概、很可能"义认识情态。它们都是对事件或命题进行主观评价。可以印证的是，表示情态意义的"十有八九"等可以删略，而句子的基本意义没有发生变化，只是缺少了主观评价的意义。而表示数量意义的"十有八九"等是不能删掉的。删掉之后，句子就不完整，句法成分缺失，前后的意义也发生了变化。

关于"十有八九"，谢佳玲（2002：211）关注到了"十有八九""八九不离十"和"十之八九"等具有认识情态义。罗耀华、刘云（2008）认为，语气副词表达说话人对某一命题发生或实现的可能性进行推测或估计，具有［＋不确定性］［＋推测性］［±结论真]等语义特征,表示推测或可能义认识情态。董正存(2016)发现,情态倾向于依附在表量的形式中。董正存(2017)还以数量词"多半"为例,总结出从数量义到情态义的语义演变路径。同时,他还认为数量结构"十有八九"也具有这种认识情态义。在前人时贤研究的基础上,本节进一步全面深入阐述构式"十有八九"的情态表达及其发展路径。

8.1.1　"十有八九"的两种性质

在现代汉语中,存在两种性质的"十有八九":一是具有数量形容词短语性的"十有八九₁",表达数量义;二是表示情态的"十有八九₂",表达具有较高可能性的认识情态义。两者在句法位置、连用共现和主语类型等方面存在差异。

8.1.1.1　句法位置

数量短语"十有八九₁"可以作定语。例如:

(7a)春天的时候,驯鹿产仔了。不过产下的鹿仔<u>十有八九</u>都死去了。(迟子建《额尔古纳河右岸》)

(7b)春天的时候,驯鹿产仔了。不过<u>十有八九</u>产下的鹿仔都死去了。

(8a)一行人到了杭州,出乎致庸的意外,只见商街两旁人荒马乱,<u>十有八九</u>的店铺都下了门板……(朱秀海《乔家大院》)

(8b)一行人到了杭州,出乎致庸的意外,只见商街两旁人荒马乱,店铺<u>十有八九</u>的都下了门板……

数量短语"十有八九"在例(7)中充当状语,在例(8)中充当定语。数量短语作定语时,其中心语可与定语分离。例如:

（9）从香港到澳门来游玩的人，<u>十有八九</u>都要在此品尝一番。木偶饭店一出名，连附近的小店生意也热火起来了。（《市场报》1994 年）

（10）经过专家根据供求关系、价值规律等预测出来的油品走势、行情，<u>十有八九</u>就是不灵，弄得这些专家、行家们大伤脑筋，哭笑不得。（《1994 年报刊精选》）

例（9）和例（10）的"十有八九"在语义上分别指向"从香港到澳门来游玩的人""经过专家根据供求关系、价值规律等预测出来的油品走势、行情"。

数量短语"十有八九"还可以作谓语。例如：

（11）在人生道路上，没有一个人的道路是笔直的、没有岔道的，这正印证了一句话："人生不如意事<u>十有八九</u>。"（刘世英《谁认识马云》）

除了前置定语和后置定语可以互换以外，其他句法位置基本固定，不能自由移位。一旦移位，就会导致整个句子的意义发生变化。

情态构式"十有八九$_2$"在句法上充当高层状语，是与命题相分离的情态成分，用以表达对事件或命题的主观评价。例如：

（12）门挡着火，你<u>十有八九</u>可以等到人来救你。（《读者（合订本）》）

（13）他在百老汇中央旅馆没有遇见熟人。<u>十有八九</u>，在这里也不会遇见熟人的。（《嘉莉妹妹》中译本）

（14）如果你在大学校园里结识一个外国留学生，<u>十有八九</u>他会告诉你他的中文名字，并强调说："请叫我的中文名字。"（请

叫我的中文名字《人民日报(海外版)》2013-11-18)

情态构式"十有八九"在例(12)中充当句中状语,位于动词前;在例(13)中独立成分作句子状语,单独修饰整个句子;在例(14)中充当句首状语,位于主语之前。无论"十有八九₂"处于句中、句首,还是作独立成分,其功能都是作高层状语。这三个句法位置可以互相移位而保持意义不变。例如:

(15a)门挡着火,<u>十有八九</u>你可以等到人来救你。

(15b)门挡着火,<u>十有八九</u>,你可以等到人来救你。

(16a)他在百老汇中央旅馆没有遇见熟人,在这里<u>十有八九</u>也不会遇见熟人的。

(16b)他在百老汇中央旅馆没有遇见熟人,<u>十有八九</u>在这里也不会遇见熟人的。

(17a)如果你在大学校园里结识一个外国留学生,他<u>十有八九</u>会告诉你他的中文名字,并强调说:"请叫我的中文名字。"

(17b)如果你在大学校园里结识一个外国留学生,<u>十有八九</u>他会告诉你他的中文名字,并强调说:"请叫我的中文名字。"

从以上例子的变换式来看,"十有八九"无论处于句首或句中,还是作独立成分,都可自由移位而保持意义不变,是个与事件或命题相分离的情态构式。

8.1.1.2 搭配与共现

作为数量词短语,"十有八九"作定语时,主要与定语标记"的"组合或直接与名词搭配。例如:

(18)从先进的成功的国际企业来看,创业者要从商业的角度、从创造价值的角度来考虑创新,把技术作为纯粹的导向和第

一导向,失败是<u>十有八九</u>的事。(创客,究竟怎么创《光明日报》2015-07-02)

(19)杀猪卖肉的媳妇<u>十有八九</u>都比较健壮,有人说是吃肉太多的缘故,其实只说对了一半。(陆步轩《屠夫看世界》)

"十有八九"在例(18)中是与结构标记"的"一起修饰名词中心语,在例(19)中指向"杀猪卖肉的媳妇"。

数量结构"十有八九"还可以与总括副词"都"共现。例如:

(20)他说话时每个字好像有千斤重量,清楚干脆,说出来<u>十有八九都</u>无可辩驳。(雪克《战斗的青春》)

(21)村里哪个小伙子的婚事碰上了难题,只要常德盛出面说情,<u>十有八九都</u>是成功的。(《人民日报》2000年)

情态构式"十有八九"多搭配情态成分,如:表示认识情态的动词"会""要""得",表示动力情态的动词"能",表示道义情态的动词"可以"等。当它们共现时,"十有八九"多居前,而其他情态成分多处于后面。例如:

(22)当然我可以再跳一次楼,但那<u>十有八九会</u>一股脑儿摔下去,好事不会有两次,而我这会儿还不想醒来。(王朔《痴人》)

(23)交送画展的作品,<u>十有八九要</u>被退回来;就算有幸被接受了,人们打它跟前走过时至多朝它看上个十秒钟。(《人性的枷锁》中译本)

(24)《收获》副主编李小林认为,人人下海,全民经商,遍地公司,这也不是个路子,文人愣跳海,<u>十有八九得</u>呛着。(《作家文摘》1993年)

(25)事实证明,不靠父母靠自己、自立自强闯世界的人,<u>十</u>

有八九能取得成功,为社会和人民作出应有贡献。(《人民日报》
1994 年)

(26)随便翻开一张晚报或都市报,十有八九可以看到夸大
其词、进行违法宣传的各类药品广告。(虚假药品广告为何屡禁
不止 新华网 2005-10-15)

情态构式"十有八九"可以与副词连用,但总括副词除外。
例如:

(27a)据初步断定,张卫革所说的那个监狱里的兄弟,十有
八九就是王国炎!(张平《十面埋伏》)

(27b)﹡据初步断定,张卫革所说的那个监狱里的兄弟,十
有八九都是王国炎!

"张卫革所说的那个监狱里的兄弟"是指向具体某个人。范
围副词"就"指明了"那个监狱里的兄弟"指向的是王国炎这个人,
表示"较高的可能性"。"都"指向出现的总频率,而不是指向可能
性的概率。但如果"张卫革"每次提到的都是"王国炎",这时"十
有八九"就是指"王国炎"出现的频率,而不是这个人是谁的概率。
添加频率副词"每次"以后,"十有八九"是数量结构而不是情态构
式。例如:

(27c)据初步断定,张卫革(每次)提到的那个监狱里的兄
弟,十有八九都是王国炎!

"十有八九"在语义上指向"每次"的频率比例,而不是指向某
个人的概率可能性。而如果"十有八九"在语义上指向"王国炎",
则是表明指向"王国炎"这个人的概率可能性。二者的语义指向
明显不同。前者表示次数,后者表示某个人。因而,情态构式一

般不与总括副词共现。情态构式"十有八九"是表明指向这个人的概率可能性,他可以是单一的个体。而数量结构"十有八九"表明在某个群体中占有的比例,必须是包含多个体的集合。"十有八九"还可以与认知动词连用。例如:

(28)五年前,如果问大学生首选的就业方向是什么? 我想十有八九会回答:进外企、考公务员、去大城市……(基层缘何变成了"香饽饽"中国共产党新闻网 2011-11-04)

(29)方怡捋捋披肩长发,"二姐打来了电话,爸爸做 CT,肝部有问题,三〇一的专家认为十有八九是肝癌"。(柳建伟《突出重围》)

例(28)的"想"和例(29)的"认为"都是认知动词,它们都可以与情态构式"十有八九"连用。

8.1.1.3　语义指向

在语义指向上,数量短语"十有八九"指向名词。例如:

(30)说曼谷人离不开汽车一点也不过分。这里的上班族十有八九是自己开车,他们新的一天是随着车轮的转动而开始的。(陈明《曼谷——世界最大停车场》)

(31)墨西哥社会治安日趋恶化,激起民众极大不满。墨西哥人十有八九认为国家当前最严重的问题不是经济问题,而是生活没有安全感。(《1998 年人民日报》)

例(30)(31)的"十有八九"分别指向"曼谷的上班族""墨西哥人"。

而情态构式"十有八九"在语义上指向整个命题或事件。例如:

(32)我敢断定,她十有八九会把上学时间在院里看见我这件

事告诉我父亲,从中不难得出我逃学的结论。(王朔《动物凶猛》)

(33)我看这家伙<u>十有八九</u>是疯了,得马上对他实施强制治疗,要不然可就要出大事了。(张平《十面埋伏》)

而例(32)(33)的"十有八九"分别指向事件"把上学时间在院里看见我这件事告诉我父亲""这家伙疯了"。二者语义指向不同是其语义的重要差异。

8.1.1.4 句类分布

数量结构"十有八九"主要充当定语和谓语,没有特定的句类限制。但在分布频率上,以陈述句为多,其他句类较少。例如:

(34)像我这样不大不小的地方官员,<u>十有八九</u>说忙喊累,其实那大多是自找的。(《人民日报》1995年)

(35)与排队相关联的是票。那时候买东西,<u>十有八九</u>不离票,就是豆腐、粉丝、酱油这平凡又平凡的东西都要凭票才能买到。(《人民日报》1996年)

在句类分布上,情态构式"十有八九"主要出现于陈述句中,一般不出现在祈使、疑问和感叹句中。多处于肯定陈述句,而较少出现在否定性陈述句。例如:

(36)看来我猜的没错,<u>十有八九</u>是那小子又犯了什么事情。(张平《十面埋伏》)

(37)"实在对不起,我忘了,"他嗫嚅道。"我恐怕<u>十有八九</u>不能来。你就不能另请旁人吗?"(《人性的枷锁》中译本)

"十有八九"的认识情态义属于高量级,表示高可能性,多用于表达正面的肯定,而较少与否定词一起表达负面的否定。

综上所述,数量结构"十有八九"与情态构式"十有八九"之间的差异主要表现为:在句法上,数量结构"十有八九"主要作定语和谓语;情态构式"十有八九"主要作高层状语,包括句首状语和句中状语,还可以是独立成分。在搭配共现上,前者可以与结构标记"的"或名词搭配,还可以与总括副词共现。后者可以与其他情态成分共现,但不能与总括副词"都"共现。在语义指向上,前者指向名词或主语,后者指向整个事件或命题。在句类上,前者没有句类限制,而后者主要出现在陈述句中,一般不出现在祈使句、疑问句和感叹句中。

8.1.2　构式语法化历程

情态构式"十有八九"在历时上经过了构式化和语法化的历程。它首先由数量短语发展为语义紧密的数量构式,然后进一步语法化为表示情态的构式。从内部结构来看,最早的"十有八九"是主谓短语,但其整体是个数量短语。"有"是动词,表示占有。"十有八九"有时写作"十犹八九"。

"十有八九"最初是个数量短语,内部结构松散,语义上不紧密,内部成分的可替换性强。随着结构的日益凝固,语义的日益紧密,内部成分的可替换性越来越弱,逐渐演化为具有特定意义的数量构式。之后,随着搭配对象的扩展,语义逐渐发生了变化,其语义演变路径为:数量—范围—情态。从数量到范围是构式化历程,由范围向情态演化的过程还涉及语法化演变。在其构式语法化的演变过程中,还伴随着主观化,"十有八九"由指向句子主语转为指向言者主语,日益表现为说话人的主观态度。

8.1.2.1 句法位置

"十有八九"最初是表示比例关系的数量短语,"十"和"八九"分别是主语和宾语,"有"是动词,表示"占有"。整个结构的意义是表示"十分占据了八九分"。从其整体上来看,"十有八九"是数量短语,在句法上主要充当定语,少数充当谓语。例如:

(38)军行经岁,士众疾疫死者<u>十有八九</u>,权深悔之。(西晋 陈寿《三国志·吴书》卷六十)

(39)凡事当以利害相较,今此举<u>十有八九</u>利,其一二止于无功耳。(唐 房玄龄《晋书·杜预传》)

从句法位置来看,例(38)(39)的"十有八九"分别充当谓语、定语,都表示数量比例义。在语义上分别指向"士众疾疫死者"和"利"。

"十有(犹)八九"还可以充当分句主语。例如:

(40)土风坐男使女立,男当门户女出入。<u>十犹八九</u>负薪归,卖薪得钱应供给。(唐 杜甫《负薪行》)

例(40)的"十有(犹)八九"还可以单独充当句子主语,而在语义上指向的名词"女(人)"则位于前分句里。

到了南宋时期,数量短语"十有八九"还可以作后分句主语,在语义上指向前分句的名词性成分。例如:

(41)今少年妄谓东坡移诗律作长短句,<u>十有八九</u>不学柳耆卿,则学曹元宠,虽可笑,亦毋用笑也。(南宋 王灼《碧鸡漫志》)

到了明代,数量结构"十有八九"可以位于谓语位置。例如:

(42)阿爷,此猜<u>十有八九</u>,姐姐只为许了个盲子,心中不乐,时时流泪。(明 凌濛初《初刻拍案惊奇》第十二卷)

（43）鲜于同自想，我与蒯公同经，他考过我案首，必然爱我的文字，今番遇合，<u>十有八九</u>。（明 冯梦龙《警世通言》第十八卷）

到了清代中期，"十有八九"开始处于状语位置，其修饰对象逐渐由名词性成分扩展为动词性成分。例如：

（44）这秀才必有挪移替换之法，以我看来，<u>十有八九</u>是个假的。（清 李百川《绿野仙踪》第十二回）

（45）他这几年也极没钱，此事烦他办理，许他二十两银子，他还是能说几句话的人。此事<u>十有八九</u>可成。（清 李百川《绿野仙踪》第五十九回）

例（44）（45）的"十有八九"修饰后面的谓语，而不是前面的名词主语，其谓语分别是"是个假的"和"可成"。这里的"十有八九"与数量结构"十有八九"的搭配对象已经不同了，发生功能上的转变，初步具有情态构式的性质。

到了清末以后，"十有八九""十之八九"可以直接修饰整个事件。无论处于句首还是句中，都是修饰整个事件或命题。例如：

（46）因此亲友虽有帮助的力量，见了我这么寒碜的样子，料得<u>十有八九</u>没有偿还的能力，就设法推诿起来了。（《留东外史续集》）

（47）他们要是今个晚上审问王举人，<u>十之八九</u>咱们得动手，不管有命令没有！（老舍《火葬》）

（48）在家庭经济不景气的时候，他们不能不吵嘴，以资消遣。<u>十之八九</u>，吵到下不来台的时候，就归罪于我的大姐，一致进行讨伐。（老舍《正红旗下》）

例（46）—（48）的"十有八九""十之八九"修饰动作行为或整个事件，其修饰对象已经不再是名词性成分了。因而情态构式

"十有八九"在清末已经发展成熟了。

8.1.2.2 语义变化

在中国古代,"十"是个重要的数字,在中国文化中代表着圆满或完整,因而常常被用来对某些具有集合意义的对象(事物或人)进行划分。"八""九"在汉语数字序列里跟"十"是最接近的,因而它们无论是在整数序列里还是在分数序列里,往往代表着高量级。这种高量级义是"十有八九"的核心语义。就其自身语义来说,"十有八九"表示数量比例义。当其修饰名词性成分时,表达数量范围义。数量比例义是其原始意义,它在语义上的内涵是大于 0 小于 1 的,而数量范围义在语义上指向的是占据名词的比例所代表的那些数量。

从历时上来看,"十有八九"的语义变化主要表现为,数量结构"十有八九"最初的意义是表示在某个集合内占有的比例是十分之八或十分之九,表达集合内的比例关系,并且这个集合内的成员是两个以上。因而在语义上指向名词性成分。例如:

(49)嗟乎,夫有其任、无其事,<u>十有八九</u>,岂虚耳哉。非其任、有其事,如公之作无一焉。(唐 李观《李元宾文编》卷一)

(50)殿宇虽立,栌楹栋桡,砠础瓴瓻,隳腐者<u>十有八九</u>,坚好者百不存十。(金《常山贞石志·妆塑功德碑记》)

例(49)(50)的数量短语"十有八九"在语义上分别指向"有其任、无其事的人""隳腐者(指殿宇)"。数量短语"十有八九"表示名词的数量比例关系。

随着其搭配成分的变化,"十有八九"从数量比例关系演变为动作行为或事件发生的概率。表示高可能性认识情态,指向行为事件或整个命题。例如：

（51）我在两条队伍的末尾，犹豫了一下：先排哪个队呢？如果现在去给那个瞎眼老头排队买票，我自己的票<u>十有八九</u>买不上了。（路遥《匆匆过客》）

（52）彭拯机警地点了点头，他拔出了匕首，反而将枪挎了起来，他知道敌人<u>十有八九</u>也在这片灌木和树林之中……（周梅森《中国制造》）

例（51）（52）的"十有八九"并不表示名词性成分的数量比例关系，而是表示行为或事件可能发生的概率。也就是说，"十有八九"的语义演变路径是由表示数量比例关系发展为表示概率可能性。

"十有八九"的主观化是指从数量义到情态义，意义越来越具有主观性。其从概念义发展为情态义，从指向名词演变为指向事件或命题。"十之八九""八九不离十"的演化轨迹与"十有八九"相同，只是演变为情态构式用法的时代不同。"十之八九"结构最早出现在南宋。例如：

（53）今天下财用，费于养兵者<u>十之八九</u>，一百万贯养一万人。此以一岁计。（南宋《朱子语类》卷第一百一十）

（54）只闻山中哭声震山，九龙山的喽卒<u>十之八九</u>都有家眷，妻哭夫，子哭父，父哭子，白老寨主异常伤感。（清　张杰鑫《三侠剑》第七回）

一直到民国时期，"十之八九"才发展出情态构式用法。例如：

（55）他们要是今个晚上审问王举人，<u>十之八九</u>咱们得动手，不管有命令没有！（老舍《火葬》）

（56）在家庭经济不景气的时候，他们不能不吵嘴，以资消

遣。十之八九,吵到下不来台的时候,就归罪于我的大姐,一致进行讨伐。(老舍《正红旗下》)

"八九不离十"出现得最晚,发展为情态构式也最晚。例如:

(57)幸亏我的态度谦卑,并善解医生的意图,使妈配合得算是默契,好歹把妈的视力查了个八九不离十。(张洁《世界上最疼我的那个人去了》)

(58)这都不问清楚你都敢谈? 看他的衣服,眼睛一眯,行头估算一下也八九不离十了。(六六《双面胶》)

例(57)(58)的"八九不离十"表示"大概",表示数量范围义。

(59)一见到郭先彬,贺建湘心里已经清楚吃这顿的意思了,八九不离十是为苗木补偿的事。(贵阳乌当区水田镇原副镇长贺建湘落马案剖析《贵阳日报》2015-09-21)

(60)经常看球赛的人,以前最熟悉的声音是宋世雄,很多球迷都曾随着他的声调或喜或悲,如果他的声调激越,肯定是形势一片大好,一旦调子掉下来的话,八九不离十是出事了。(韩乔生和黄健翔《厦门日报》1996-06-15)

例(59)(60)的"八九不离十"表示"很可能",是认识情态。

综上所述,"十有八九"由最初松散的数量短语逐渐凝固为数量构式。其后,经过主观化和语法化,演变为表示主观评价的情态构式。其语义也先后经过表示数量—范围—主观情态的变化,在语义上日益紧密。

8.1.3 "十有八九"与其近义构式的比较

在现代汉语里,与情态构式"十有八九"相近的是"十之八九"

和"八九不离十"。"十之八九"与"十有八九"的句法和语义基本一致,二者的差异主要在结构内部成分上:"十有八九"的"有"是个领有动词,表示占有;"十之八九"的"之"是古代汉语的定语标记。二者的语法性质不同。关于"八九不离十",《现代汉语词典(第7版)》(p.16)的解释是:几乎接近(实际情况),相当于"差不多、大概"。"十有八九"在现代汉语中用频最高,"十之八九"的用频其次,"八九不离十"的频率最低。成熟的时代也不一样,"十有八九"成熟最早,"十之八九"其次,"八九不离十"正在逐渐成熟。

汉语的"十有八九""十之八九""八九不离十"等与英语的 ten to one 相比,在意义上基本一致,都表示具有很高的可能性。《维基英语词典》对 ten to one 的解释是 very likely to happen,表示"很可能、极有可能"。《牛津词典》的解释是 very probably。但是它们在内部组成结构上存在着差异。汉语的"十有八九"强调数量比例关系。而英语的 ten to one 强调对比关系。在情态表达上,汉语的"十有八九"与英语的 ten to one 情态类型上一致,都表达具有较高可能性的认识情态,意思是"大概、很可能"。例如:

(61)看来我猜的没错,十有八九是那小子又犯了什么事情。(张平《十面埋伏》)

(62)Ten to one the teacher made a mistake.(很可能老师犯了个错误。)

8.2 约量揣测类认识情态构式"百分之百"

在汉语中,有一些数量结构可以表示情态义。数量义与情态义在语义上具有一定的共通性。"数量义是情态义的一个重要途径"(董正存 2016)。这种数量义一般是约量,在量度一般是大量,在量度等级上一般处于高等级。能够语法化为情态成分的多数具有高量级义,极少为低量级义。高量级的数量词语容易发生语法化,低量级义的很少发生语法化。本节我们主要探讨来源于高量级义的情态构式"百分之百"。

在中国文化中,计数采用的是十进制计数法,因而一般用十、百、千、万等 10 的次方来表示位数,它们在中国文化里也常常具有完整或圆满义。"百分之百"就是其中的数量结构,表示分数比例关系。从结构内部来看,"百分之百"的分子和分母都是"一百",分子和分母相同,在数学上相当于 1。"百分之百"在形式上有几个同义结构:百分之一百、百分百,以及用阿拉伯数字表示的 100%。其中,前两个是汉语计数法,后面的是阿拉伯数字表示法。

关于"百分之百"的研究,王擎擎、金鑫(2013)列举了"百分之百"的几个同义形式。并认为在意义上具有"全部数量"义、"整个范围"义和"高程度"义等三种意义。在语法性质上,具有数量短语和副词的功能。在结构形式的演变上,经历了从"百分之一百"减缩为"百分之百",再省缩为"百分百"的过程。陈颖、陈一(2013)进一步认为,"百分之百"除了可以表示量级义和程度义,还具有传信功能。"百分之百"在《现代汉语词典(第 7 版)》(p.28)中的解释为:"形容词,全部,十足"。可见,"百分之百"类结构是多功能的。

虽然已有的研究对其多功能有较为详细的探讨,但是关于其情态用法还很少提及。陈颖、陈一(2013)认为,表达"肯定性"含义的"百分之百"是个传信标记,而本研究认为是情态构式。传信功能与情态功能的重要区别是,传信语更关注信息的来源,而情态则表达对话语的主观情态。"百分之百"并不明示说话人的信息来源,而是直接表达说话人的主观态度,因而"百分之百"是情态构式,不是传信结构。表达情态的"百分之百"是构式,其意义不是各内部组构成分之和,而是整个结构所表达的意义。

8.2.1 性质的分化

在现代汉语中,"百分之百"共有三种性质:a. 表示数量或范围的数量词"百分之百₁";b. 表示"完全、十足"义的范围副词"百分之百₂";c. 表示高可能义的认识情态构式"百分之百₃"。我们主要从内部组构关系、句法位置、共现与搭配和语义指向等方面对各类"百分之百"进行区分。

8.2.1.1 内部组构关系

在内部组构上,数量短语"百分之百"与情态构式"百分之百"一致。不同的是,在内部结构关系上,数量短语"百分之百"是个松散的短语,各组成成分相互独立,结构内部具有很强的扩展性。可以被分解成三个成分:"百分""之"和"百"。在数值上,"百分之百"与"百分之一百"和"百分百"等值,还可以转写成阿拉伯数字表达形式100%。从内部结构关系来看,三者的内部结构按照紧密度依次是:百分百>百分之百>百分之一百。

数量结构内部成分之间的语义也很独立,具有较强的可替换性,语义等于各组成成分的简单加和。数量结构"百分之百"内部成分的可替换形式如下:

百分之百　百分之五　百分之十　百分之九十　百分之 N

四分之一　五分之二　八分之五　十分之三

可见,数量结构"百分之百"具有很强的可替换性。例如:

(63)一九八八年以来,我国新建的航空港<u>百分之八十五</u>以上都是他们设计和承建的,合格率均达<u>百分之百</u>,优质率达<u>百分之九十四点四</u>。(《人民日报》1993 年)

(64)一九九四年一至六月,该公司获得了六十九架订货,麦道只有四架,分别占世界一百座以上的客机市场订货总量比重的<u>百分之五十五</u>、<u>百分之四十一</u>、<u>百分之三</u>。(《1994 年报刊精选》)

例(63)的"百分之百"表示数量比例关系,可以被"百分之八十五""百分之九十四点四""百分之五十五"等在内部结构上替换。

范围副词"百分之百"与分数词"百分之百"相比,其内部成分之间的关系更紧密,成分之间的语义也更加凝固。可以印证的是,"百分之百"的内部结构与其他数词替换后,会失去范围副词的功能。比如:

百分之百

*百分之五　百分之十　百分之九十　百分之 N(N≥0)

*四分之一　五分之二　八分之五　　十分之三

内部成分替换以后,其句法功能变成了数词,不再是范围副词。例如:

(65)我们的中小学生在考试中出了一点小错便会得到一个不好的分数。这种对天真幼稚的孩童要求<u>百分之百</u>不出错,不仅过于残酷,也违反人类实践的常规。(《人民日报》2000 年)

(66)他说,这些事故百分之八十是人为因素造成的,<u>百分之</u>

十是由于车辆陈旧和路况不良引起的，另外百分之十则是其他原因造成的。（新华社 2002 年新闻）

例（65）的"百分之百"表示的是动作的范围，而例（66）的"百分之十"表示的是数值比例，二者的性质完全不同。

从内部结构关系来看，情态构式"百分之百"的各成分之间关系比较稳固，一般不能被分解，其内部成分的可替换性也很弱。其整体语义并不是各个组成成分之间语义的加合，而是重新整合的关系。其他的百分数一般不具有情态意义。比如：

　百分之百

*百分之五　百分之十　百分之九十　百分之 N

*四分之一　五分之二　八分之五　　十分之三

内部成分替换以后，其句法功能变成了数词，而不是情态构式。例如：

（67）从东北"九一八"事变算起，在长达十四年的日本侵华战争中，中国方面死难同胞逾三千万人，其中百分之九十是手无寸铁的平民。（邓贤《大国之魂》）

（68）孩子百分之百是荣宙的。孩子是谁的，谁就应该负起养育他们母子的责任。不是吗？（梁凤仪《弄雪》）

例（67）的"百分之百"是数词，表示数量比例义。而例（68）的"百分之百"是情态构式，表示高可能义认识情态义。

8.2.1.2　句法位置

数量短语"百分之百"是数量结构，表示百分数关系。主要是作定语、宾语、谓语和状语。例如：

（69）我觉得你缺乏现实的考虑。我的话不是幻想，而是现

实,百分之百的现实。(罗广斌《红岩》)

(70)厦门铁工厂扫盲运动热火朝天,全厂百分之百文盲全部入学,他们决心要在一年内使工厂成为一个无文盲厂。(铁工厂单独办学《厦门日报》1958-03-29)

(71)文史资料载:"七七"事变以来,中国抗战后方所需各种战略和各种民用物资:汽油、煤油、柴油、橡胶、汽车配件的百分之百,药品、钢材、棉纱、白糖、纸张的百分之九十,都须从西方进口。(邓贤《大国之魂》)

例(69)和例(70)的"百分之百"都是作定语。例(71)的"百分之百"是作后置定语。例(70)与例(71)不同,前者是带定语标记的"的"做定语,后者是直接作定语。

(72)里约旅游局局长金莱透露,狂欢节期间里约游客大增,全市旅馆床位使用率达百分之百,比去年增加了12%。(新华社2003年新闻)

(73)十年间,这所学校培养各类女性职业技术人才3200余人,分配率年年百分之百,近几年还出现了供不应求的局面。(《1994年报刊精选》)

"百分之百"在例(72)中充当宾语,在例(73)中充当谓语。"百分之百"还可以作句中状语。例如:

(74)全院毕业学员百分之百表示坚决服从组织分配,并纷纷上交决心书要求到南沙、西沙,到祖国最需要的地方去建功立业。(《人民日报》1994年)

(75)萤火虫自备的小灯是自然界中结构最精巧又是最经济的光源。它在发光过程中几乎不产生热,发出的光是"冷光",它几乎

能将化学能<u>百分之百</u>地转变为可见光。(《中国儿童百科全书》)

情态构式"百分之百"充当高层状语。它与数量短语"百分之百"不同,其辖域是整个事件或命题,而程度副词只管辖其后接动词。例如:

(76)她觉得建国爹这么说,并不完全出于对他们的体谅,<u>百分之百</u>还有别的原因。(王海鸰《新结婚时代》)

(77)张建尉觉得这样的分析神经兮兮的,那小偷只不过是想顺手牵羊,倒霉碰到了这么个凶杀案。拿他当回事,费那么大精力,<u>百分之百</u>是耽误时间。(管虎《冬至》)

"百分之百"在例(76)和例(77)中都充当状语。数量短语"百分之百"是体词性成分,可以分布在定语、宾语、谓语和句中状语等句法位置上,而情态构式"百分之百"作高层状语。

8.2.1.3　共现与搭配

数量结构"百分之百"作定语时,主要与结构标记"的"或直接与名词搭配;作宾语时与动词搭配;作谓语时主要与副词搭配。例如:

(78)他们自己制造问题,反过来又让人请他们出面解决问题,<u>百分之百</u>的黑社会性质。(张平《十面埋伏》)

(79)试问,世界上有几个国家的大学生,在读书期间不缴学费、无偿住宿、<u>百分之百</u>公费医疗、毕业时也不必为职业和前途担忧的?(中国大学生在世界各国中是最有福气的《厦门日报》1987-01-26)

(80)所有企业和行政、事业单位、社会团体及个体工商户都要认真开展自查,主动检查纠正自身存在的违反财经法纪的行

为,自查面必须<u>达到</u><u>百分之百</u>。(《人民日报》1994 年)

(81)一项最新调查显示,世界 500 强跨国企业在浦东投资了 328 个项目,平均投资回报率达 15%,资金到位率<u>近</u><u>百分之百</u>。(新华社 2003 年新闻)

在例(80)—(81)中,"百分之百"分别与定语标记"的"、名词"公费医疗"、动词"达到"、副词"近"搭配或共现。还可以与状语标记"地"或动词搭配。例如:

(82)由于下雨地滑,主力队员又受伤,我们不可能<u>百分之百</u><u>地</u>打出自己的实力。(《人民日报》1995 年)

(83)这里的天气对我的健康很有益,不过我知道肯定有很多比利时人无法接受这个观点。虽然我现在还没有<u>百分之百</u>恢复状态,但是我只要再过几天就能完全康复了。(新华社 2004 年新闻)

情态构式"百分之百"可以与其他情态成分共现,包括情态动词。例如:

(84)吕志华自知不是对手,就等他们下车上了中巴后再跟踪,同时充当了 110 的"活动导向器"。只要贼不小心落入他的眼里,<u>百分之百</u><u>会</u>引来他的一顿猛追。(的哥勇士吕志华载誉归来《厦门商报》2005-12-03)

(85)遇到这样的事,女人<u>百分之百</u><u>要</u>大吵大闹,而我却平静地成全了他,他应当感动应当珍惜,况且这里有家有孩子,我想他早晚会回心转意。(十年守候却成空《厦门日报》2004-11-04)

情态构式"百分之百"在例(84)中与情态动词"会"共现;在例(85)中与表示认识情态的动词"要"共现。情态构式"百分之百"

还可以与认知动词或心理动词共现。例如：

（86）国际奥委会主席罗格 1 日在这里接受记者采访时说，他并不担心北京 2008 年奥运会会出现财政问题。他认为北京奥运会百分之百会盈利，至少也能保证收支平衡。（新华社 2004 年新闻）

8.2.1.4　语义指向

数量结构"百分之百"在语义上指向名词，无论数量结构"百分之百"处于名词前还是名词后，都指向名词，表示人或事物的数量、范围。例如：

（87）驻西北戈壁大漠深处空军某试验部队子弟学校的全国优秀教师李淑兰，从抚顺市自愿投身于边疆教育事业 10 多年来，所带的班级升学率均达到百分之百。（《人民日报》1994 年）

（88）中国书法是汉字外在形式的艺术表现，百分之百的中国特产。（《1994 年人民日报》）

（89）自动步枪射击，百米开外的钢靶一个个倒下；轻机枪点射，充气靶应声爆炸；加仑炮射击运动目标，炮手们开架、装弹、瞄准、射击一气呵成，命中率百分之百。（新华社 2002 年新闻）

与数量结构不同，情态构式"百分之百"是命题外成分，在语义上指向整个事件或命题，表达说话人的主观评价。例如：

（90）"不是人害的吧？"另一个人问。"不是，百分之百不是。"其他人纷纷说，"公安局作结论了。"（王朔《永失我爱》）

（91）他们说我的一本日记没了，问我都记了些什么。想了想，百分之百是那个姓罗的干的。（张平《十面埋伏》）

例（90）（91）的"百分之百"在语义上分别指向命题"不是（人

害的）""是那个姓罗的干的"。它们都表示肯定性的推测，表达高可能义认识情态。

　　综上所述，数量结构"百分之百"与情态构式"百分之百"的差异主要是：在内部结构上，"百分之百"是个松散的百分数结构，具有很强的可分解性和替换性。而情态构式"百分之百"的内部结构固定，语义凝固，不具有可分解性和可替换性，是稳固的构式。在句法分布上，数量结构"百分之百"主要作定语、宾语、谓语和状语；而情态构式"百分之百"主要作高层状语。在共现与搭配上，数量结构"百分之百"作定语时与结构标记或名词搭配，作宾语时与动词搭配，作谓语时与副词搭配；情态构式"百分之百"主要与情态动词或情态副词搭配，也可以与认知动词或心理动词共现。在语义指向上，数量结构"百分之百"一般指向名词，表示名词的比例、数量或范围。作句中状语时指向动词。情态构式"百分之百"则是指向整个事件或命题。

8.2.2　构式化路径及其机制

　　情态构式"百分之百"在历史上先后经过了构式化和语法化的过程。其构式化历程是指，多个成分由松散的组合形式逐渐固化为结构紧密、语义凝固的粘合构式。在构式形成的过程中或构式形成以后，其语义也慢慢虚化，逐渐演化成构式，具有专门的语法功能。就情态构式"百分之百"而言，先是经历了构式化，然后是语法化。

8.2.2.1　句法位置

　　"百分之百"最早是分数结构，是分数性的短语。最早的百分数形式出现于西汉时期。例如：

（92）引弓而射，非弦不能发矢。弦之为射，<u>百分之一</u>也。（西汉 刘安《淮南子·说林训》）

（93）今以中国之大，万倍之资，遣<u>百分之一</u>以攻匈奴，譬如以千石之弩，射溃痈，必不留行矣。（西汉 刘向《新序·善谋篇》）

从西汉一直到清末民初时期，这种百分数结构一直是表示百分数。例如：

（94）今拘弥、莎车、疏勒、月氏、乌孙、康居复愿归附，欲共并力破灭龟兹，平通汉道。若得龟兹，则西域未服者<u>百分之一</u>耳。（南朝宋 范晔《后汉书·班超传》）

（95）市易之法，听人赊贷县官货财，以田宅或金帛为抵当，无抵当者，三人相保则给之，皆出息十分之二，过期不输，息外每月更加罚钱<u>百分之二</u>。（北宋 司马光《涑水记闻》）

（96）总觉得无论何等人家，他那家庭之中，总有许多难言之隐的；若要问其所以然之故，却是给妇人女子弄出来的，居了<u>百分之九十九</u>。（清末 吴趼人《二十年目睹之怪现状》第七十七回）

（97）要在草地做下买卖来，甭管做多少银子，您得乖乖地交给焦二爷<u>百分之三十</u>，草地上出多大的漏子，多大的风险，姓焦的给您顶着！（民国 常杰森《雍正剑侠图》第四十七回）

根据百分数结构出现的时代，既然"百分之一"和"百分之二"已经出现，这表明百分制结构已经发展成熟。因而，我们推测，早在西汉时期，数量结构"百分之百"就可以出现。我们找到的最早例证出现于唐代。例如：

（98）又以二十五乘之九百四十二，而一圆锥比于方锥，亦二

百分之一百五十七。(唐 李淳风《九章算术释》)

在例(98)已经出现了"百分之百"的形式,但还不是独立的"百分之百"结构。到了清末民初时期,完整形式的"百分之百"才真正出现。它最开始是作宾语。例如:

(99)据千八百六十年之计算,全欧人口不过二百九十八兆……可知欧洲之人口于十九世纪之中增<u>百分之百</u>。(欧洲人口论《浙江潮》1903 年第 2 期)

(100)我个人也不敢断定他是<u>百分之百</u>,因为我自己或者有调查不清楚,听错和笔误的地方……(许元启 唐山劳动状况《新青年》1920-05-01)

例(99)(100)的"百分之百"都是作宾语。数量结构"百分之百"也开始出现作定语的用例。例如:

(101)我离开了城市,到人烟萧条的村镇附近来住,对于城市的依恋大减于昔日,却想起我没到城市来时住在家乡的景况来。这也许我是<u>百分之百</u>的乡下人,也说不定。(六言杂字《语丝》1927 年第 119 期)

(102)根据那时所作的统计,大概速力在十二海里左右的船,被敌发现而终得逃脱和终被击沉的,约各居半数。而速力在六海里左右的船,则<u>百分之百</u>被击沉。(船舶战争对谈《申报》1942-12-28)

例(101)的"百分之百"是作定语。例(102)的"百分之百"则是作状语,在语义上指向"速力在六海里左右的船",但是又作后分句的主语。

范围副词"百分之百"主要作状语。例如:

（103）本来喜剧的创作，每每是十分夸张的，但是它仍然得<u>百分之百</u>的表现真实。（凌鹤评《谁是君子》《申报》1934-07-13）

（104）她是以主席的资格来报告开会宗旨的，一口清脆的北平话很好听，只嫌声音小了一点，我们没有<u>百分之百</u>听清楚她的理由。（记女声游艺会《申报》1934-06-04）

"百分之百"在例（103）中作状语，"的"在这里是作状语标记，相当于现在的"地"。在例（104）中直接作状语。这两例"百分之百"的语义指向分别是"表现真实""听清楚她的理由"。

情态构式"百分之百"出现得最晚，是在当代汉语中发展起来的。例如：

（105）对于那几封道歉信，这个老板同样认为是虚假的。他说："<u>百分之百</u>没有这回事，有的话可以请他们来作证，让他们来告我。"（究竟是谁说了假话？《厦门日报》2004-09-20）

（106）他的口头禅是三个"一点点"："你送一点点，我收一点点，我再往上送一点点。"……他肯定不是清官，<u>百分之百</u>是个大胆的索贿受贿者。（赃官的脸谱《厦门商报》1999-06-07）

8.2.2.2　语义演变

数量结构"百分之百"在语义上表示数值或比例关系，是完整的数量或整个范围，相当于"全部、完全"的意思。表示"整个的数量"是其原初义，也是"百分之百"的核心意义。随着逐渐与名词搭配，它逐渐依附于名词，用来指称名词所代表的事物或人的整个范围。例如：

（107）轮船船主和我谈话，他已经不是英国人了，他是<u>百分之百</u>的中国人！在海上二十多年了。（南行小记《申报》1934-07-13）

（108）据说绿宝剧场的前身是大中华剧场的全体，在大中华时代，虽已用话剧的名义作宣传，其实也还是<u>百分之百</u>的文明戏。（话剧的灵魂《申报》1938-12-12）

表示数量比例义的"百分之百"在语义上只是单纯地表示比例义。当依附于名词性成分时，它才具有范围义。无论表示数量比例义还是范围义，其语义都是以"全部"义为核心语义。随着"百分之百"搭配对象的扩大，其语义也越来越泛化，不仅可以表示具体的数量比例或事物的范围，还可以表示动作实现或达到的程度。例如：

（109）鲁迅先生的译文，据说是不容易懂的，但我近日读他所译的《艺术论》，对于下一节文章，是敢于自信，<u>百分之百</u>地懂得了的。（《艺术论》质疑《申报》1933-06-29）

（110）贝多芬令人钦敬，不单因为作品的感召力，也因为他把所有的智慧与精力，<u>百分之百</u>地交付给比他生命更高超的音乐艺术。（为贝多芬诞辰纪念写《申报》1946-12-16）

例（109）和例（110）的"百分之百"表示"完全、全部"的意思。它们分别表示动作"懂得了""交付给比他生命更高超的音乐艺术"的程度很高，是"完全地、全部地"达到。

表示"完全地、全部地"意义的"百分之百"在语义上指向动作，而随着"百分之百"的对象由动作扩大到整个事件或命题，它就用来表示对事件或命题发生的概率的推测或估计，体现为高可能性的认识情态义。例如：

（111）看着她笑得忘形的样子，一阵狂喜涌上我的心头，无需任何理由，我当即认定，陈小露<u>百分之百</u>是我的天仙。（石康

《支离破碎》)

(112)孙葆洁眼含泪花说:"我确实没有做过这种事情,<u>百分之百</u>是诬陷,<u>百分之百</u>没有。"(《南方都市报》2002-01-18)(引自陈颖、陈一 2016)

这种表示"高可能义"的认识情态主要对命题或事件而言。表示数量比例义在语义上指向名词,表示范围义指向动词,而表示认识情态义则是指向事件或命题。从数量的整体比例到动作的完整范围,再到对事件或命题发生的高可能性的估计或推测,这是"百分之百"在语义上的演变轨迹。

从数量结构"百分之百"到情态构式"百分之百",在认知上经历的心理过程不一样,它们关注各个扫描的阶段性。数量结构是次第扫描过程,而情态构式则是总括扫描的过程,它关注扫描的整个结果是完整的或圆满的。可以验证的是,数量结构"百分之百"是"百分之 N"结构的个例。而情态构式则是其整体意义。

8.2.3 "百分之百"的近义构式

与"百分之百"在数量意义上等值的"百分之一百"和"百分百"也具有类似的数量意义和范围义。例如:

(113)世界少不了女人。如果少了女人,这个世界将失去百分之五十的真、百分之七十的善、<u>百分之一百</u>的美。(陈廷一《宋氏家族全传》)

(114)写作,一定很对你的路子,对!写作!你一定会成为一个好作家!我<u>百分之一百</u>地相信你能够成功!(白帆《寂寞的太太们》)

（115）这是一部非常纯净的小说，晶莹清澈如直子的眼睛。<u>百分百</u>的恋爱，<u>百分百</u>的青春，还有青春与恋爱中艰涩的成长。（伤逝《厦门晚报》2010-06-17）

（116）埃里克松的形象常常出现在英国媒体的漫画中，成了被讽刺和揶揄的对象。英足总虽是<u>百分百</u>支持埃里克松，但他却让足总不时陷入尴尬中。（新华社 2004 新闻）

"百分之一百"在例（113）和（114）中分别作定语和状语；"百分百"在例（115）和（116）中分别作定语和状语。

虽然它们在数量比例义和范围义相同，但是只有"百分之百"才具有比较典型的情态义。"百分百"和"百分之一百"虽然也表达高可能义认识情态，但是频率比较低，其语义还较多体现为数量义和范围义。

8.3　本章小结

本章以"十有八九"和"百分之百"为例，考察汉语约量揣测类认识情态构式的句法语义表现及其构式化历程。

情态构式"十有八九"表示高可能义认识情态，表达说话人对事件或命题的主观认识和态度。整个结构的初始义是"十分中占有八分或九分"，是数量比例关系。它从修饰名词向修饰整个命题或事件发展。随着搭配对象的扩展，"十有八九"从一般的数量结构演变为情态构式。

情态构式"十有八九"成熟于清末。其近义情态构式"十之八九"和"八九不离十"的成熟时代要晚于"十有八九"。

情态构式"百分之百"在句法上主要作高层状语。在句法上与其他情态成分共现,一起表示对命题或事件的主观评价。在语义上,表示说话人的主观认识或态度。"百分之百"也有其同义结构,即"百分百"和"百分之一百"。其情态构式用法频率少于"百分之百"。

　　在历时演变上,"百分之百"先后经历了从数量结构到情态构式的演变轨迹。此外,在英语中我们还发现与"百分之百"类似的情态构式 A hundred to one,它也是表示极高可能义的认识情态构式。例如:

　　(117)A hundred to one he will succeed.

　　(118)It is a hundred to one that he will succeed.(他极可能成功。)(引自陈正康 1984a)

　　英语中的"a hundred to one"原义是表示 100：1,表示对比意义。而汉语的"百分之白"表示比例或范围义。它们都衍生出高可能义认识情态。就情态语义等级来看,"百分之百"比"a hundred to one"要稍微高一些。

　　通过考察汉语和英语中的几个数量情态构式的演变,我们认为,相比而言,高量级形式比低量级形式更容易发展出情态义。即:

　　高量级:整数之间:数量义—情态义(a hundred to one 等)

　　　　　分数之间:数量比例义—范围义—情态义(百分之百/十有八九)

　　低量级:整数之间:数量义

　　　　　分数之间:数量比例义—范围义

9 结 语

情态构式是指表达说话人对命题或事件为真的可能性与必然性的形—义匹配体。按照类型来分,情态构式分为动力情态构式、道义情态构式和认识情态构式。从内部构成来看,情态构式分为邻接情态构式和框式情态构式。情态构式是情态范畴的重要组成部分,是典型情态的补充成分。它们结构凝固、语义融合,多表达非典型情态,在表达上具有较强的口语性和交互主观性。

本书主要运用构式语法、语法化和互动语言学等相关理论,以类型概括结合具体个案,对情态构式作专题式的集中探讨。

第一部分包括绪论和综述。

第二部分是本书的核心内容,为6章共12个个案。其中,第3—6章讨论道义情态构式,第7章和第8章讨论认识情态构式。

第3章探讨表祈使建议的框式情态构式。第3章第1节探讨"是时候 VP 了",它是个表达道义情态的新兴框式构式。该构式由前项"是时候"和后项"了"组构而成,在语义上表示"(应)该做某事了"。句法上作高层谓语。当其主语为施事时,主语大多位于"是时候"之前；当其主语是受事或话题时，可以移位到"是时候"之后。在语义表达上，"是时候 VP 了"有两类意义：一是时间义，表示"到了做某事的时间"；二是道义情态义，表示"应该做某事了"。"是时候 VP 了"主要表达时间与行为的情理关联。跨层组合是"是时候"产生的句法条件，紧邻同现是其获得道义情态的语义基础，焦点凸显和情态的表达是其演变动因，情态浮现和语法复制是其形成的机制。"是时候 VP 了"作为表达道义情态的新构式，它扩充了道义情态构式的表达类型。

第 3 章第 2 节探究表达祈使建议的情态构式"还是 VP 为是"。"为是"表示"认为某个情况或意见是对的或合适的，用以表达说话人的意愿或建议"。"为是"由肯定判断到表达建议，是在"还是 VP 为是"构式中产生的。与其相近的构式还有"还是 X 为好/的好"。"为好""的好"的情态义也是由构式前件的脱落导致构式省缩，进而情态义依附于"为好/的好"。

第 4 章探讨表达违实性与反预期的道义评价构式。第 4 章第 1 节对汉语口语的两个常见构式"大 NP 的"和"人称代词＋一个 NP"进行比较。它们都是用于现场交际的非自足构式，常出现于反预期语境中，用以充当背景信息。通过比较构式的内部组构及其互动表现，二者在成分选择限制和组构关系等方面具有各自特点。通过凸显名词的不同属性和特征，可以关联构式的不同评价。在关联类型上，"大 NP$_{时间}$的"主要反映情理关联和事理关联。"大 NP$_{身份}$的"和"人称代词＋一个 NP"构式主要反映情理关联。

第 4 章第 2 节是探究"说好 X 的"，它是个表达传信的框式构式，由间接引语标记"说好"、引述内容 X 和确信标记"的"组构而成。在语义上它表达认识情态和道义情态。当表达道义情态时，具有较为明显的违实性和反预期表达倾向。该构式的传信表达还与其所处的话语敏感位置密切相关，当用于接续话轮时，意在凸显说话人的反预期。情态构式的语义解读与评价语/应答语的序列类型和序列位置密切相关，具有特定的分布偏好和特定表达。情态构式也可以表达说话人的主观立场或评价。比如"说好X的""大X的""应该X的"等都具有较强的违实性和反预期倾向。语义和谐对情态构式的语用表达具有制约作用。事理的强制性和恒常性要高于情理。推导推理和回溯推理与构式情态义的匹配也有所不同。比如"说好X的"顺向推导时表示强调，回溯推理时表达反事实或反预期。

　　第5章我们考察了表达建议规劝类道义情态构式"X好"的两个个案"最好"和"顶好"。"X好"构式包括两大类：一类是情态动词"X好$_1$"，还有一类是句尾情态的"X好$_2$"。其中，"X好$_2$"的部分构式可以作高位状语，一部分留在句尾演化为句尾语气词。本章所考察的"最好"和"顶好"就是"X好$_2$"构式中可以提升为高层状语的两个个案。它们既具有"X好$_2$"类构式的一般属性，同时也有自己的特殊表现。"最好"是"副＋形"组合。它最初充当一般谓语。在句法上，由于"最好"经常作小句的谓语，构成"VP/S最好"结构，随着VP/S的独立性越来越强，"最好"与它所表述的小句发生分离，致使"最好"的独立性增强，它可以处于句尾，也可以移位到句中。当处于句尾时，它与"X好$_2$"类构式一致；当提升到句中或句首时，它充当高层状语。处于高层状语的"最好"与原本作谓语的情态动词"X好$_1$"相似，都是"X好＋

VP"。不同的是，"最好＋VP"是状中结构，而"X 好₁＋VP"是动宾结构。我们可以通过省略谓语来对二者进行区分。在情态语义上，"最好"表达间接情态，表达说话人的意愿期待或建议规劝。表达意愿或期待主要体现了说话人的主观性，而表达建议或规劝则体现了说话人与听话人之间的交互主观性。从历时上来看，"最好"的语义先后经过了极性比较—选择—建议/规劝的演化路径。在历时上，"最好"修饰的对象从名词扩展到动词，再进一步扩展为小句，其性质也从命题内成分发展为命题外成分。"最好"的独立性日益增强，从句尾提升为高层状语。在其演变历程中，其极性比较项也经历了从呈现到隐含的过程。

　　与"最好"具有相同句法语义表现的"顶好"也是表达建议规劝的道义情态构式。它的内部结构组成、句法分布和情态语义表达与"最好"基本一致。"顶好"与"最好"相比，具有明显的方言地域分布。"顶好"主要用于南方方言，在北方方言中较少运用。而"最好"则在通语（普通话）中广泛使用。"顶好"具有较为明显的口语色彩，而"最好"则在口语和书面语中广泛流行。此外，情态构式"最好"产生的时代早于"顶好"。根据语法化的并置和竞争原则，"最好"与"顶好"共存于现代汉语普通话中，但是"最好"的用频超过"顶好"。建议规劝类道义情态构式在其他语言中也有很多表达手段，比如英语的 had better，would rather，might（just）as well 等。在其他印欧语中也有不少类似构式。在古代汉语中，"为好""的好"也是表达建议规劝类的情态构式。

　　第 6 章考察了汉语否定规避类情态构式。以"犯不着"和"用不着"为例，"犯不着"充当高层谓语，用以评价事件或命题。在情态语义上,表达道义否定,表示"不值得做某事",用来传达规避义。当"犯不着"用于评价未然事件句时,"犯不着"表示主观评价,表示间接劝阻,用以劝阻说话人不要做某事。当"犯不着"用于已然事件句时,它是对已然事实表示主观评价,表达对已然事实发生的不必要或不值得的主观态度。与"犯不着"相近的是"犯不上"和"犯得着"。"犯不上"主要出现于陈述句,而"犯得着"主要出现于疑问句。

情态构式"用不着"充当高层谓语。在情态表达上具有间接性、低量级性和负向性特征。在话语功能上,具有主观评价功能和劝阻功能。在构式化历程中,它由述补短语逐步构式化为情态构式。在普通话中,与"用不着"类似功能的还有"犯不着""犯不上"等。与"用不着"相似的"用不到""用不上"等也具有情态构式功能。但其分布具有较强的方言地域性,在普通话中出现的频率低。

第 7 章和第 8 章探讨两类认识情态构式:极性估测类和数量揣测类。极性估测情态构式是指对可能情状作极限估计或猜测,表达主观认识的情态构式。第 7 章以"充其量"和"了不起"为例。在句法上,"充其量"主要作高层状语,用来对事件或命题作出主观评价。在搭配上,它与范围副词、情态副词或语气词组成表达框架。在情态语义上,它表达对可能事件或未然命题出现的上限情状进行猜测和估计,传达说话人的认识情态。在语用上,这种意义往往表现为主观小量义,并且具有预期性和让步性特点,因而在说话人看来,并不重要。"充其量"的构式化主要表现为:宾语代词"其"的指向日益模糊;"量"由实际具体的名量扩展为动作量甚至是事件量。其情态语义的获得由构式省缩而来。

　　"了不起"也是作高层状语,用以对事件或命题的主观评价。在语义上表示"最多也不过",表达说话人对命题或事件作出极性估测,用以凸显说话人在心理上的"不以为然"的主观态度。在演变历程中,它的语义经历了从正面、积极的评价义到负面、消极评价义的转变,由形容词演变为副词。其演变机制主要是"了不起"吸收了否定和反问句的语境意义。在构式省缩的作用下,"了不起"逐渐独立承担了整个情态构式的意义,情态意义就依附在"了不起"上。

　　第 8 章以"十有八九"和"百分之百"为例,考察了汉语中的数量揣测类情态构式在句法语义上的表现及其构式化历程。这类情态构式由数量结构发展而来。情态构式"十有八九"充当高层状语,体现说话人对事件或命题的主观认识和态度,表达具有较高可能性的认识情态。分数结构"十有八九"最初意义是表示"十分中占有八分或九分",表示比例关系。它从修饰名词扩展为修饰动作再进一步扩展为对整个命题或事件进行评价。随着搭配对象的扩展,"十有八九"从一般的数量结构演变为副词性情态构式。情态构式"十有八九"成熟于清末。与之相近的情态构式"十之八九"和"八九不离十"的成熟时代要晚于"十有八九"。就情态构式"百分之百"而言,它也是作高层状语。在搭配与共现上,与其他情态成分共现,表示对命题或事件的主观评价。

参考文献

安亚玲 2007 "名＋数量"格式研究[D].吉林大学硕士学位论文。

安志伟 2010 现代汉语指人名词研究[D].山东师范大学博士学位论文。

白 鸽 2014 "一量名"兼表定指与类指现象初探[J].《语言教学与研究》第 4 期。

白维国(主编) 2015《近代汉语词典》[M].上海:上海教育出版社。

北京大学中文系 1955、1957 级语言班 1982《现代汉语虚词例释》[M].北京:商务印书馆。

毕 晋 肖奚强 2017 "说好的 X 呢"构式的语义演变与语用价值[J].《语文研究》第 2 期。

蔡维天 2010 谈汉语模态词的分布与诠释之对应关系[J].《中国语文》第 3 期。

晁代金 2008a "是时候 VP……"句式探析[J].《柳州职业技术学院学报》第 2 期。

晁代金 2008b "是时候"组合的发展演变[J].《廊坊师范学院学报》第 2 期。

曹逢甫 1996 汉语的提升动词[J].《中国语文》第 3 期。

曹秀玲 2018 汉语小句降级与语篇整合效应——以"作为 NP,(S)VP"为例[J].《语文研究》第 4 期。

陈景元 2012 复指结构"人称代词＋一个 NP"的语义认知解读[J].《内江

师范学院学报》第 1 期。

陈景元　2016　网络流行语构式"说好的 X 呢"的动态建构[J].《新疆大学学报(人文社会科学版)》第 3 期。

陈　琳　2016a　"充其量"的句法语义功能及其演化[J].《常熟理工学院学报(哲学社会科学版)》第 1 期。

陈　琳　2016b　"X 不定"的历时发展与词汇化[J].《常熟理工学院学报(哲学社会科学版)》第 5 期。

陈满华　张庆彬　2014　情态动词"至于"及其构式化路径[J].《学术交流》第 12 期。

陈青松　2004a　关联定位与"大/小"的凸显功能[J].《宁夏大学学报(人文社会科学版)》第 3 期。

陈青松　2004b　比喻相异点的句法实现——谈"大/小"修饰名词性喻体的一种功能[J].《中国语文》第 4 期。

陈　一　2007　现代汉语非自足句法组合研究[D].南开大学博士学位论文。

陈　一　程书秋　2016　"我别 VP(了)"的构式整合机制及其语用价值[J].《世界汉语教学》第 2 期。

陈　颖　2002　关于数量词修饰名词带"的"情况的考察[J].《上饶师专学报》第 2 期。

陈　颖　陈　一　2010　固化结构"说是"的演化机制及其语用功能[J].《世界汉语教学》第 4 期。

陈　颖　陈　一　2013　"百分之百"的语法化及传信功能[J].《语文教学通讯》第 9 期。

陈　勇　2012　"V 不定"构式探析[J].《语言与翻译》第 3 期。

陈振宇　2017《汉语的指称与命题》[M].上海:上海人民出版社。

陈振宇　姜毅宁　2019　反预期与事实性——以"合理性"语句为例[J].《中国语文》第 3 期。

陈振宇　2023《言语行为的逻辑》[M].上海:复旦大学出版社。

陈正康　1984a　从"a hundred to one"的意义谈起[J].《世界科学》第 4 期。

陈正康　1984b　关于"a hundred to one"的两种不同释义[J].《世界科学》第 10 期。

程丽霞   2016   汉语保证类构式的演化:从以言行事到认识情态[J].《外语学刊》第 1 期。

崔诚恩   2001   现代汉语情态副词研究[D].中国社会科学院研究生院博士学位论文。

崔希亮   2003   事件情态和汉语的表态系统[C].中国语文杂志社编,《语法研究与探索(十二)》,北京:商务印书馆,331－347。

戴耀晶   2003   现代汉语助动词"可能"的语义分析[C].中国语文杂志社编,《语法研究与探索(十二)》,北京:商务印书馆,371－382。

邓 雅 刘望冬   2016   "了不得"与"了不起"对比研究[J].《滇西科技师范学院学报》第 2 期。

董秀芳   2016   从比较选择到建议:兼论成分隐含在语义演变中的作用[J].《云南民族大学学报(哲学社会科学版)》第 3 期。

董正存   2008   情态副词"反正"的用法及相关问题研究[J].《语文研究》第 2 期。

董正存   2010   汉语全称量限表达研究[D],南开大学博士学位论文。

董正存   2016a   让步条件构式的省缩及副词"打死"的形成[J].《语言教学与研究》第 1 期。

董正存   2016b   结构省缩与情态依附——以让步条件结构式为例[J].《世界汉语教学》第 4 期。

董正存   2017   汉语中约量到可能认识情态的语义演变——以"多半"为例[J].《中国语文》第 1 期。

杜道流   2014   是"是……时候(了)",还是"是时候……(了)"[J].《淮北师范大学学报(哲学社会科学版)》第 2 期。

段业辉   1995   语气副词及其语用功能[J].《汉语学习》第 4 期。

段业辉   1999   论《马氏文通》的助动词系统及相关问题[J].《南京师大学报(社科版)》第 4 期。

段业辉   2002   《古汉语助动词研究》[M].南京:南京师范大学出版社。

范 伟   2010   现代汉语情态系统与表达研究[D].上海师范大学博士学位论文。

范 伟   2011   情态表达式——"X 定"[J].《现代语文》第 11 期。

范 伟   2014   "大不了"的情态语义探析[J].《池州学院学报》第 5 期。

范晓蕾　2009　从汉语方言的多义情态词看"能性"情态概念的语义关联[D].北京大学硕士学位论文。

范晓蕾　2011　以汉语方言为本的能性情态语义地图[J].《语言学论丛(第四十三辑)》,北京:商务印书馆。

范晓蕾　2014　以"许可—认识可能"之缺失论语义地图的形式和功能之细分——兼论情态类型系统之新界定[J].《世界汉语教学》第1期。

范晓蕾　2020《汉语情态词的语义地图研究》[M].北京:商务印书馆。

樊中元　2016　"说是X"语篇的语义关系及其特征[J].《海外华文教育》第4期。

方　梅　2013　说"还是"——祈愿情态的浮现[J]. *Breaking Down the Barriers*: *Interdisciplinary Studies in Chinese Linguistics and Beyond*(综古述今,钩深取极).台北:台湾"中研院"出版社。

方　梅　2017　负面评价表达的规约化[J].《中国语文》第2期。

方　梅　乐　耀　2017《规约化与立场表达》[M].北京:北京大学出版社。

方　梅　2018　"说是"的话语功能及相关词汇化问题[J].《中国语言学报》第18期,北京:商务印书馆。

方　梅　李先银　谢心阳　2018　互动语言学与互动视角的汉语研究[J].《语言教学与研究》第3期。

方清明　2017　论跨层结构"的时候"的词汇化与语法化[J].《语言教学与研究》第1期。

房玉清　2008《实用汉语语法》[M].北京:北京语言大学出版社。

冯春田　王　群　2006　副词"别"形成问题补议[J].《汉语学报》第1期。

冯胜利　2010　论语体的机制及其语法属性[J].《中国语文》第5期。

高　亮　2017　意愿情态动词的意愿等级[J].《语言教学与研究》第5期。

高　亮　2020　情态解读与句法层级的互动——以"要"为例[J].《语言教学与研究》第3期。

高增霞　2003　汉语担心—认识情态词"怕""看""别"的语法化[C].中国语文杂志社编,《语法研究与探索(十二)》,北京:商务印书馆。

古川裕　2006　关于"要"类词的认知解释[J].《世界汉语教学》第1期。

古川裕　2008　助动词"要"的语义分化及其主观化和语法化[J].《对外汉语研究》第十二期,北京:商务印书馆。

谷　峰　2010　先秦汉语情态副词研究[D].南开大学博士学位论文。

顾　倩　2013　"大＋时间词(＋的)"的情感倾向及其认知解释[J].《宁夏大学学报(人文社会科学版)》第 2 期。

桂　靖　2014　"大……的"结构反映的行为规范性[J].《语言教学与研究》第 3 期。

郭　锐　2012　共时语义演变和多义虚词的语义关联,《山西大学学报(哲学社会科学版)》第 3 期。

郭昭军　2003　汉语情态问题研究[D].南开大学博士学位论文。

郭志良　1993　试论能愿动词的句法结构形式及其语用功能[J].《中国语文》第 3 期。

郝瑜鑫　刘汉武　邢红兵　2013　"就是……也/都……"的量级标示功能[J].《汉语学习》第 5 期。

韩启振　2011　"说不准"的语法化[J].《汉语学习》第 4 期。

何　伟　2008　时态的情态用法:语法隐喻[J].《外语与外语教学》第 7 期。

洪　波　董正存　2004　"非 X 不可"格式的历时演化和语法化[J].《中国语文》第 3 期。

胡斌彬　2016　由假设小句向认识情态标记的语法化——以"搞/弄/闹不好"为例[J].《古汉语研究》第 3 期。

胡　波　2015　汉语情态助动词的提升与控制[J].《当代语言学》第 2 期。

胡春雨　2001　英语情态动词与准情态动词述评[J].《外国语言文学(季刊)》第 2 期。

胡敕瑞　2005　从隐含到呈现(上)——试论中古词汇的一个本质变化[J].《语言学论丛》第 31 辑,北京:商务印书馆。

黄时鉴　点校　1986《通制条格》[M].杭州:浙江古籍出版社。

吉益民　2014　人称复指结构"PP＋de－C"探析[J].《世界汉语教学》第 2 期。

江蓝生　1988《魏晋南北朝小说词语汇释》[M].北京:语文出版社。

江蓝生　1991　禁止词"别"考源[J].《语文研究》第 1 期。

江蓝生　2005　"VP 的好"句式的两个来源——兼谈结构的语法化[J].《中国语文》第 5 期。

江蓝生　杨永龙　2006　句式省缩与相关的逆语法化倾向[C].载何大安等

主编《山高水长：丁邦新先生七秩寿庆论文集》，《语言暨语言学》专刊外编之六，439-465。

姜其文　2017　定中结构"大 N"的概念整合度及其层级分布[J].《新疆大学学报（哲学社会科学版）》第 3 期。

姜其文　2021　近现代汉语的"为（wéi）是"和"为（wèi）是"补说，《汉语史与汉藏语研究》第九辑。

蒋礼鸿　1962《敦煌变文字义通释（增订本）》[M].北京：中华书局。

蒋礼鸿　1988《敦煌变文字义通释（第四次增订本）》[M].上海：上海古籍出版社。

蒋协众　2010　副词"千万"用法的历史演变[J].《钦州学院学报》第 1 期。

金　晶　2020　同位结构"单数人称代词＋一个 NP"语用功能再考察[J].《语言教学与研究》第 4 期。

康阿敏　陈昌来　2020　"是时候……了"说得通[J].《语文教学之友》第 9 期。

柯理思　2005　[形容词＋不了]格式的认识情态意义[C].吴福祥主编，《汉语语法化研究》，北京：商务印书馆。

赖先刚　1997　谈谈"至少"和"至多"[J].《汉语学习》第 4 期。

雷文治　主编　2002《近代汉语虚词词典》[M].石家庄：河北教育出版社。

雷玉芳　2015　复指结构"你个 NP"的功能及相关用法研究[D].上海师范大学硕士学位论文。

连金发　2013　台湾闽南语情态词的否定类型探索[J].《语言暨语言学》第 2 期。

连金发　2014　台湾闽南语情态词"通"的语义句法属性：存在、否定、情态、语气的互动[J].《语言暨语言学》第 5 期。

李冬梅　施春宏　2020　跨层词"说是"的多重话语功能及其浮现路径与机制[J].《语文研究》第 4 期。

李广瑜　2014　主观化视角下"不得"的语义演变[J].《古汉语研究》第 4 期。

李广瑜　陈　一　2016　关于同位性"人称代词单＋一个 NP"的指称性质、语用功能[J].《中国语文》第 4 期。

李广瑜　2020　关于同位性"PP＋一个＋VP 的"的语义色彩[J].《语言教学

与研究》第 4 期。

李基安　1998　情态意义研究[J].《外国语》第 3 期。

李基安　2008　情态与介入[J].《外国语》第 7 期。

李劲荣　2013　汉语里的另一种类指成分——兼论汉语类指成分的语用功能[J].《中国语文》第 3 期。

李剑影　2007　现代汉语能性范畴研究[D].吉林大学博士学位论文。

李会荣　陈昌来　2023　"宁可"构式的情态功能及其类型研究[J].《宁夏大学学报(人文社会科学版)》第 3 期。

李立成　1999　自指的"的"字短语[J].《语言教学与研究》第 3 期。

李丽娟　2009　数量定语的位置及相关问题[D].南昌大学硕士学位论文。

李临定　1963　带"得"字的补语句[J].《中国语文》第 5 期。

李　敏　2002　数量短语与助词"的"连用的认知分析[J].《暨南大学华文学院学报》第 3 期。

李　敏　2006　现代汉语非现实语义范畴的句法实现[D].华东师范大学博士学位论文。

李　明　2003　汉语表必要的情态词的两条主观化路线[C].载中国语文杂志社编,《语法研究和探索》(十二),北京:商务印书馆。

李　明　2015　《汉语助动词的历史演变研究》[M].北京:商务印书馆。

李鹏兴　2011　数字词语及其对外汉语教学研究[D].西南大学硕士学位论文。

李文浩　2016　也谈同位复指式"人称代词＋一个 NP"的指称性质和语用功能[J].《中国语文》第 4 期。

李文浩　2020　突显差异、视点挪移与同位复指式"人称代词＋这个 NP"的歧义解析[J].《汉语学习》第 3 期。

李先银　洪秋梅　2017　时间—行为的情理关联与"大 X 的"的话语模式——基于互动交际的视角[J].《语言教学与研究》第 6 期。

李贤卓　2013　试论作为话语标记的"不如"[J].《语言与翻译》第 4 期。

李小军　2021　"至于"的两种情态功能[J].《汉语学习》第 5 期。

李行健　2014　《现代汉语规范词典(第 3 版)》[M].北京:语文出版社。

李亚杰　2016　准情态动词"have(got) to"不同语义梯度下语义与句法特征研究[D].燕山大学硕士学位论文。

李宇明　1999　数量词语与主观量[J].《华中师范大学学报（人文社会科学版）》第 6 期。

李宇明　2000《汉语量范畴研究》[M].武汉：华中师范大学出版社。

李玉华　1988　半情态动词初探[J].《外语学刊》第 4 期。

李元瑞　2018　元话语成分"说好的"探析[J].《汉语学习》第 6 期。

李战子　2000　情态——从句子到语篇的推广[J].《外语学刊》第 4 期。

李战子　2005　从语气、情态到评价[J].《外语研究》第 6 期。

李振中　2009　现代汉语估测范畴研究[D].暨南大学博士学位论文。

李振中　2013　框式结构"非……不可"用于估测表达的历时考察[J].《古汉语研究》第 2 期。

李振中　唐贤清　2014　现代汉语估测性框式结构说略[J].《湖南社会科学》第 5 期。

李宗江　1994　"V 得（不得）"与"V 得了（不了）"[J].《中国语文》第 5 期。

李宗江　2009　关于语法化机制研究的几点看法[C].《语法化与语法研究（四）》，北京：商务印书馆。

李宗江　2010　"为好"与"的好"[J].《语言研究》第 1 期。

李宗江　王慧兰　2011《汉语新虚词》[M].上海：上海教育出版社。

廖秋忠　1989《语气与情态》评介[J].《国外语言学》第 4 期。

林刘巍　2017　从"不用"与"甭"的差异化看语用法的凝固化[J].《语言教学与研究》第 2 期。

林若望　2016　"的"字结构、模态与违实推理[J].《中国语文》第 2 期。

刘春光　2014　"限定成分＋NP"结构的语序特点和可及性研究[J].《汉语学习》第 1 期。

刘丹青　2008　重新分析的无标化解释[J].《世界汉语教学》第 1 期。

刘丹青　2010　构式的透明度和句法学地位：流行构式个案二则[J].《东方语言学》第 7 辑，上海：上海教育出版社。

刘　芳　2002　成语数词格式之初探[J].《语言研究（增刊）》第 1 期。

刘丽波　2008　现代汉语数词结构的非计数用法[D].吉林大学硕士学位论文。

刘街生　2004《现代汉语同位组构研究》[M].武汉：华中师范大学出版社。

刘立成　2012　"不过、顶多、至多、最多"辨[J].《哈尔滨师范大学社会科学学报》第 6 期。

刘敏芝   2004   近代汉语中表自指的结构助词"的"[J].《语言学论丛》第二十九辑,北京:商务印书馆。

刘探宙   张伯江   2014   现代汉语同位同指组合的性质[J].《中国语文》第 3 期。

刘探宙   2016《汉语同位同指组合研究》[M].北京:中国社会科学出版社。

刘雪芹   1997   说"弄不好"[J].《徐州师范大学学报》第 3 期。

刘焱   2010   "说是"的功能与虚化[J].《宁夏大学学报》第 4 期。

刘云   2018   汉、英接触产生的新兴结构"是时候 VP"[J].《汉语学报》第 4 期。

柳士镇   1992《魏晋南北朝历史语法》[M].南京:南京大学出版社。

鲁静   2016   "弄不好"构式研究[D].辽宁师范大学硕士学位论文。

卢烈红   2008   古汉语判断句中"为""是"的连用[J].《中国语文》第 6 期。

卢普生   2010   语气副词"最好"的词汇化[J].《阜阳师范学院学报》第 4 期。

卢英顺   2010   "V 不了(O)"结构的语法意义及相关问题[J].《汉语学习》第 2 期。

陆丙甫   2008   从语言类型学看模态动词的句法地位[C].《语法研究和探索(十二)》,北京:商务印书馆。

陆俭明   2004a   词语句法、语义的多功能性:对"构式语法"理论的解释[J].《外国语》第 2 期。

陆俭明   2004b   句式语法理论与汉语语法研究[J].《中国语文》第 5 期。

陆俭明   2008   构式语法理论的价值与局限[J].《南京师范大学文学院学报》第 1 期。

陆萍   贺阳   2015   试论"可以说"与"应该说"的异同[J].《语言教学与研究》第 3 期。

鹿钦佞   2008   "搞(弄/闹)不好"的功能及其语法化[J].《汉语学习》第 1 期。

鲁晓琨   2004《现代汉语基本助动词语义研究》[M].北京:中国社会科学出版社。

罗荣华   刘英   2015   "充其量"的词汇化与主观量[J].《泰山学院学报》

第 1 期。

罗耀华　刘　云　2008　揣测类语气副词主观性与主观化[J].《语言研究》第 3 期。

罗主宾　2012　"最好"的主观性分析[J].《中南大学学报(社会科学版)》第 5 期。

罗主宾　2013　明清时期语气副词研究[D].湖南师范大学博士学位论文。

罗主宾　唐贤清　2015　明清时期语气副词"最好"的主观性分析[J].《古汉语研究》第 3 期。

罗竹风　主编　1990《汉语大词典》(第六卷)[M].上海:汉语大词典出版社。

吕叔湘　1985　疑问·否定·肯定[J].《中国语文》第 4 期。

吕叔湘　主编　1999《现代汉语八百词(增订本)》[M].北京:商务印书馆。

马辰庭　王义娜　2021　基线/阐释视角下类指"一量名"结构的语义构建[J].《现代外语》第 2 期。

马鸣春　1992《称谓修辞学》[M].西安:陕西人民出版社。

马清华　1986　现代汉语的委婉否定格式[J].《中国语文》第 6 期。

马　真　2004《现代汉语虚词研究方法论》[M].北京:商务印书馆。

毛帅梅　2012　现代汉语副词及类副词的功能层级[D].上海外国语大学博士学位论文。

孟庆楠　罗卫华　2020　变异语言学视角下英语边缘情态动词构式多元定量研究[J].《外语教学与研究》第 5 期。

聂志军　唐亚慧　2011　程度副词"顶"进入现代汉语的过程[J].《重庆工商大学学报(社会科学版)》第 1 期。

彭利贞　2005　现代汉语情态研究[D].复旦大学博士学位论文。

彭利贞　2007a《现代汉语情态研究》[J].北京:中国社会科学出版社。

彭利贞　2007b　论"应该"的两种情态与体的同现限制[J].《语言教学与研究》第 6 期。

彭利贞　2007c　论情态与"着"的分化[J].《语言研究》第 2 期。

彭利贞　关　楠　2014a　非意愿与"V 不了"的认识情态表达[J].《语言研究集刊》(第十三辑),上海:上海辞书出版社。

彭利贞　2014b　"是时候"的前移现象[C].2014 年复旦大学"语言的描写

与解释"国际学术研讨会论文集。

彭利贞　2020　非意愿与"非 Vp 不可"的认识情态表达[J].《华文教学与研究》第 3 期。

彭　湃　彭　爽　2004　与"V 得起"和"V 不起"相关的问题[J].《海南大学学报(人文社会科学版)》第 1 期。

彭　睿　2007　构式语法化的机制和后果——以"从而、以及"和"极其"的演变为例[J].《汉语学报》第 3 期。

彭　睿　2016　语法化·历时构式语法·构式化——历时形态句法理论方法的演进[J].《语言教学与研究》第 2 期。

齐春红　2006　现代汉语语气副词研究[D].华中师范大学博士学位论文。

齐沪扬　2002《语气词与语气系统》[M].合肥:安徽教育出版社。

齐沪扬　2003　语气副词的语用功能分析[J].《语言教学与研究》第 1 期。

戚国辉　杨成虎　2010　"最好"的词义演变与主观化[J].《宁波大学学报(人文科学版)》第 2 期。

邱述德　1995　情态动词的语用分析[J].《外国语》第 4 期。

任　荷　2023　从积极评价到情态:汉语形源助动词的语义探源——兼论道义情态的语义本质,《中国语文》第 4 期。

邵敬敏　1988　"非 x 不 y"及其变式[J].《中国语文天地》第 1 期。

邵敬敏　2011　汉语框式结构说略[J].《中国语文》第 3 期。

邵敬敏　2012　估测义副词群的功能比较[C].《汉藏语学报》,第 6 期,又载张谊生主编《汉语副词研究论集》(第一辑),上海:上海三联书店,2013 年。

邵敬敏　2016　"大不了 VP"的极性估测及其意志力[J].《汉语学习》第 6 期。

沈家煊　1989　"判断语词"的语义强度[J].《中国语文》第 1 期。

沈家煊　1993　"语用否定"考察[J].《中国语文》第 5 期。

沈家煊　1995　正负颠倒和语用等级[C].《语法研究和探索(七)》,北京:商务印书馆。

沈家煊　1998　实词虚化的机制——《演化而来的语法》评介[J].《当代语言学》第 3 期。

沈家煊　1999《不对称和标记论》[M].南昌:江西教育出版社。

沈家煊　2001　语言的"主观性"和"主观化"[J].《外语教学与研究》第 4 期。

沈家煊　2003　复句三域"行、知、言"[J].《中国语文》第 3 期。

沈家煊　2004　说"不过"[J].《清华大学学报(哲学社会科学版)》第 5 期。

申　莉　2011　"V 得/不了"与"V 得/不着"的构式分析[J].《语言教学与研究》第 2 期。

宋玉柱　1994　"大"的区别词[J].《中国语文》第 6 期。

宋永圭　2007　现代汉语情态动词否定研究[M].北京:中国社会科学出版社。

施春宏　2001　名词的描述性语义特征与副名组合的可能性[J].《中国语文》第 3 期。

施春宏　2016a　互动构式语法的基本理念及其研究路径[J].《当代修辞学》第 2 期。

施春宏　2016b　构式的观念:逻辑结构和理论张力[J].《东北师大学报(哲学社会科学版)》第 4 期。

施春宏　2017　构式语法的理论路径和应用空间[J].《汉语学报》第 1 期。

石定栩　朱志瑜　1999　英语对香港书面汉语句法的影响——语言接触引起的语言变化[J].《外国语》第 1 期。

石定栩　朱志瑜　2000　英语和香港书面汉语[J].《外语教学与研究》第 3 期。

石定栩　朱志瑜　王灿龙　2003　香港书面汉语中的英语句法迁移[J].《外语教学与研究》第 1 期。

石定栩　王冬梅　2006　香港汉语书面语的语法特点[J].《中国语文》第 2 期。

史金生　2003　语气副词的范围、类别和共现顺序[J].《中国语文》第 1 期。

孙茂恒　2011　"大不了"的词汇化及其词典释义探究[J].《鲁东大学学报(哲社版)》第 4 期。

汤敬安　2008　情态动词的语用综观性[J].《外语与外语教学》第 9 期。

汤廷池　1992　英语情态动词的形态、意义与用法[C].《英语认知语法:结构、意义与功用(中集)》,台北:台湾学生书局。

汤廷池　2000a　汉语的情态副词:语意内涵与句法功能[J].《中央研究院历

史语言研究所集刊》第 71 本。

汤廷池　2000b《汉语语法论集》[M].台北:金字塔出版社。

唐贤清　李振中　2012　试论框式结构"非……不可"用于估测表达的语义
　　条件[J].《语文研究》第 3 期。

唐雪凝　2013　试析"单数人称代词＋一个 NP"结构[J].《齐鲁学刊》第
　　2 期。

唐正大　2018　从"是时候 VP 了"看汉语从句补足语结构的崛起——兼谈
　　汉语视觉语体中的 VO 特征强化现象[J].《世界汉语教学》第 3 期。

陶红印　1999　试论语体分类的语法学意义[J].《当代语言学》第 3 期。

陶　双　2013　现代汉语"好"族词的情态研究[D].浙江大学硕士学位
　　论文。

太田辰夫　1995《汉语史通考》[M].江蓝生、白维国译,重庆:重庆出版社。

王灿龙　2008　"非 VP 不可"句式中"不可"的隐现——兼谈"非"的虚化
　　[J].《中国语文》第 3 期。

王灿龙　2019　句子中的降级说明成分"一个 NP"的语用功能[J].《语言教
　　学与研究》第 2 期。

王凤兰　2011　现代汉语目的范畴的建立及相关问题研究[J].《汉语学习》
　　第 6 期。

王海棻　1987《古汉语疑问词语》[M].杭州:浙江教育出版社。

王建华　1997　情态动词与礼貌层级[J].《福建外语》第 4 期。

王建华　1998　情态意义与礼貌[J].《四川外语学院学报》第 2 期。

王　力　2011《中国现代语法》[M].北京:商务印书馆。

王倩蕾　2014　"是时候＋VP"句法语义研究[J].《常州工学院学报(社科
　　版)》第 6 期。

王擎擎　金　鑫　2013　"百分之百"类词语从数量短语到副词的演变[J].
　　《求索》第 3 期。

王　伟　2000　情态动词"能"在交际过程中的义项呈现[J].《中国语文》第
　　3 期。

王晓辉　2014　基于构式观和浮现观的习语构式研究[D].浙江大学博士学
　　位论文。

王晓辉　2018　汉语习语构式的性质、类别、特征及相关问题研究[J].《汉语学习》第 2 期。

王晓凌　2007　非现实语义范畴[D].复旦大学博士学位论文。

王小莘　张　舸　1998　"时间"与"时候"[J].《语言教学与研究》第 2 期。

王羽熙　2017　类指"一量名"结构的人际视角考察[J].《汉语学报》第 2 期。

魏昆建　2017　现代汉语上下限副词表主观量研究[D].河北大学硕士学位论文。

吴长安　2007　"大……的"说略[J].《世界汉语教学》第 2 期。

吴德新　2017a　情态动词"用不着"的意义和组合特点[J].《汉语学习》第 1 期。

吴德新　2017b　"用不着"的语法化及主观化[J].《宁夏大学学报(人文社会科学版)》第 4 期。

吴德新　2021　情态副词"说不定"的语义功能及其浮现机制,《汉语学习》第 6 期。

吴福祥　2002a　汉语能性述补结构"V 得/不 C"的语法化[J].《中国语文》第 1 期。

吴福祥　2002b　能性述补结构琐议[J].《语言教学与研究》第 5 期。

吴福祥　2003　南方方言能性述补结构"V 得/不 C"带宾语的语序类型[J].《方言》第 3 期。

吴福祥　2016　结构重组与构式拷贝——语法结构复制的两种机制[J].《中国语文》第 2 期。

吴为善　夏芳芳　2011　"A 不到哪里去"的构式解析、话语功能及其成因[J].《中国语文》第 4 期。

伍伶俐　2016　现代汉语"不是说好 X 吗"问句研究[D].华中师范大学硕士学位论文。

肖奚强　2003　非典型模态副词句法语义分析[J].《语言研究》第 4 期。

项开喜　1998　事物的凸显性与标记词"大"[J].《汉语学习》第 1 期。

项开喜　2018　事理、认识和行为——汉语中一组关系谓词的用法[J].《世界汉语教学》第 2 期。

谢佳玲　2002　汉语的情态动词[D].台湾清华大学博士学位论文。

谢晓明　刘渝西　2013　"大不了"的表达功用与演化过程[J].《汉语学报》

第 1 期。

谢　一　2020　论情态是一个语义兼语用的概念[J].《语言教学与研究》第 1 期。

熊　文　1999　论助动词的解释成分[J].《世界汉语教学》第 4 期。

邢福义　2000　"最"义级层的多个体涵量[J].《中国语文》第 1 期。

邢素丹　2015　语气副词"最好"的多角度研究[D].上海师范大学硕士学位论文。

徐邦俊　2012　现代汉语"大 X 的"构式解析[J].《求索》第 12 期。

徐复岭　1981　谈"非……不可"[J].《汉语学习》第 5 期。

徐晶凝　2008　《现代汉语话语情态研究》[M].北京:昆仑出版社。

徐玉臣　张惠玲　2023　情态研究回顾与展望[J].《外语教学》第 4 期。

徐云珠　1995　原型理论和半情态动词语义学[J].《外国语》第 3 期。

闫　珂　2017　"说好的 X 呢"构式研究[D].安徽大学硕士学位论文。

姚小鹏　2005　现代汉语复指短语研究[D].广西师范大学硕士论文。

姚　颖　2012　汉语估测性话语标记语研究[D].南京师范大学硕士学位论文。

杨德峰　2015　也说"非 X 不可"及相关格式[J].《国际汉语教学研究》第 3 期。

杨黎黎　汪国胜　2014　"可以说"向弱断言成分发展的主观化历程[J].《湖北大学学报(哲学社会科学版)》第 6 期。

杨　红　2018　《现代汉语关系名词研究》[M].武汉:武汉大学出版社。

杨　曙　李妹惠　2022　汉语情态研究述评:回顾、反思、趋势[J].《北京科技大学学报(社会科学版)》第 2 期。

杨松柠　2009　"大+时间名词"再议[J].《汉字文化》第 3 期。

杨亚冬　2016　准情态动词 be able to 语义排歧及双情态共现限制关系研究[D].燕山大学硕士学位论文。

杨玉玲　2002　"非 X 不可"句式的语义类型及其语用教学[J].《汉语学习》第 1 期。

杨永龙　2016　结构式的语法化与构式演变[J].《古汉语研究》第 4 期。

杨永龙　2017　词音变化与构式省缩——禁止词"别"的产生路径补说[J].《中国语文》第 6 期。

余光武 李平川 蔡 冰 2011 试论"大 X 的"的语用功能与语法性质[J].《外语研究》第 6 期。

于建平 2011 英语情态动词语义智能排歧研究[D].上海外国语大学博士学位论文。

于 康 1996 命题内成分与命题外成分:以汉语助动词为例[J].《世界汉语教学》第 1 期。

于文静 2012 评注性副词"搞/弄/闹不好"的多角度研究[J].《华中人文论丛》第 1 期。

于 准 2006 汉语"可能"的表达方式研究[D].东北师范大学硕士学位论文。

乐 耀 2010 汉语中表达主观建议的主观性标记词"最好"[J].《语言科学》第 2 期。

乐 耀 2013 汉语引语的传信功能及相关问题[J].《语言教学与研究》第 2 期。

乐 耀 2013 论北京口语中的引述类传信标记"人说"[J].《世界汉语教学》第 2 期。

乐 耀 2016 从互动交际的视角看让步类同语式评价立场的表达[J].《中国语文》第 1 期。

袁伽倪 林 娜 1992 半情态助动词与情态助动词情态意义的比较[J].《四川外语学院学报》第 4 期。

袁 伟 2012 "(X)万"从数词到副词的发展[J].《汉语学习》第 3 期。

袁 文 2014 能性述补结构"V 不起"和"V 不得"探析[J].《沧州师范学院学报》第 4 期。

张 斌 主编 2001《现代汉语虚词词典》[M].北京:商务印书馆。

张 博 2014 汉语两组表约量同义词的组际组内差异及其根源[J].《励耘语言学刊》第 1 期。

张伯江 2010 汉语限定成分的语用属性[J].《中国语文》第 3 期。

张德鑫 1998 数"九"[J].《中国文化研究》,秋之卷。

张德鑫 1999a "百、千、万"小考漫议(之一)[J].《汉语学习》第 3 期。

张德鑫 1999b "百、千、万"小考漫议(之二)[J].《汉语学习》第 4 期。

张德鑫 1999c《数里乾坤》[M].北京:北京大学出版社。

张　定　丁海燕　2009　助动词"好"的语法化及相关词汇化现象[J].《语言教学与研究》第 5 期。

张　璐　2018　"N—价名词＋是"凝固型构式语用现象及其来源探析[J].《中国语文》第 1 期。

张　宪　2016　含数字"九"的成语中"九"的语义及其认知阐释[D].渤海大学硕士学位论文。

张怡春　2019　"是时候……了"说不通[J].《语文教学之友》第 2 期。

张谊生　1992　"非 x 不 y"及其相关句式[J].《徐州师范学院学报》第 2 期。

张谊生　2000a　论与汉语副词相关的虚化机制——兼论现代汉语副词的性质、分类与范围[J].《中国语文》第 1 期。

张谊生　2000b　评注性副词功能琐议[C].《语法研究与探索（十）》,北京：商务印书馆。

张谊生　2006　试论主观量标记"没""不""好"[J].《中国语文》第 2 期。

张谊生　2013　句法层面的语序与句子层面的语序——兼论一价谓词带宾语与副词状语表程度[J].《语言研究》第 3 期。

张谊生　2014　《现代汉语副词研究（修订本）》[M].北京：商务印书馆。

张谊生　2015　汉语否定的性质、特征与类别——兼论委婉式降格否定的作用与效果[J].《汉语学习》第 1 期。

张谊生　2016　试论语法化的动因与机制[J].《历史语言学研究（第十辑）》,北京：商务印书馆。

张谊生　2020　述宾还是状中：试论情态特征与句法功能之关系——兼论"X 于、X 以"类动词的副词化趋势[J].《语言研究集刊》第二十六辑,上海：上海辞书出版社。

张　媛　王文斌　2019　认知语言学与互动语言学的可互动性探讨——宏观和微观层面[J].《外语教学与研究》第 4 期。

张云秋　林秀琴　2017　情态副词的功能地位[J].《首都师范大学学报（社会科学版）》第 3 期。

赵春利　2011　语气、情态与句子功能类型[J].《外语教学与研究》第 4 期。

赵　军　2004　论程度副词"最＋X"与"顶＋X"的差异[J].《云南师范大学学报（对外汉语教学与研究版）》第 4 期。

赵　军　2005　程度副词"顶"的形成与分化[J].《云南师范大学学报（对外

汉语教学与研究版)》第 2 期。

赵　军　2009　"最"类极性程度副词的形成与发展[J].《宁夏大学学报(人文社会科学版)》第 4 期。

郑娟曼　2012　汉语口语研究与构式语法理论[J].《暨南学报(哲学社会科学版)》第 1 期。

郑娟曼　2016　《现代汉语贬抑性习语构式研究》[M].北京:中国社会科学出版社。

朱　斌　2017　《现代汉语情态语气成分的关联机制研究》[M].北京:中国社会科学出版社。

朱德熙　1983　自指和转指:汉语名词化标记"的、者、所、之"的语法功能和语义功能[J].《方言》第 1 期。

朱冠明　2003　汉语单音情态动词语义发展的机制[J].《解放军外国语学院学报》第 6 期。

朱冠明　2005　情态与汉语情态动词[J].《山东外语教学》第 2 期。

朱冠明　2008　《〈摩诃僧祇律〉情态动词研究》[M].北京:中国戏剧出版社。

朱冠明　2016　情态动词"可以"的话语功能[C].方梅主编,《互动语言学与汉语研究(第一辑)》,北京:世界图书出版公司。

朱冠明　2020　"意味着"和"是时候 VP 了"的来源——兼谈百年来汉语与外语接触方式的变化[J].《世界汉语教学》第 4 期。

朱景松　主编　2007　《现代汉语虚词词典》[M].北京:语文出版社。

朱　丽　2005　揣测语气和揣测语气副词[D].上海师范大学硕士学位论文。

朱丽师　2018　从"X 好"看和道义情态相关的两种小句整合模式[C].中国社会科学院研究生院语言学系第 36 次研究生论坛,今日语言学,2018-03-16。

朱庆祥　2019　也论"应该 ø 的"句式违实性及相关问题[J].《中国语文》第 1 期。

朱英贵　2009　论"复指"与"同位"[J].《四川师范大学学报(社会科学版)》第 4 期。

中国社科院语言研究所词典编辑室　2016　《现代汉语词典(第 7 版)》[M].北京:商务印书馆。

钟兆华　主编　2015《近代汉语虚词词典》[M].北京：商务印书馆。

周定一　主编　1995《红楼梦语言词典》[M].北京：商务印书馆。

周　红　2022　"V 得/不着"的情态特征及其语义演变,《对外汉语研究》第 1 辑,北京：商务印书馆。

周敏莉　2012　副词"大不了"及其词汇化[J].《理论月刊》第 12 期。

周瑞敏　2013《现代汉语词典(第五版)》数字词语研究[D].新疆师范大学硕士学位论文。

Aarts，Bas. 2008. Modal patterns over time：Structures and genres. *Corpus Linguistics and the development of English*，Merja Kytö，Irma Taavitsainen，Claudia Claridge & Jeremy Smith(eds.). Cambridge：Cambridge University Press.

Abraham，Werner. 2002. Modal verbs：epistemics in German and English. In：Barbiers，S. Beukema，F.，van der Wurff，W. (Eds.)，*Modality and Its Interaction With the Verbal System*. John Benjamins，Amsterdam.

Alexiadou Artemis. 1997. *Adverbs Placement：A Case Study in Antisymmetric Syntax*，Amsterdam/ Philadephia：John Benjiamins Publishing Company.

Anastasios Tsangalidis & Roberta Facchinetti(eds) 2009. *Studies on English Modality：in honour of Frank Palmer*. LinkBern，Switzerland；New York：Peter Lang.

Anna Papafragou. 2000. On speech-act modality.*Journal of Pragmatics*，(32)519 - 538.

Barbiers，Sjef. 2002a. Current issues in modality：an introduction to modality and its interaction with the verbalsystem. In：Barbiers，S.，Beukema，F.，van der Wurff，W. (Eds.)，*Modality and Its Interaction With the Verbal System*. John Benjamins，Amsterdam，pp.1 - 17.

Barbiers，S，Beukema，F，van der Wurff，W. Eds. 2002. *Modality and Its Interaction With the Verbal System*. John Benjamins，Amsterdam.

Berglund，Y. 2000. Gonna and going to in the spoken component of the British National Corpus, in：C. Mair and M. Hundt(eds)，*Corpus linguistics and linguistic theory*. Amsterdam：Rodopi. 35 - 49.

Boye，Kasper. *Epistemic Meaning：A Cross-Linguistic and Functional-Cognitive Study*. Berlin：Mouton de Gruyte，2012.

Bolinger, Dwight. 1980. Wanna and the gradience of auxiliaries. *Wege zur Universalienforschung: Sprachwissenschaftliche Beiträge zum 60.* Geburtstag von Hansjakob Seiler. Eds. Gunter Brettschneider and Christian Lehmann. Tübingen: Narr. 292‐299.

Brown, Penelope & Stephen Levinson. 1987. *Politeness: Some Universals in Language Usage.* Cambridge: Cambridge University Press.

Bybee J L, Perkins R D, Pagliuca W, et al. 1994. *The Evolution of Grammar: Tense, Aspect, And Modality in the Languages of the World.* Chicago: University of Chicago Press.

Bybee, Joan & Fleischman, Suzanne ed. 1995. *Modality in grammar and discourse,* Amsterdam: John Benjamins.

Bybee, Joan. 1998. Irrealis as a grammatical category. *Anthropological Linguistics,* (40):57‐271.

Byloo, Pieter, Jan Nuyts & Johan van der Auwera. 2010. *Beter en best. Voor Magda. Artikelen voor Magda Devos bij haar afscheid van de Universiteit Gent,* Johan De Caluwe & Jacques Van Keymeulen (eds.), 93‐109. Gent: Academia Press.

Chapin, P. G. 1973. Quasi-modals, *Journal of Linguistics,* 9:1‐9.

Cheng, Robert L. 1980. Modality in Taiwanese. *Journal of the Chinese Language Teachers Association* 15.2:45‐93.

Coates, Jennifer. 1983. *The Semantics of the Modal Auxiliaries.* London: Croom Helm.

Collins, Peter. 1991. The modals of obligation and necessity in Australian English. *In English Corpus Linguistics: Studies in Honour of Jan Svartvik,* Karin Aijmer, and Bengt Altenberg (eds.), 145‐165. London: Longman.

Collins, Peter. 2005. The modals and quasi-modals of obligation and necessity in Australian English and other Englishes. *English World-Wide* 26, 249‐73.

Collins, P. 2007. Modality across World Englishes: the modals and semi-modals of prediction and volition, in: C. Butler, R. Hidalgo Downing and J. Lavid (eds), *Functional perspectives on grammar and discourse: in honour of Angela Downing.* Amsterdam Benjamins. 447‐468.

Collins，Peter. 2009a. *Modals and Quasi-Modals in English*. Amsterdam：Rodopi.

Collins，Peter. 2009b. *Modals and quasi-modals in world Englishes*. World Englishes 28：281–292.

Collins，Peter. 2009c. Modals and quasi-modals. In *Comparative Studies in Australian and New Zealand English. Grammar and beyond*，Pam Peters，Peter Collins & Adam Smith(eds.)，73–87. Amsterdam：Benjamins.

Dagmar Machová. 2015. The degree of grammaticalization of gotta，gonna，wanna and better：A corpus study，*Topics in Linguistics*，15，De Gruyter.

Daisuke Suzuki，Takashi Fujiwara. 2017. The multifunctionality of 'possible' modals adverbs：A comparative look，*Language*，93(4),827–841.

Denison，David & Alison Cort. 2010. *Better* as a verb. *Subjectification*，*Intersubjectification and Grammaticalization*，Kristin Davidse，Lieven Vandelanotte & Hubert Cuyckens(eds.)，349–383. Berlin/New York：Mouton de Gruyter.

Edward. 1999. Modals and semi-modals. In：*Longman Grammar of Spoken and Written English*，Longman Pearson Education Limited.

Elliott，Jennifer R. 2000. Realis and Irrealis：Formsand Concepts of the Grammaticalisation of Reality，*Linguistic Typology*，(4):5–90.

Elizabeth Couper-Kuhlen & Margret Selting. (eds). 2018. *Interactional linguistics—Studying language in social interaction*. Cambridge，UK：Cambridge University Press.

Emanuel A. Schegloff. 2007. *Sequence organization in interaction：A primer in conversation analysis*. Cambridge，UK：Cambridge University Press.

Eva Thue Vold. 2006. Epistemic modality markers in research articles：across-linguistic andcross disciplinary study. *International Journal of Applied Linguistics*. (1):61–87.

Facchinetti，Roberta，Krug，Manfred，Palmer，Frank. 2003. *Modality in Contemporary English*. Mouton de Gruyter，Berlin and New York.

Facchinetti，R. 2000. Be able to in Present-Day British English，In：C. Mair and M. Hundt (eds) *Corpus linguistics and linguistic theory*. Amsterdam：Rodopi. 117–130.

Fauconnier，G. 1975. *Polarity and the scale principle*. In R. Grossman，et al(eds)，

Papers from the 11th Regional Meeting[C]. Chicago Linguistic Society.

Ferdinand de Haan. 2005. Typological approaches to modality.In Frawley，William.（eds）. *The Expression of Modality*. Berlin，New York：Mouton de Gruyter.

Finegan E. 1995. Subjeetivity and Subjectivisation：An introduction. In Stein D，Wright.eds. *Subjectivity and subjeetivisation*. Cambridge：Cambridge University Press.

Givón，Talmy. 1994. Irrealis and the subjunctive. *Studies in Language* 18：265 – 337.

Goldberg，Adele E. 1995. *Constructions：A Construction Grammar approach to argument structure*. Chicago：Chicago University Press.吴海波译,《构式：论元结构的构式语法研究》,北京:北京大学出版社,2007。

Goldberg，Adele E. 2006. *Constructions at work：The Nature of Generalization in Language*.USA：Oxford University Press.吴海波译,《运作中的构式：语言概括的本质》,北京:北京大学出版社,2014。

Goldberg，Adele and Johan van der Auwera.2012. This "is to" count as construction. *Folia Linguistica*，46：109 – 132.

Hall，Fitzedward 1881. On the origin of "had rather go" and analogous or apparently analogous locutions. *American Journal of Philology*(2)：281 – 322.

Halliday，M. A. K. 1970. Functional diversity in language as seen from consideration of modality and mood in English. *Foundations of Language*(6)：322 – 361.

Halliday，M. A. K. 1994. *An Introduction to Functional Grammar*. Landon：Edward Arnold.

Haspelmath，Matthew Dryer，David Gil, and Bernard Comrie(eds)，2008. *The World Atlas of Language Structure*. Berlin：Mouton de Gruyter，302 – 305.

Heiko Narrog. 2005. On defining modality again. *Language Sciences*(27)：165 – 192.

Heiko Narrog. 2012. *Modality，subjectivity，and semantic change：a cross-linguistic perspective*. Oxford；New York：Oxford University Press.

Heine，Bernd. 1993.*Auxiliaries：Cognitive Forces and Grammaticalization*. Oxford

University Press, Oxford.

Heine, B.1995. Agent-Oriented vs. Epistemic Modality: Some Observations on German Modals. In: J. Bybee and S. Fleischman, eds. (1995). *Modality in Grammar and Discourse*. Amsterda John Benjamins, pp.17 – 54.

Heine, Bernd and Tania Kuteva. 2002. World Lexicon of G rammaticalization. Cambridge: Gambridge University Press.中译本《语法化的世界词库》,龙海平、谷峰、肖小平译,北京:世界图书出版公司,2012。

Hermere'n, Lars. 1978. *On Modality in English: A Study of the Semantics of the Modals*. Gleerup.

Horn, Laurence R. 1984. Toward a New Taxonomy for Pragmatic Inference: Q-based and R-based Implicature[A]. *Deborah schiffrin. Meaning, Form, and Use in Context: Linguistic Applications*[C]. Washington. D. C: George town University Press.

Horn, Laurence. 1989. *A Natural History of Negation*. Chicago: University of Chicago Press.

Huddleston, Rodney. 1980. Criteria for auxiliaries and modals. In *Studies in English Linguistics for Randolph Quirk*, Sidney Greenbaum, Geoffrey Leech, and Jan Svartvik(eds.), 65 – 78. London: Longman.

Huddleston, Rodney, Pullum, Geoffrey K. 2002. *Mood and modality. In: The Cambridge Grammar of the English Language*. Cambridge University Press.

Huang, Xiao-you Kevin. 2009. *Multiple-Modal Constructions in Mandarin Chinese: A View from Cartogrphy and MP*. MA Thesis, National Tsing Hua University.

Hoye, Leo F. 1997. *Adverbs and Modality in English*. Longman, London and New York.

Hopper, Paul J. 1987. Emergent grammar. *Berkeley Linguistic Society*, vol.13: 139 – 157.

Hsin, Aili. 1999. *Modality in Taiwanese Southern Min*. Ph. D. Dissertation, National Tsing Hua University, Taiwan.

Imo Wolfgang. 2015. Interactional Construction Grammar, Linguistics Vanguard, Vol.1:1.

Irina Maister Bergman. 2013. *The Reduced Forms gonna , wanna , gotta in The Television Series Friends*: *A Gender Perspective*, BA thesis, Goteborgs universitet.

Jacobsson, Bengt. 1980. *On the Syntax and Semantics of the Modal Auxiliary Had Better*. *Studia Neophilologica* 52:47–53.

Jespersen, O. 1909–1949. *A modern English grammar on historical principles* (*7 vols.*) London: George Allen and Unwin, Copenhagen: Munsgaard. (Republished, Heidelberg: Carl Winter; London: George Allen and Unwin.)

Krug, M. 2000. *Emerging English modals. A corpus-based study of grammaticalization*. Berlin: Mouton de Gruyter.

Krug, Manfred. 2011. 'Auxiliaries and grammaticalization.' *Handbook of grammaticalization*. Eds. Bernd Heine and Heiko Narrog. Oxford: Oxford University Press.

Langacker, Ronald W. 1990. Subjectification, *Cognitive Linguistics*(1):5–38.

Lakoff, Robin T. 1972. The pragmatics of modality. *Chicago Linguistic Society* (8):229–246.

Lassiter, Daniel. 2014. Modality, Scale Structure, and Scalar Reasoning, *Pacific Philosophical Quarterly*(95):461–490.

Leech, Geoffrey N. 1969. *Towards a Semantic Description of English*. London: Longman.

Leech, Geoffrey N. 1974. *Semantics*. Harmonds worth: Penguin.

Leech, Geoffrey & Jennifer Coates. 1980. Semantic Indeterminacy and the Modals. In *Studies in English Linguistics*, Sidney Greenbaum, Geoffrey Leech, and Jan Svartvik(eds.), 79–90. London: Longman.

Leech, G. 2003. Modality on the move: the English modal auxiliaries 1961—1992, in: R. Facchinetti, M. Krug and F. Palmer (eds), *Modality in contemporary English*. Berlin: Mouton de Gruyter. 223–240.

Leo Francis Hoye. 2005a. "You may think that: I couldn't possibly comment!" Modality studies: Contemporary research and future directions (Part Ⅰ). *Journal of Pragmatics*(37):1295–1321.

Leo Francis Hoye. 2005b. "You may think that: I couldn't possibly comment!"

Modality studies: Contemporary research and future directions (Part Ⅱ). *Journal of Pragmatics*(37)1481 – 1506.

Li, Renzhi. 2004. *Modality in English and Chinese: A Typological Perspective*. Boca Raton, FL: Dissertation.com.

Lyons, J. 1977. *Semantics* (*V*.2) Cambridge: Cambridge University Press.

Matthews, R. 1991. *Words and Worlds: On the Linguistic Analysis of Modality*. Peter Lang, Berlin.

Mair C. and G. N. Leech. 2006. Current changes in English syntax, in: B.Aarts and A. McMahon(eds), *Handbook of English linguistics*. Oxford: Blackwell. 318 – 342.

Machova, D. 2014. An alternative analysis of marginal modals. *Language Use and Linguistic Structure: Proceedings of the Olomouc Linguistics Colloquium*, (3): 87 – 98.

Mitchell, Keith. 2003. Had better and might as well: On the margins of modality. *Modality in Contemporary English*, Roberta Facchinetti, Frank Palmer & Manfred Krug(eds.), 131 – 149. Berlin/New York: Mouton de Gruyter.

Mortelmans, Tanja, Kasper Boye & Johan van der Auwera. 2009. *Modals in the Germanic languages. Modals in the Languages of Europe. A Reference Work*, Bjoern Hansen & Ferdinand De Haan(eds.), 11 – 69. Berlin: Mouton.

Mortelmans, Tanja & Jeroen Vanderbiesen. 2010. *Grammaticalization and (inter) subjectification: Comparative Modal Constructions in English, (Dutch) and German*. Paper presented at the Conference on Grammaticalization and (Inter) Subjectification, Brussels.

Nagle, S. 1988. Quasi-modals, marginal modals, and the diachrony of the English modal auxiliaries, *Folia Linguistica Historica*, 9(2):93 – 104.

Nagle, S. 2002. Double modals in the southern United States: syntactic structure or syntactic structures? In: Barbiers, S., Beukema, F., van der Wurff, W. (Eds.), *Linguistics Today*, vol.47. John Benjamins, Amsterdam, pp.349 – 371.

Nuyts, Jan. 1993. Epistemic Modal Adverbs and Adjectives and the Layered Representation of Conceptual and Linguistic Structure, *Linguistics*(31):933 – 969.

Nuyts Jan. 2001a. *Epistemic Modality, Language, and Conceptualization: a Cogni-*

tive-pragmatic Perspectives，Amsterdam John Benjamins.

Nuyts，Jan. 2001b. Subjectivity as an evidential dimension in epistemic modal expressions. *Journal of Pragmatics*(33)：383－400.

Nuyts，Jan；Auwera，Johan Van Der. 2016. *The Oxford Handbook of Modality and Mood*. Oxford：Oxford University Press.

Palmer，Frank R. 1979. *Modality and the English Modals*，1st edition. London：Longman.

Palmer，Frank. R. 1986. *Mood and Modality*. Cambridge：Cambridge University Press.

Palmer，Frank R. 1990. *Modality and the English Modals (second edition)*. New York and London：Routledge.

Papafragou，Anna. 2000. *Modality：Issues in the Semantics-Pragmatics Interface*. Elsevier，Amsterdam.

Patard，Adeline. 2011. *Valoir mieux，faire mieux，falloir mieux. Modal comparative constructions in French*. Paper presented at the Conference on Grammaticalization and (Inter) Subjectification，Brussels.

Perkins，M. R. 1983. *Modal Expressions in English*. Frances Pinter，London.

Portner，Paul. 2009. *Modality*. Oxford：Oxford University Press.

Pei，Tsai-li，Chia-hao Tai and Chun-ming Wu. 2010. *On Modal Constructions in Mayrinax Atayal*. Paper presented at the 17 Annual Meeting of the Austronesian Formal Linguistics Society (AFLA 17)，Stony Brook University.

Pei，Tsai-li. 2012. *On the Modal Constructions in Squliq Atayal*. Paper presented at NCL-13，Southern Taiwan University of Science and Technology，Taiwan.

Randolph Quirk，Sidney Greenbaum，Geoffrey Leech，Jan Svartvik. 1985. *A Comprehensive Grammar of the English Language*，London：Longman.

Smith，Nicholas. 2003. Changes in the modals and semi-modals of strong obligation and epistemic necessity in recent British English. In：Facchinetti，Roberta，Krug，Manfred，Palmer，Frank(Eds.)，*Modality in Contemporary English*. Mouton de Gruyter，Berlin and New York，pp.241－266.

Stein，Dieter and Susan Wright(eds.) 1995. *Subjectivity and Subjectivisation*. Cambridge：Cambridge University Press.

Sweetser，Eve E. 1990. *From Etymology to Pragmatics：Metaphorical and Cultural*

Aspects of Semantic Structure. Cambridge: Cambridge University Press.

Sweetser, Eve. 1982. *Root and epistemic modals: causality in two worlds*. In: Proceedings of the Eighth Annual Meeting of the Berkeley Linguistic Society (BLS 8):484－507.

Traugott, E. Closs. Subjectification in grammaticalization. 1995. In Stein Wright (eds) *Subjectivity and Subjectivisation*. Cambridge: Cambrige University Press.

Traugott, Elizabeth Closs and Richard B. Dasher. 2002. *Regularity in Semantic Change*. Cambridge: Cambridge University Press.

Traugott, Elizabeth Closs. 2006.'Historical Aspects of Modality,' in William Frawley(ed.), *The Expression of Modality*. Berlin and New York: Mouton de Gruyter, 107－139.

Traugott, Elizabeth Closs. 2010. '(Inter)subjectivity and (Inter) subjectification,' in Kristin Davidse, Lieven Vandelanotte, and Hubert Cuyckens (eds.), *Subjectification, Intersubjectification and Grammaticalization*. Berlin: Mouton de Gruyter, 29－71.

Trousdale, Graeme. 2008. 'Constructions in grammaticalization and lexicalization: Evidence from the history of a composite predicate in English.' *Constructional approaches to English grammar*. Eds. Graeme Trousdale & Nicholas Gisborne. Berlin: Mouton de Gruyter, 33－67.

van der Auwera, Johan. 1996.'Modality: The Three-Layered Scalar Square, *Journal of Semantics*(13):181－195.

van der Auwera, Johan & Vladimir Plungian. 1998. Modality's semantic map. *Linguistic Typology* 2:79－124.

van der Auwera, Johan & Astrid De Wit. 2010. *The English Comparative Modals—A pilot study. Distinctions in English Grammar*, Offered to Renaat Declerck, Bert Cappelle & Naoki Waka(eds.), 127－147. Tokyo: Kaitakusha.

Van der Auwera, Johan, Dirk Noël & An Van linden. 2013. Had better, 'd better and better: Diachronic and transatlantic variation. *In English modality: Core, periphery and evidentiality*, Juana I. Marín-Arrese, Marta Carretero, Jorge Arús & Johan Van der Auwera(eds.), 119－154. Berlin: De Gruyter Mouton.

Vander biesen, Jeroen. 2011. Welches Outfit sollte man am besten anziehen? *A corpus study of comparative modal constructions in German*. Master thesis,Catholic University of Leuven.

Van linden,An. 2012. *Modal Adjectives*: *English Deontic and Evaluative Constructions in Diachrony and Synchrony*. Berlin: Mouton de Gruyter.

Van linden,An. 2015. Comparative modals:(Dis) similardiachronic tendencies, *Functions of Language*,Vol.22,Issue 2,192 – 231.

Verspoor,M. Driven,R. Radden,G. 1951. Putting concepts together; Syntax. In: Driven,Verspoor,M,(eds) *Cognitive exploration of language and linguistics*: John Benjamins,1998.

Victoria L. Rubin. 2010. *Epistemic modality*: *From uncertainty to certainty in the context of information seeking as interactions with texts*. Information Processing and Management. (46):533 – 540.

Wide,C. 2009. Interactional construction grammar: Contextual features of determination in dialectal Swedish[A]. In A. Bergs & G. Diewald(eds.). Contexts and Constructions[C]. Amsterdam: John Benjamins,111 – 141.

Verplaetse,Heidi. 2003. What you and I want: a functional approach to verb complementation of modal WANT TO. *Modality in contemporary English*. Eds. Roberta Facchinetti,Manfred Krug and Frank Palmer. Berlin/ New York: Mouton de Gruyter,151 – 189.

Wei-Tien Dylan Tsai. 2015. *On the Topography of Chinese Modals*. In Beyond Functional Sequence,Ur Shlonsky(ed.),275 – 294. New York: Oxford University Press.

Westney,Paul. 1995. *Modals and Periphrastics in English*: *An Investigation into the SemanticCorrespondence between Certain English Modal Verbs and their Periphrastic Equivalents*. Tübingen: Max Niemeyer Verlag.

Yoshinobu Hakutani & Charles H. Hargis. 1972. The syntax of modal constructions in English,*Lingua*,30:301 – 332.

附录

《牛津情态与语气手册》评介

1. 引言

情态和语气范畴一直以来都是语言学的难点之一。经过多年的发展,有关情态和语气的研究成果已经十分丰硕,亟需要一部综合性较强的论著来总结多年来的发展。于是,*The Oxford Handbook of Modality and Mood*(《牛津情态与语气手册》)就应运而生了。它是一部以情态和语气为专题的论文集,主要以语言类型学为理论支撑,综合功能、认知和形式学派的分析方法,各种理论方法兼顾,视野开阔。该手册由英国安特卫普大学 Jan Nuyts 教授和 Johan Van Der Auwera 教授联合主编,2016 年由英国牛津大学出版社出版。

2. 内容简介

该手册共有 23 章。第 1、2 两章是绪论。除绪论外其余各章共为五个部分。

Jan Nuyts 在第 1 章对情态与语气的概念作了比较细致、合理的定义，并对二者进行了比较。传统的语气包括三个方面：a.动词的情态成分，b.基本的句子类别和言外之意，c.直陈/虚拟、现实/非现实所表达的语义。相对而言，情态主要是指那些表示可能性或必要性的成分。也就是说，在传统上，语气范畴包括情态。但是，随着情态和语气研究的深入，他认为情态和语气是两个既相互独立又相互关联的范畴。因此，在该手册的框架中，情态主要是指那些表示可能性、必要性和意愿性的成分，也就是上面所说的 a 类；而语气则主要是指上面所说的 b 类和 c 类。

Johan Van Der Auwera 和 Alfonso Zamorano Aguilar 在第 2 章对情态和语气的历史发展脉络进行了系统的梳理，对它们的起源和发展作了深入的探讨。在西方的语法传统里，mood（语气）包括表示动词所表达的情态成分。但是后来，随着哲学和逻辑学术语 modality 的借入，mood 的含义逐渐变窄。Modality 和 mood 的界限逐渐明晰，各有所指。二者是关系密切的相邻范畴，且情态和语气在各个语言的表现上有所差异。在很多语言中，这两个相邻范畴的表现手段还会有许多交叉，这种表达手段上的交叉性使得二者常常难以区分。情态和语气与时、体一样都属于背景信息。

第 3—5 章是第一部分。第一部分主要是明晰情态和语气的语义内涵。Jan Nuyts 在第 3 章对情态的内涵进行了界定，并区分了情态的各个小类。作者还概述了其他各家对情态的定义和分类，并阐述了情态的性质和特征。Mario Squartini 在第 4 章考察了情态与其相关范畴之间的联系和区别，主要是与传信、时、体、否定等范畴之间的关系。比如，在英语里，"will"可以既是将来时标记,还可以是认识情态标记。Irina Nikolaeva 在第 5 章把语气分为两个小类:一个是与句类有关的言语行为语气,比如:陈述、疑问、祈愿、感叹等语气;另一个是现实/非现实语气,比如直陈语气/虚拟语气。

　　第 6—10 章是第二部分。第二部分主要考察的是情态与语气的表达手段和类型。第 6 章和第 7 章主要关注情态范畴的各种表达手段。情态的语法手段主要有动词的曲折、助动词等,词汇手段主要有情态副词、情态形容词和情态名词等。Heiko Narrog 在第 6 章主要考察非认识情态(根情态)的各种表现手段,主要是情态动词和情态助动词、情态形容词、词缀、情态名词、情态副词和情态小品词以及其他情态构式。影响非认识情态的解读因素主要有否定、时、体以及句类等。在第 7 章,Kasper Bobe 认为,认识情态的表达手段与非认识情态表达手段基本一致。认识情态解读的影响因素主要有时、体、根情态以及传信范畴等。

　　第 8 章和第 9 章考察的是语气的表现手段。Alexandara Aikhenvald 在第 8 章对句类的语气表现进行了考察。句类主要分为陈述、疑问和祈使,而与之分别相对应的叙述、命令和提问则属于言语行为。Caterina Mauri 和 Andrea Sansò 在第 9 章首先阐述了虚拟语气与非现实语气在语用表达和句法分布上的异同,然后分别考察了虚拟语气和非现实语气的表达手段和方式。第 10 章主要是考察语气范畴与其他范畴,例如情态、传信、时、体、否定以及人称等范畴之间的互动关系。

　　第 11—15 章是第三部分。第三部分从发生类型学的视角出发,分别考察了情态和语气范畴在北美伊洛魁语族、非洲乍得语族、汉语及其方言、大洋语系以及西欧各语言中的具体表现。

Marianne Mithun 在第 11 章考察了北美伊洛魁语族。伊洛魁语的语气都是用形态曲折来表达的。它们在陈述和疑问语气中的表达一致,但是在祈使语气上则不同。祈使语气必须与完成体标记相匹配。伊洛魁语的情态是通过动词和小品词来表达的。

Zygmunt Frajzyngier 在第 12 章考察了非洲乍得语族。乍得语族表示情态的手段主要有动词曲折、情态动词、情态副词、动词前介词,小品词、标补词以及语序等。它的认识情态包括假设情态、怀疑情态和意外情态。乍得语的语气可以分为祈使、祈愿、允许和禁止四类。

Hilary Chappell(曹茜蕾)和 Alain Peyraube(贝罗贝)在第 13 章考察了汉语及其方言。作者认为,情态和语气范畴在汉语与英语里属于缺位对应关系。汉语中的情态相当于英语中的 modality,汉语句类所表示的语气则相当于英语里的 sentence mood,而汉语中则缺乏依附于英语动词的属于 verb mood 的那些成分。作者分别以汉语普通话、粤语、闽南语为例,考察了中国境内语言的情态和语气范畴的表现手段。

Frantisek Lichtenberk 在第 14 章考察了大洋语系。作者把情态分成了认识、道义、动力、意愿和担心五个小类。前四个情态小类多数语言中都存在,而担心情态比较特殊。它既包含了说话人的某种认识,又蕴含了说话人对可能发生的事件的担心。事实上,这种情态还是属于认识情态,只不过它部分保留了原来表示"担心、害怕"的语义。在大洋语系中,表达情态的手段主要有词缀、小品词和一些动词,并且同一种情态手段可以表达多义情态。

就语气范畴而言,现实/非现实之间的对立在大洋语系中具有形式和意义上的区别。

第 15 章的作者是 Daniel Van Olmen 和 Johan Van Der Auwera。本章从区域类型学视角出发,主要考察了同属语言联盟的西欧(Standard Average Europe)各语言的情态与语气范畴,包括英语、法语、意大利语、德语等。发生类型学主要关注语言谱系内部的语言,而区域类型学主要关注处于同一地理区域之间、具有语言联盟性质的语言。处于语言联盟关系的语言之间不具有谱系关系,但是由于地理、文化等因素,它们之间具有部分词汇或语法上的借用关系。比如德语情态词 müssen,它不仅存在于德语中,还扩展到了斯拉夫语和部分其他语言当中。

第 16—19 章是手册的第四部分。第四部分主要是从更广阔的视角来观察情态和语气范畴。在第 16 章中,Debra Ziegeler 从语法化视角出发,考察了情态和语气在历时上的发展演变历程和轨迹。按照 Palmer(1986、2001)的划分,情态可以分为认识情态、动力情态和道义情态。情态按照参与者的角色来划分的话,道义情态属于参与者外在情态,而动力情态属于参与者内在情态。三种情态中,认识情态主观性最强,语法化程度也最高。一般而言,三者之间的语法化轨迹是:动力情态—道义情态—认识情态。但是在部分语言中,动力情态与道义情态之间不一定具有直接的演化关系。

Björn Hansen 和 Umberto Ansaldo 在第 17 章考察了由语言接触引起的情态和语气的语法化过程。作者区分了两种模式的借入:一种是关系(MAT)模式,它只借入源标记的形和音;还有一种是类型（PAT）模式，它只借进源标记的内部结构、句法分布和语义。二者的区别在于，在关系模式中，原形式的句法分布和语法意义会按照借入的语言重新确定，而类型模式则只改变原形式的形和音。欧洲语言少数具有谱系上的亲缘关系，而东南亚语几乎没有亲缘关系。因此，在欧洲语言的情态和语气的接触语法化过程中，关系模式和类型模式都存在，而东南亚各语言则只有类型模式。

　　Maya Hickmann 和 Dominique Bassano 在第 18 章中考察了情态和语气范畴是如何在母语中习得的。在母语习得的早期，儿童习得情态的顺序是：先施事情态，后认识情态。表达施事情态时，主要使用情态助动词与准情态词相搭配。而表达认识情态时，主要使用情态动词与心理动词相搭配。在母语习得的后期阶段中，儿童需要花费数年时间才能区分出整个情态系统中各个情态的语义和语用差异。输入成分的角色、语言之间的差别以及个体认知的差异在儿童对情态的习得中起着重要的作用。

　　Barbara Shaffer 和 Terry Janzen 在第 19 章中考察了美国手语中的情态和语气。手语是通过手势，加上面部表情、身体姿势等动作所传达的一种无声的符号语言。它与人类自然语言的差异在于，人类语言是一种听觉性语言，而它是一种视觉性语言。美国手语的情态词主要位于动词前和小句句尾。情态内部的语义强弱也是通过动作所表现的。当表达"应该（should）"义时，动作表现为短促、重复并且不紧张。当表达"必须（must）"义时，动作表现为持续并且紧张。在美国手语中也存在借入的现象，比如表示"owe"和"must"的动作符号就借自早期的法国手语。

　　第 20—23 章是手册的最后一部分。这部分主要是从形式、功能和认知等理论视角来观察情态和语气。第 20 章、23 章都是从形式的角度,第 21 章、22 章则分别从功能、认知的视角。在第20 章里,Katrin Axel-Tober 和 Remus Gergel 从形式句法的视角考察了情态和语气。本章主要立足管约论(GB)和最简方案,兼及其他形式句法理论。在情态的表现中,即使是亲属语言,例如英语和德语中,也存在着诸多不同。在英语中,情态一般占据助动词的位置而使之与主要动词相区分。在情态与其他范畴的关系中,情态与否定、时和体都存在互动关系。比如,当情态与体处于互动关系时,完成体与根情态相匹配,而非完成体则与认识情态相匹配。在三种情态中,动力情态动词是控制动词,而道义情态动词和认识情态动词都属于提升动词。

　　在第 23 章,Magdalena Kaufmann 和 Stefan Kaufmann 则从形式语义学的角度对这两个范畴进行考察。作者把情态分为认识情态、道义情态、目的情态、意愿情态以及动力情态五个小类。有些情态标记可以表达多种情态语义,情态的具体语义解读受到句子中其他成分的影响。就语气范畴来说,作者区分了动词语气和句子语气。动词的语气主要是通过动词的词形变化来反映,比如英语里的虚拟语气、直陈语气和祈使语气。而句子语气主要是指句子的类型,它大致可以分为陈述语气、疑问语气以及祈使语气等。

　　在第 21 章中,Karin Aijmer 从功能语言学的视角对情态和语气进行了考察。功能视角认为,情态的表达手段主要有:助动词、半助动词、情态形容词、情态小品词、包含情态的名词性成分、情态副词以及包含情态的动词。韩礼德区分了情态与意态。情态主要与命题相关，而意态主要关注的是提议。迪克还把情态分为内在情态、客观情态和认识情态。

在第 22 章里，Ronny Boogaart 和 Egbert Fortuin 从认知语法和构式语法的角度对情态和语气进行了考察。认知语法认为，情态既表现了说话人的主观态度，又体现了说话人的视角，是说话人对命题的一种主观识解。它以命题为核心，把时、体、情态和句类语气看作是命题的外围成分或背景信息。情态等背景成分都具有主观性，它们都反映了说话人的视角和主观态度。并且，在某些语言（例如德语和汉语）中，体与情态具有互动关系，这种处于互动关系中的框式结构也可以看作是一种构式。

3. 简评

该手册以综合性和科学性为特点，对近年来的情态和语气专题作了比较全面、合理的阐述，对诸多热点和难点问题也进行了探索。从整体篇幅来看，该手册更多关注情态范畴在各语言中的表现，而语气范畴相对少一些。此外，该手册的语料比较可靠，各位作者都是多年来研究情态和语气范畴的专家，许多材料和分析结果多来自作者自己的研究成果和心得。

但是该手册也有不少可以改进的地方。就内容来说，由于出自多位作者之手，导致内容上有不少重合之处。就材料的引用和分析来说，也有一些值得商榷之处。比如，该书第 16 章 397 页出现了一个关于汉语语料的失误。该例句是："你是我的妈呀，你不救我，我不得活了。"（《红楼梦》八十七回）作者把这句的"得"的拼音标注成了"děi"，并以此作为"得（děi）"在 18 世纪发展出认

识情态的证据。其实,这里的"得"的正确拼音应该是"dé"。"得
(dé)"和"得(děi)"虽然都具有道义情态和认识情态用法,但是
"得(dé)"表示"能够、可以",而"得(děi)"表示"必须或必然"。
结合上下文语境,这句话中的"不得活"显然是"不能活"的意思,
"得"表示"能够、可以",因而这里的"得"应该是"得(dé)"而不是
"得(děi)"。"得(dé)"和"得(děi)"只是同形词,它们的情态意义
和功能都是不同的。因此,"'得(děi)'在18世纪具有认识情态"
这一论点值得怀疑。

　　总的来说,瑕不掩瑜,本手册对于研究情态和语气范畴,尤其
是探究情态和语气之间的关系及其在各语言中的具体表现,具有
较强的参考意义,值得借鉴。

后　记

　　本书是我在博士学位论文基础上修改完成的，算是对我博士阶段的努力作一个小结，也是我 2021 年度浙江省哲学社会科学规划项目"现代汉语情态构式专题研究"的结项成果。

　　我对情态范畴的研究兴趣主要受到博士阶段的导师彭利贞教授的影响。情态是以语言的形式来探讨认知世界的可能性与必然性。情态就像为人处事一样，具有原则性、包容性和灵活性。在其纷繁复杂的表现中，看似难以寻找恰当的规则，其实规律始终蕴含其中。我们需要一双发现规律的慧眼，才能体会到汉语语法之妙，感受到情态之美。情态特别是多义情态的语义会随着句子结构和交际情境的变化而变化，富有动态美。在情态范畴中，情态词的语义和功能演变基本都在构式中发生，而情态构式的研究迄今为止还比较薄弱。

　　本书运用了构式语法和互动语言学等语言学理论来探究汉语的情态构式。但任何理论和方法都是从纷繁的现象中归纳总结而来，因而也都有其适洽的研究对象和适用的范围。任何理论要想在研究对象和研究方法上完美地实现逻辑自洽都是很难的。

鲜活的语言始终在不断地发展变化,正是语言现象的复杂性促使理论方法不断更新,使之充满了无限生机和活力。各个语言之间既有很多共性,也有很多特点。"他山之石,可以攻玉"。汉语语法的特点比较隐晦,需要结合西方的理论方法来多维度审视和探索。本书也只是起抛砖引玉的作用,希望引发学界对情态构式更多的关注。

在求学的各个阶段和书稿写作过程中,我得到了很多老师的热情指导、鼓励和帮助。博士阶段的导师彭利贞先生博学多才,为人谦和,做事严谨细致,颇有仙风道骨。彭老师总是鼓励我多看外文文献,拓宽研究视野,早日明确课题方向。彭老师谦逊的性格和低调的作风也是我一直不断学习的榜样。参加工作越久,我越佩服彭老师的为人和对家庭的责任担当。在紧张的学习之余,彭老师也常带领我们爬山,领略杭城之美。同时也感恩浙大汉语史中心和汉语所的老师们对我的谆谆教导和帮助!

硕士导师张谊生先生是汉语语法名家。当年承蒙张老师不弃,收我在门下学习汉语语法。从当初的一窍不通,到现在偶有所得,都得益于张老师耳提面命的教导和一直以来的鼓励与支持。张老师一步一步教导我们如何撰写论文,如何寻找研究题目。其间的辛苦付出和尽心竭力,我始终铭记于心。现在我自己也成为一名教师,也越加体会到老师当初的不易。张老师做科研始终都是闲庭信步,游刃有余,背后都是张老师对语言学始终如一的热爱和几十年如一日伏案写作的辛勤付出。如今张老师已经年届古稀,希望老师晚年生活过得快乐舒心。

感谢浙江师范大学人文学院葛永海院长和吴洪涛书记的大

力支持,感谢浙师大语言学科的前辈老师张先亮、傅惠钧、陈青松、王文胜、王洪钟、殷晓杰、黄沚青以及各位老师的指导和帮助。

孔子说:"吾十有五而志于学,三十而立"。而夫子的二十岁则留给了家庭和家人。除了他的儒家学说,我更想知道孔子三十岁之前的成长经历,想了解他和家人的相处之道。古代圣贤们教导后人过于孜孜以求于立功立德立言,但却很少向后人展示其燕居时的身心状态和家庭生活。而自由的身心、和谐的家庭生活与健康的兴趣爱好则是治疗心理焦虑的良方。"人间烟火味,最抚凡人心"。做个有爱、有用、有趣的人是我的终极理想。

上海三联书店的编辑杜鹃女士为本书的编辑、出版付出了很多时间、精力和耐心,在此向她表示诚挚的感谢!

本书相关章节先后在《汉语学习》《汉语史与汉藏语研究》《对外汉语研究》《汉语语言学》等专业刊物上发表,在此表示衷心感谢!

感谢我的家人特别是我爱人的鼓励支持,是她们的无私付出给予我温暖和前进的力量。

本书的修改正值我处于事业的起步阶段,工作上的各种事务和新环境的适应占据了很多时间和精力。虽经过几轮修改和补充增删,但书中还存在不少缺点和错误,希望得到各位学界同行和专家学者的批评指正。

姜其文

记于金华志业斋

2024 年 4 月 18 日

图书在版编目(CIP)数据

现代汉语情态构式专题研究/姜其文著.—上海：
上海三联书店,2024.10
ISBN 978 - 7 - 5426 - 8519 - 3

Ⅰ.①现…　Ⅱ.①姜…　Ⅲ.①现代汉语-语法-研究
Ⅳ.①H146

中国国家版本馆 CIP 数据核字(2024)第 098848 号

现代汉语情态构式专题研究

策　　　划 / 李晓理
著　　　者 / 姜其文

责任编辑 / 杜　鹃
装帧设计 / 一本好书
监　　制 / 姚　军
责任校对 / 王凌霄

出版发行 / 上海三联书店
　　　　　(200041)中国上海市静安区威海路 755 号 30 楼
邮　　　箱 / sdxsanlian@sina.com
联系电话 / 编辑部：021 - 22895517
　　　　　发行部：021 - 22895559
印　　　刷 / 上海颛辉印刷厂有限公司

版　　次 / 2024 年 10 月第 1 版
印　　次 / 2024 年 10 月第 1 次印刷
开　　本 / 890mm × 1240mm　1/32
字　　数 / 210 千字
印　　张 / 10.375
书　　号 / ISBN 978 - 7 - 5426 - 8519 - 3/H·134
定　　价 / 98.00 元

敬启读者,如发现本书有印装质量问题,请与印刷厂联系 021 - 56152633